Christine Albert

Lernwerkstatt Kindergarten

Ein Handbuch für die Praxis

Luchterhand

Die Deutsche Bibliothek – CIP-Einheitsaufnahme

Albert, Christine:
Lernwerkstatt Kindergarten : ein Handbuch für die Praxis / Christine Albert. – Neuwied ;
Berlin : Luchterhand, 2000
ISBN 3-472-03374-6

Herausgegeben von der Redaktion klein & groß.
Fotos: Christine Albert
Gestaltung und Satz: Jens Klennert, Tania Miguez
Druck und Bindung: Neumann Druck, Heidelberg
Printed in Germany, Mai 2000

Inhalt

Vorwort

Die Milch kommt aus der Tüte, Farben aus dem Tuschkasten und Blumen aus dem Geschäft. So kennen es viele Kinder und diese Beispiele aus Umfragen machen die Erwachsenen seit Jahren betroffen. Es sind drei von vielen, die bewusst werden lassen, dass den Kindern Grunderfahrungen fehlen, die weder mit schulischem Lernen, noch mit Informationen aus dem Internet zu beheben sind.

Jahrelang wurden die Sinneserfahrungen betont und ästhetische Projekte bemüht. Aber wie sich Sinneserfahrungen zu Erkenntnissen verdichten, wie Wissen durch Selbst-Forschen entsteht und wie die Welt in ihren Grundstrukturen und einfachsten Gesetzmäßigkeiten begriffen wird, haben die Erwachsenen längst vergessen. Viele von uns hatten in der Kindheit noch die Möglichkeit, unabhängig von den Erwachsenen ausgiebig auf Entdeckungsreisen zu gehen und Erfahrungen aus erster Hand zu machen – mit den Sinnen und Gedanken gleichermaßen. Kindheit heute – so wird geklagt – lässt dies vielerorts nicht mehr zu, und die Gründe werden ausführlich beschrieben. Aber wenn sich auch die Kindheiten verändern, die Kinder verändern sich nicht. Sie sind nach wie vor von Geburt an fähig, wahrzunehmen, sich auszuprobieren, sich aktiv um Informationsaufnahme zu bemühen und Erfahrungen zu machen, sie zu überprüfen und abzuspeichern und darauf aufzubauen. Es ist ein Grundrecht einer natürlichen Entwicklung, das ihnen Erwachsene je nach eigenem Glauben, nach persönlicher Erziehung und gesellschaftsüblichem Menschenbild oder je nach wirtschaftlicher und politischer Situation absprechen oder zuerkennen.

Wohin der Mangel an ausreichenden eigenen sinnlich-praktischen und gedanklich begleiteten Erfahrungen führen kann, lässt sich denken. Man ist den Erfahrungen aus zweiter Hand ausgeliefert und wird zwangsläufig zum Konsumenten der Erfahrungen und des Wissens anderer. Man wird beratungsabhängig. Verloren geht die Fähigkeit, aus sich selbst heraus, etwas auszuprobieren, Fehler zu machen, kritisch zu reflektieren, Probleme zu lösen, Selbstbewusstsein zu entwickeln, Verantwortlichkeit zu empfinden usw.

Trotz zunehmender äußerer Freiheit, wird man innerlich abhängiger: von den materiellen Werten, der Meinung anderer, den Werten der Clique, der Mode usw. Die Negativskala, wie Aggressionen, Gewalt, Drogen- und Tablettenabhängigkeit, Zerstörungswut usw., in einer Welt, die vorgibt, alles zu können, alles zu wissen, alles zu beherrschen, nimmt sich als Folge davon noch vermeintlich harmlos aus.

Gleichwohl! Die Zusammenhänge werden in der Öffentlichkeit nicht als solche gesehen, und das seiner Natur entsprechende Recht eines Kindes, sich frei zu entwickeln und dabei so adäquat wie möglich begleitet zu werden, wird weiterhin aus Erwachsenensicht bewertet. Allein die Tatsache, dass revolutionäre Entwicklungen für das dritte Jahrtausend anstehen, und dafür die Bildungsreserven bei schwindenden Mitteln nicht ausreichen, lassen neu nachdenken. Das Alter zwischen 0 und 6 Jahren wird als Ressource für neu sprießende Kräfte und Innovationen entdeckt, die einen neuen Bildungshumus bei einem geringen Etat benötigen. So überrascht es nicht, dass Lernwerkstätten als Orte selbstständiger Initiative und selbstständigen Engagements mit großem Erfahrungshintergrund auf der einen Seite eingestellt werden und andererseits als Lernprinzip entdeckendes Lernen von oben institutionalisiert wieder in den Kindertagesstättenbereich gelangen. Doch mit welchem Verständnis und welcher Unterstützung die Erzieherinnen mit den neuen Anforderungen rechnen können, bleibt dahingestellt.

Erzieherinnen brauchen zunächst die Möglichkeit, bei sich selbst zu beginnen, ihre ureigensten Sinne mit dem Denken im Tun verknüpfen zu können und im Erfahrungsaustausch Grundsätzliches neu zu erleben: wer wir sind, was uns umgibt, was wir wollen, wie wir dahin kommen usw.

Wo sich Aktion und Reflexion miteinander verbinden, wächst eine innere Stärke, die Halt findet und Halt geben kann.

Gerade das Denken aber wird einem heutzutage mit allen nur erdenklichen Mitteln abgenommen, sei es durch bürokratisch gehandhabte Strukturen, sei es durch emotionale Bedürfnisweckung für neue Konsumformen, sei es durch eine Freizeit-, Spaß- und Vergnügungsindustrie, eine bis zur Unterhaltungsshow inszenierte Politik, oder durch einen ständig wachsenden Markt an Beratungsformen, die gegen Bezahlung durch den verwirrenden Dschungel an Vielfalt den richtigen Weg zu weisen versprechen. Während Intuition, das sichere Gespür für sich selbst, das Rechte zum rechten Zeitpunkt zu tun, sich mangels Erfahrungen nicht entwickeln konnte.

Wo slim, fast, fit und fun die Köpfe beherrschen, haben kritisches Denken, Nachdenklichkeit, selbstständige Lösungsformen, Konfliktfähigkeit und Zivilcourage wenig Nährboden. Damit fehlen aber auch der geistige Humus und die psychische Integrität als Voraussetzung für Grundverständnisse von Ursache und Wirkung, Neuentdeckungen und Weiterentwicklungen zum Wohle aller.

So unterliegt der Mensch heutzutage mehr den Marktgesetzen, als seinen Naturgesetzen. Und selbst in der Pädagogik wird dies geleugnet, werden stattdessen die im Menschen »angelegten« Defizite gesehen und es wird damit begonnen, ihn, den Erwachsenen oder das Kind, an Wissens- und Erfahrungsbereiche heranzuführen, anstatt umgekehrt. Zum Beispiel wird gern als Lernziel formuliert: »Die Kinder sollen an die Natur herangeführt werden« anstatt: Die Natur soll den Kindern als Erlebnis- und Erfahrungsraum zur Verfügung

Die Natur erkunden

stehen bzw. an die Kinder herangeführt werden. Mehr noch ginge es darum, die Kinder und die Menschen selbst als Teil der Natur zu begreifen. Wir alle sind Natur! Von diesem Menschenbild gehen wir aus, erkennen unsere individuellen Stärken, die in uns ruhenden Kräfte und sind von Stund' an fähig, sie von innen her zu entwickeln und unser Erfahrungspotenzial zu vergrößern. Wir sind nicht – einer Hammelherde gleich – an etwas heranzuführen, sondern verfügen bereits als Säugling Mensch über das Instrumentarium, das unserer Entwicklung Entsprechende *uns* zuzuführen. Wenn wir Glück haben, so helfen uns kompetente Pädagogen bei der Organisation und dem Zugriff auf eine entsprechend vorbereitete Lernumgebung.

An diesem Menschenbild orientiert sich das Prinzip »Lernwerkstatt von Unten« als einer Basisbewegung, die sich von unten nach oben, von innen nach außen und umgekehrt wechselseitig verstärkt. Ein Ort, eine Lernwerkstatt, wird gefunden, Menschen kommen zusammen, treffen sich, tauschen sich aus und erweitern in praktischen Versuchen ihre Erfahrungen.

Was sie an Materialien, an Anregungen und Weiterbildungsimpulsen von außen brauchen, beraten und entscheiden sie als Lerngruppe. Das Lernen lernen wird im weitesten Sinne verstanden und beschränkt sich nicht auf den bloßen Wissenserwerb. Sie lernen vielmehr die eigene Bedürfnisstruktur kennen und sich in andere hineinzuversetzen, zu organisieren, zu kommunizieren und zu kooperieren, Entscheidungen zu treffen und Verantwortung zu übernehmen.

Lernwerkstätten als Orte basisdemokratischen Lernens müssen in ihrer Wirkungsweise erkannt und gewollt sein. Sie laufen sonst Gefahr, mit ein paar neuen inhaltlichen Ideen zum Boom der Modebewegung Lernwerkstatt beizutragen und als Alibi-Aushängeschild für eine neue Bildungsreform zu dienen.

Das vorliegende Buch basiert auf den wechselwirkenden Erfahrungsprozessen, die ich zusammen mit vielen Erzieherinnen aus dem Ostteil Berlins im Rahmen der Weiterqualifizierungsmaßnahmen durch den Europäischen Sozialfond (ESF) und bei der Gründung zweier »Lernwerkstätten von Unten« in zwei Bezirken erleben konnte und die eine Fortsetzung in anderen Städten und Gemeinden als ein »Lernwerken« gefunden haben. Das, was sie vor allem kennzeichnet, ist der Versuch, neue Wege in einem partnerschaftlichen Miteinander quasi experimentell zu probieren und sich darüber auszutauschen, ohne die persönlichen Vorerfahrungen leugnen zu müssen.
Das Buch ist kein Ratgeber und auch kein Erfahrungsbericht im üblichen Sinn.

Von Natur aus die Grundlagen menschlicher Bildsprachen auf Rinde (oder Felswände) begreifen. Erdfarben: Braunkohle, gelber und roter Ocker, Platanenrinde

Vielmehr soll es – den Prinzipien des Lernwerkens folgend – ein Anreger-Buch sein, eines, das Fragen zum Teil beantwortet, aber auch neue aufwirft. Eines, das Beispiel sein will, unabhängig von Rezepten anderer, in enger Auseinandersetzung mit den Kindern oder Erwachsenen den identitätsstiftenden eigenen Weg zu gehen und eigene Lösungen zu finden.

Experimentelle Wege sind immer auch umstrittene Wege. Deshalb sollten Sie sich nicht scheuen, das Buch auch im Interesse der eigenen Verwertbarkeit kritisch zu lesen. Je mehr Anzweiflungen und Abwehr uns bisher begegnet sind, umso schärfer und tiefgründiger haben sie uns darüber nachdenken lassen, wie das Prinzip, am eigenen Lernen selbst zu werken, mit seinen positiven Auswirkungen am intensivsten »rüberkommt«. Deshalb seien ausdrücklich die Erzieherinnen bedankt, die Zweifel und Kritik angemeldet haben. Ihr Mut dazu, aber auch der Mut der vielen anderen, sich auf neue Spuren einzulassen, hat erst dieses Buch ermöglicht, das ich besonders ihnen und – in ihrem Sinne, so hoffe ich – all denen widmen möchte, die in diesem Beruf arbeiten.

Der Hintergrund der Lernwerkstätten von Unten

Als ich 1993 als freiberufliche Dozentin im Ostteil Berlins mit einstieg in das Weiterqualifizierungsprogramm für Erzieherinnen, war ich zunächst für die Praxisphase als Kunstpädagogin angefragt worden. Ich hatte bereits mit einem Projekt ein paar Wochen in einer kleinen Kindertagesstätte im Ostteil mitgearbeitet und hatte ein offenes, humorvolles Team erlebt. Es ging mit Kindern vieler Nationalitäten – einschließlich der neuen aus dem angrenzenden Bezirk Kreuzberg – vorurteilsfrei um und gestaltete herrliche Elternfeste.
In den Kursen im selben und in anderen Bezirken Ostberlins fand ich dann zu meinem Erstaunen ganz andere Bedingungen und Erzieherinnen vor.
Der Kurs war für sie Schule. In Treptow saßen sie in frontal ausgerichteten Reihen, eine sperrige Magnettafel nahm dem kleinen Raum überdimensional viel Platz weg, die Pausen wurden penibel eingehalten, für Kreuzworträtsel und Bild-der-Frau-Lektüre genutzt und ansonsten erwarteten die Erzieherinnen zwischen zweiundzwanzig und achtundfünfzig Jahren von der Dozentin Antworten aus einem Fachwissen auf (noch) nicht vorhandene Fragen. Stift und Block zum Mitschreiben lagen immer bereit. Es wurde wie in der Schule getuschelt und die Lehrperson auf ihre Reaktionen hin überprüft. Das Kolloquium am Ende des Kurses wurde wie eine Prüfung empfunden und breitete sich zu Anfang in lähmender Angst über jeder Gruppe aus.

Vielleicht ein Glück für beide Seiten, dass ich mir vorkam wie zur Zeit meines Referendariats zehn Jahre zuvor! Schon damals hatte mir die Lehrerrolle, wie ich sie nach Meinung von Kolleginnen hätte spielen sollen, nicht zugesagt und ich suchte eigene Wege, die Theorie eines fortschrittlichen Studiums auf die Schulpraxis zu übertragen. Ich kramte also in den folgenden Monaten alles wieder aus meiner Erinnerung und den Aktenordnern aus, was mir damals von Bedeutung war: Paolo FREIRE, dessen Pädagogik der Befreiung ich im Ansatz auf einen »lehrerunabhängigen Unterricht« zu übertragen versuchte; FREINET mit seiner Prämisse: »*Den Kindern das Wort geben*«; die Schülerschule aus Barbiana; offener Unterricht und Projektarbeit als methodische Elemente für ein Lernen in Sinnzusammenhängen, eigener Verantwortung und partnerschaftlichem Miteinander. Allen gemeinsam ein Bild vom Menschen, das sich durch Menschlichkeit, Solidarität, Verantwortlichkeit füreinander, Würde und Achtung auszeichnet, in den pädagogischen Konzepten bei den Stärken und Fähigkeiten ansetzt und den Menschen größtmögliche Autonomie zugesteht.

15

Seit ich als Kunstpädagogin in einem Team für Kindertagesstätten-Beratung zwei Jahre lang für Projektarbeit nach Reggio tätig war, zweifelte ich an dem Langzeiteffekt von kosmetischen Korrekturen mit Hilfe von kunstpädagogischen Projekten. Sie kamen mir vor wie Tropfen auf einem heißen Stein. Sie verdunsteten, bevor sie zusammenfließen konnten. Waren nicht grundsätzliche Veränderungen notwendig? Musste nicht mit den Erzieherinnen gemeinsam an ihren Fragen und Problemen gearbeitet und mussten nicht *wirklich kreative*, nicht nur künstlerische Lösungswege entwickelt werden? Nach meiner Schlussfolgerung gehörte mehr dazu, als Kunstpädagoginnen ins Rennen zu schicken, um alles, was Reggio ausmacht, in einer Person verkörpern zu lassen. Und überhaupt: war die west-pädagogische Arbeit in Kindertagesstätten und die Ausbildung an den Fachschulen nicht längst reformbedürftig?

Jetzt stand ich also wieder als Kunstpädagogin und mit meinen ganzen Zweifeln vor den Erzieherinnen aus dem Ostteil der Stadt!

Aber diesmal waren die Bedingungen günstiger: fünfzehn Praxistage, verteilt auf mehrere Monate; genügend Räumlichkeiten; Sachmittel, die bisherige Verhältnisse bei weitem übertrafen und viel Freiraum für Engagement und eigene Initiativen des Lehrpersonals. Genügend Möglichkeiten also um dem viel strapazierten Begriff des prozessorientierten Arbeitens Leben zu geben und gemeinsam mit den Erzieherinnen herauszufinden, was sie an Erfahrungen zum jetzigen Zeitpunkt *wirklich* brauchen. Noch lagen die enormen Verände-

*Farbspuren
auf Händen
und Wänden*

rungen vor ihnen: Kindertagesstätten-Schließungen, Umsetzungen, Bewerbungen im Westteil usf. Sie brauchten also Erfahrungen, die sie befähigen würden sich neu zu orientieren und selbstständig den eigenen Weg zu gehen.

Die Anfangshürde schien unüberwindbar: Selbst herausfinden und in der Gruppe absprechen, was wir gemeinsam entwickeln wollen? Ungläubiges Staunen! Und Hilfe suchende Blicke: Sag uns doch einfach, was wir tun sollen! Das aber wäre zu einfach gewesen und hätte langfristig gesehen zu wenig bewirkt. Die Chancen einer so einmaligen Weiterbildungszeit für beide Seiten, sollten nicht so vertan werden.

  Mich bewegten viele Fragen im übergeordneten Sinn:
Wie schaffe ich es die Erzieherinnen zu öffnen für neue Inhalte, Methoden und Lernziele – sie selbst herausfinden und bestimmen zu lassen, was sie interessiert und wie sie es sich aneignen wollen – ihnen das Lernen in eigene Verantwortung zu übergeben – sie Toleranz erfahren zu lassen und sie dafür zu befähigen, dass wir in gleichberechtigter Partnerschaft miteinander und voneinander lernen?

Diese Fragen sind im Lauf der Zeit zu den übergeordneten Lernzielen geworden und gleichzeitig zu den Lernprinzipien, die ich – Grundpfeilern gleich – für das Lernen schlechthin an den Anfang setze – als Voraussetzung und Ziel in einem. Es sind dies:

Selbstbestimmtheit,
Offenheit,
Selbstverantwortung,
Partnerschaftlichkeit,
Toleranz,
Freiwilligkeit.

Das letzte Prinzip kam später hinzu, nachdem es immer wieder vorgekommen ist, dass Erzieherinnen, ohne gefragt zu werden, direkt und kurzfristig von Fachberaterinnen oder Leiterinnen zu den Weiterbildungen geschickt worden sind. Sie taten sich am Anfang besonders schwer mit einem ungewohnten Stil. Auf der anderen Seite bekamen wir auch mit, dass die Kinder im Vorschulalter unter erhöhten Lern- und Leistungsdruck gesetzt wurden in der Annahme, das sei die richtige Antwort auf die neue Ellenbogen- und Leistungsgesellschaft.

Zweierlei Dinge waren mir bewusst:
1. Wenn ich glaubwürdig diese oben genannten Werte und Ziele vertreten wollte, musste ich sie selbst anstreben und diese Prinzipien konsequent zur Grundlage der Arbeit machen.
2. Glaubwürdigkeit und »Lernerfolge« sind in realen Lebenszusammenhängen am intensivsten und nachhaltigsten zu erreichen.

Damit war die Idee für Erlebnis- und Erfahrungsräume im Sinne von Lernwerkstätten unter der Regie der Erzieherinnen geboren. Sie musste noch reifen. Der eigentliche Anstoß für die erste Konzeption ergab sich – merkwürdig oder nicht – durch die Sachmittel. Der Bezirk hatte viele Mittel übrig behalten und sowohl die Gerüchteküche als auch die Kenntnisse von allgemein üblichen überstürzten Jahres-End-Einkäufen ließen bei den Kindertagesstätten ein Gießkannenkonzept großen Ausmaßes mit unerwünschten Nebenwirkungen befürchten.

Standen nicht bereits überall die Plastikhäuser und Plastikburgen, waren nicht überall Bastelbücher, in der Art wie sie auf den Kaufhaus-Ramschtischen liegen, von Vertretern in die Kindertagesstätten gebracht worden, waren nicht jede Menge vorstrukturierter Lehr- und Lernmaterialien, Tischspiele, neue Puppenstuben und dgl. mehr angeschafft worden, während andernorts die ersten Erfahrungen mit spielzeugfreien und Wald-Kinderstätten gesammelt wurden? Waren nicht die Gruppenräume der Kitas noch im Gruppensatz ausstaffiert und so reichlich möbliert worden, dass der Bewegungsspielraum eingeengt war?

In den Weiterbildungsräumen spiegelte sich das Verständnis einer Großgruppenorientierung wider. Es gab dreißig Scheren, dreißig Bleistiftspitzer, dreißig kleine Locher, damit alle zur selben Zeit Bleistifte spitzen oder Unterlagen lochen können! Diese Materialien wurden dann am Ende des Seminartages innerhalb einer abgeschlossenen Etage nochmals weggeschlossen – wie vor Kindern! Das nährte entsprechende Erwartungen der Teilnehmerinnen an eine Arbeitsweise im Beschäftigungsstil ohne eine innere Differenzierung.

Vor diesem Hintergrund entstand die erste Konzeption in Eigeninitiative als Vorschlag für das Amt. Sie berücksichtigte pädagogische Ziele nach innen wie nach außen, eine Vernetzung im Bezirk, eine Minimalausstattung auf der Basis *einmal für alle*, wenige – weil exemplarische – Verbrauchsmaterialien und eine Materialbörse als Umschlagplatz von zu sammelnden Restmaterialien. Alle Materialien sollten Projektarbeit fördern und weniger zu Basteleien mit Beliebigkeitscharakter verführen.

Exemplarische und kreativitätsfördernde Impulse nach außen wurden in Wechselwirkung mit Impulsen von anderen ähnlichen Einrichtungen verstanden. Ein Austausch von Erfahrungen war innerhalb einer Gruppe, aber auch überbezirklich, angedacht.

Bis der Bezirk grünes Licht für ein neues Lernumfeld gab, ließ sich bereits in den ESF-Kursen mit diesen Utopien in Ansätzen arbeiten. Die Lernstrukturen ließen sich in einem weit gefächerten Projektthema mit großem Identitätsradius so weit wie möglich öffnen, sodass auch andere Lernorte, wie z. B. in Stadterkundungsspielen, bei Foto-Farb-Spaziergängen, Atelierbesuchen oder beim Terrassenwandbild außerhalb der Seminarräume, für das Lernwerken aktiv genutzt und erprobt werden konnten.

Vorläufer und Vorbilder der Lernwerkstätten von Unten

Die Idee für eine Lernwerkstatt als Ort eines neuen Verständnisses von Lernen, Selbsterfahren und Weiterbildung war keinesfalls neu. Bereits 1981 wurde die erste Lernwerkstatt Deutschlands an der Technischen Universität in Berlin gegründet, die Mutter der Lernwerkstätten hier zu Lande schlechthin. Eine dreijährige Vorlaufphase des Suchens und Experimentierens an der Pädagogischen Hochschule lag bereits hinter ihr. Ausgegangen war die Initiative von einer Gruppe HochschullehrerInnen und StudentInnen der Pädagogik, *»die die Idee, dass auch Erwachsene nach Prinzipien lernen müssen, wie sie sie für den Unterricht von Kindern entwickeln wollen, aus dem »Tempelhofer Projekt« übernahmen, das vor allem an der Paul-Klee-Schule in Berlin mit der Öffnung des Unterrichts begonnen hatte«* (Karin ERNST)[1]. Sie waren auf den Widerspruch gestoßen, dass sie zwar im Studium viel über offenen Unterricht und Projektarbeit mit Kindern, handlungsorientiertes und entdeckendes Lernen hörten, aber diese Lernformen an sich selbst nicht aktiv erfahren konnten.

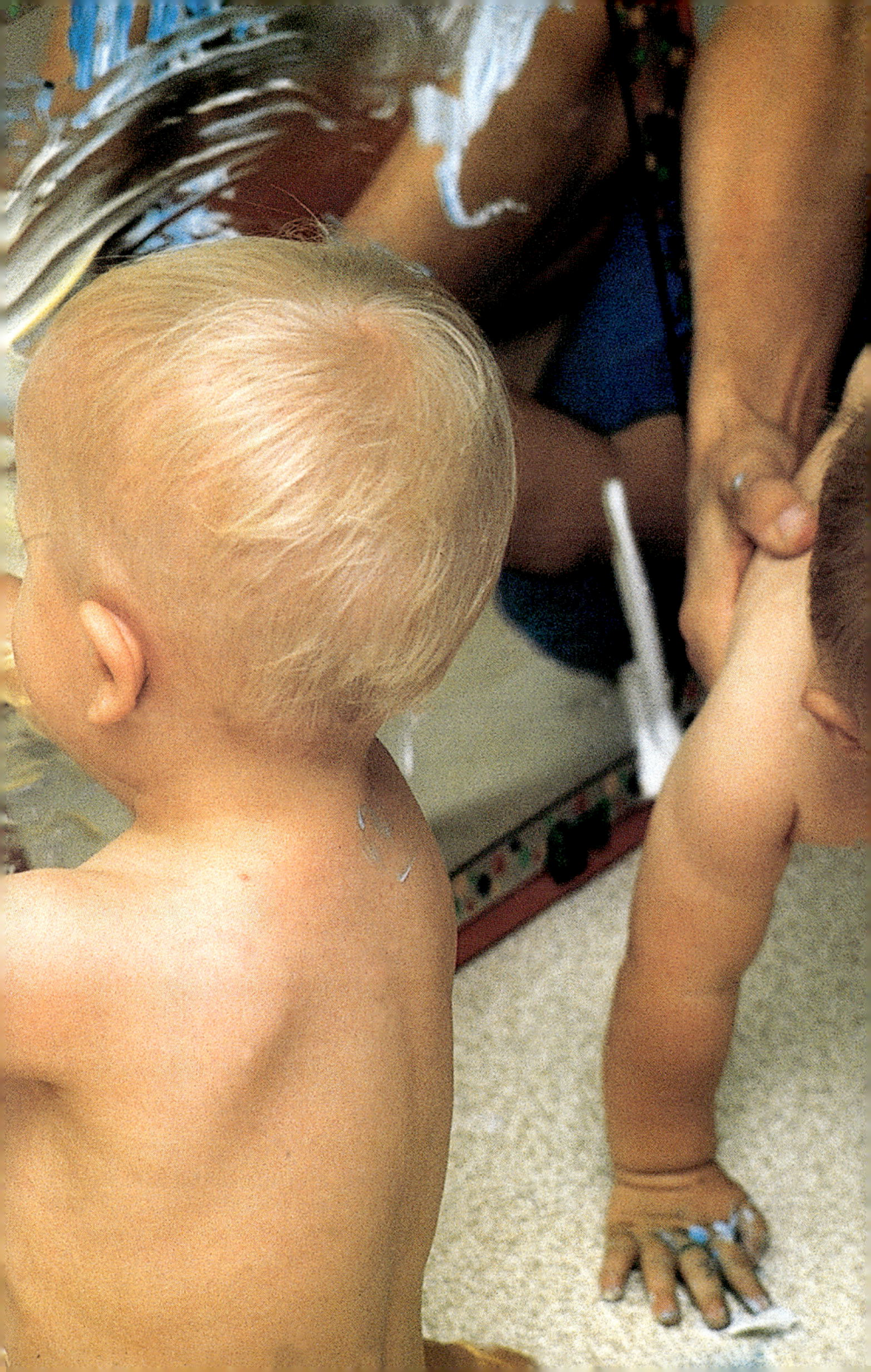

Eine beidseitige Bewegungsform, die von Kindern gern gewählt wird, wenn die Möglichkeiten dazu gegeben sind. Rasierschaum mit Lebensmittelfarbe

Das Konzept eines projektintegrierten Lehrerstudiengangs – ausgearbeitet von linken HochschulprofessorInnen – konnte 1974 nicht durchgesetzt werden. Es gab in den Jahren danach zwar nur noch vereinzelt hörsaalartige Lehr- und Lernsituationen im Frontalstil und die Sitzordnung war lockerer geworden, aber die Lehrmethoden waren die alten geblieben. Vorträge und Diskussionen in überfüllten Seminarräumen waren an der Tagesordnung. Referate wurden in der Regel in Arbeitsgruppen der StudentInnen auf der Basis von Literatur zusammengestellt und im Seminar vorgetragen. Das gesprochene Wort – meistens das des Dozierenden – war der hauptsächliche Informations- und Erkenntnisträger. Man konnte abschalten, einschlafen, zuhören, mitschreiben oder sich auch zu Wort melden. Wer andere Eingangskanäle (VESTER)[2] brauchte um denken und lernen zu können, hatte es schwer.

Die Hirnforschung hatte zu dieser Zeit auf der Grundlage neuer Erkenntnisse anschaulich auf miteinander zu vernetzende Komponenten hingewiesen, die für günstige Lernvoraussetzungen verantwortlich sind:

ein Sich-Wohlfühlen,
der persönliche Bezug zum Inhalt,
unterschiedliche Sinnesanreize (Eingangskanäle),
Art und Weise der Darbietung des Lehrstoffs,
die/der Lehrende als Person.

Eine praktische Umsetzung dieser Erkenntnisse erfolgte – im Gegensatz zu manchen Wirtschaftszweigen – noch am allerwenigsten da, wo Lehren und Lernen – im Sinne von praktischen, also sinnlichen Erfahrungen ermöglichen – zu pädagogischen Berufen mit Kindern und Jugendlichen führen: nämlich in der Ausbildung von ErzieherInnen und LehrerInnen.

Aus diesem Dilemma suchte die Gruppe einen Ausweg und schuf sich einen Ort, an dem sie eigene Lernerfahrungen selbst initiieren und gemeinsam mit anderen reflektieren konnte. Sie übernahm die Form der Workshops nach englischem Vorbild und übersetzte das Wort mit Lernwerkstatt. Die ersten Werkstattthemen waren beispielsweise: Wasser, Papier, Drucken, Steine, Wolle spinnen und färben, Musikinstrumente erfinden usw.

Die Lernprozesse entwickelten sich mehr und mehr weg von einer zeitlichen und inhaltlichen Vorgabe und hin zu einem experimentellen *»Selbst-neu-Lernen«* (Karin ERNST)[3]. Über ein selbstgewähltes und in offener Lernsituation durchgeführtes Lernvorhaben wurde im Anschluss daran gemeinsam reflektiert.

Differenziert und weiterentwickelt sieht die Lernwerkstattidee heute so aus:
• Modellhafte Lernumgebungen regen an zum Ausprobieren, setzen Fantasie frei, animieren zum experimentellen Erforschen, erlauben jedem,

eigene Ideen zu entwickeln und seine eigene Lernspur auch und gerade über Irrtümer, Fehler, Fragenstellen, sich Korrigieren, Umwege gehen zu verfolgen.

- Erwachsene Menschen begeben sich aktiv in selbstbestimmte Lernsituationen, wie sie sie – dementsprechend, aber nicht zwangsläufig identisch – mit Kindern herstellen wollen.
- Die Lernwerkstatt als Ort des Erfahrungsaustausches, der Kommunikation und der Kontakte gibt Raum für solidarisches Lernen: Man trifft auf Menschen, die bereit sind, zu kooperieren, sich mitzuteilen und eigene Erfahrungen und pädagogische Fragen neu zu reflektieren. Man hört nicht nur Theorien über offene Arbeit, sondern man sieht und erfährt ihre praktischen Bedingungen und Auswirkungen.

Aus diesem Grund sind Lernwerkstätten sinnvollerweise häufig mit der Ausbildung von Pädagogen verknüpft, die das entdeckende Lernen – wie die entsprechende Lernform genannt wird – und die individuellen Erfahrungsprozesse zu einer praxisbezogenen Forschungsstätte mit neuen methodisch-didaktischen Impulsen werden lassen. Gerade der Lernwerkstatt der TU in Berlin ist es zu verdanken, dass ihre Ideen weitergetragen und an verschiedenen Ausbildungsstätten, Schulen, Kindertagesstätten und anderen Einrichtungen in Deutschland, Österreich und der Schweiz Fuß fassen konnten.

Daneben gibt es Lernwerkstätten, die sich von vornherein auf einen pädagogischen Ansatz, wie z. B. den der Reggio-Pädagogik, konzentrieren.

Eine Lernwerkstatt von Unten meint ein Werken am Lernen schlechthin – frei von pädagogischen Festlegungen. Damit sind die Möglichkeiten noch offen, selbstständig pädagogische Ansätze oder Elemente daraus für sich neu zu entdecken, zu erproben und eventuell miteinander zu verknüpfen, eben so wie auch die Pädagogik in Reggio-Emilia verschiedene Wurzeln hat, die sich zu dem gegenwärtigen Ansatz verbanden und sich permanent weiterentwickeln.[4]

Im Folgenden wird die Rede sein von den Lernwerkstätten von Unten. Die Konzeption sieht darin – in Abgrenzung zu anderen Modellen – einen gemeinsamen Lernprozess ohne hierarchische Strukturen beim Entwickeln einer Lernwerkstatt vor, der sich an den unterschiedlichen Ausgangssituationen und dem bezirksspezifischen Bedarf orientiert und ausgeht von den eigenen Stärken, Fähigkeiten, Vorerfahrungen, Interessen und Bedürfnissen.

Der Aufbau einer Lernwerkstatt
als projektorientierte Weiterbildung

Im Berliner Bezirk Lichtenberg stieß die Konzeption auf Interesse und ich bekam den Auftrag eine Lernwerkstatt aufzubauen. Die Erwartungen waren – wie sich später herausstellte – unterschiedlich: so, wie es in anderen Ost-Bezirken zum Teil schon über pädagogische Sachbearbeiterinnen oder Kindertagesstätten-Beraterinnen zur Ausstattung von Lernwerkstatt-Räumen gekommen war, dachte man auch hier dabei an Einkauf und fachgerechte Ausstattung. Es gab allerdings noch keine Räume. Als Raumausstatterin zu fungieren, entsprach jedoch nicht den konzeptionellen Vorstellungen »von unten« her.

Es gab noch andere Bedenken. Eine Beraterin eines anderen Bezirks teilte mir erfreut mit, dass ihre Lernwerkstatt jetzt »stehe«, aber sie nicht wüsste, wie sie die Erzieherinnen dort »hinbekommen« solle. Ob es ein entsprechendes Papier dazu gäbe, das ich ihr zuschicken könnte? Dieser Anruf zeigte mir das Dilemma: eine Lernwerkstatt hinzustellen ging rasch, sofern man Räume und die Mittel dazu hatte. Aber war das schon eine Lernwerkstatt? Es machte offenbar keinen Sinn sie quasi von oben anzubieten. Sie musste sich von unten her entwickeln und zwar mit den Erzieherinnen gemeinsam. Wie sollten sie sonst ihre eigenen Bedürfnisse äußern und realisieren können, einen Bezug dazu finden, Verantwortung übernehmen und sich dort im Lernen zu Hause fühlen können? Machte es Sinn ihnen einerseits den situationsorientierten Ansatz in der Theorie zu lehren und andererseits – ungeachtet ihrer Situationen vor Ort – ihnen westlich geprägte Vorstellungen einer Lernwerkstatt vorzusetzen? Brauchten sie nicht in einer unruhigen und rasant sich verändernden Zeit etwas ganz anderes? Das herauszufinden und in kleinen Schritten gemeinsam mit ihnen zu gehen war mein eigentliches Ziel.

Unter Aufbau verstand ich eine Projektarbeit der idealtypischen Art: in offenen Lernprozessen das Lernen in Arbeitsgruppen so zu organisieren, dass die Erzieherinnen selbst Initiatorinnen eines Ortes werden, der *ihren* Interessen und Fragen nützt und *ihren* spezifischen Vorerfahrungen und gegenwärtigen Bedingungen Rechnung trägt. Sie sollten Subjekt ihrer eigenen Erfahrungen bleiben und nicht zum Objekt anderer Interessen werden. Diese Ziele sollten alles einschließen, was sich mit dem Projektansatz an Merkmalen und Prinzipien verbindet:

- ein größeres Vorhaben/Thema/Problem in seinem komplexen Lebenszusammenhang erfahren, begreifen und die Realität als veränderbar erkennen;

- sich gemeinsam sachkundig machen, Selbstverantwortung übernehmen über Ziele, Inhalte, methodisches Vorgehen und den Umfang der Arbeit;
- vielfältige Sinneserfahrungen im ganzheitlichen Kontext einbeziehen, damit Sinnlichkeit und Verstand, Theorie und Praxis sich miteinander verbinden;
- gemeinsam miteinander und voneinander lernen (interaktiv) und dafür Wege der Kommunikation und der Kooperation herausfinden;
- demokratische (hierarchiefreie) Planungs- und Entscheidungsstrukturen finden und fördern;
- von den Interessen – den aktuellen und längerfristigen – der Erzieherinnen ausgehen bzw. sie wecken und die Kinder indirekt mit einbeziehen;
- auftauchende Probleme und Konflikte in die inhaltliche Arbeit mit einbeziehen und Lösungsmöglichkeiten gemeinsam entwickeln;
- Erfahrungen, Arbeitsschritte, Reflexionen und Beschlüsse dokumentieren und nach außen transparent machen um sie exemplarisch wirken zu lassen.

Die Erzieherinnen sollten außerdem direkte Übertragungsmöglichkeiten auf ihre Arbeit mit den Kindern, den Eltern und Kolleginnen finden und eventuell kita-eigene Lernwerkstätten einzurichten beginnen. Und sie sollten erfahren, dass Freiwilligkeit und prozessorientiertes Arbeiten – ein Arbeiten ohne Druck von außen – geeignet sein kann um sich selbst angstfreier, wahrnehmungsintensiver, kreativer, selbstbewusster und damit lustvoller und veränderungsfähiger zu erleben.

Diese Intentionen waren fast utopisch in einer Zeit, da die Projektmethode zwar gelehrt, aber nicht in der Realität selbst erlebt wurde. So blieb nicht aus, dass unter Projektarbeit nur ein neumodischer Begriff für Beschäftigung verstanden und letztere weiter praktiziert wurde.

Gleichzeitig stieg der Bedarf nach neuen Beschäftigungsmöglichkeiten, also neuen Ideen, neuen Materialien und neuen Techniken.

Dazu kam, dass für die Lichtenbergerinnen seinerzeit noch rigidere Kriterien in der Weiterqualifizierungsmaßnahme galten: jede Erzieherin musste ein Projekt mit ihrer Kindergruppe für das Kolloquium abliefern!

Hatte sie keine eigene Gruppe, musste sie sich eine »ausleihen«. Der Bau eines Vogelhäuschens oder das Einrichten eines Aquariums waren z .B. Projektthemen, die in kurzer Zeit bearbeitet werden mussten. Der Druck auf die Erzieherinnen und die betroffenen Kinder war enorm – erinnerten die Bedingungen doch stark an eine Prüfung wie zu Zeiten der Ausbildung.

Ich habe Hortkinder erlebt, die aufstöhnten: *»Müssen wir schon wieder ein Projekt machen?«* Und die erleichtert spielen gingen, als ich erklärte, dass ihre Mitarbeit ganz freiwillig sei. Sie hatten in der Schule ein Projekt, in ihrer Gruppe fürs Kolloquium der Erzieherin, zuvor eines für das der Kollegin und waren jetzt für ein hortübergreifendes Gartenprojekt eingeteilt worden. Schon das Wort Projekt konnten sie nicht mehr hören und vielen Erzieherinnen ging es ebenso. Die so verstandenen Projekte überschlugen sich, denn viele Leiterinnen versprachen sich für ihre Kindertagesstätten eine Überlebenschance, wenn sie auch weiterhin viele Projekte pro Jahr vorweisen konnten.

In diesem allgemeinen Projektfieber ein neues zu starten, das unter ganz anderen Prinzipien – vor allem ganz ohne Druck – die Erzieherinnen selbst ansprechen sollte, bedeutete für sie gegen den Strom der Zeit und der starren Konventionen schwimmen zu müssen. Eine Kompetenz, die nicht sehr ausgeprägt war, aber die für innovative und exemplarische Prozesse für den Bezirk von Vorteil sein würden.

Es gelang, das Thema Aufbau einer Lernwerkstatt als Weiterbildungs-Projekt in der Praxisphase eines Weiterqualifizierungs-Kurses einer Gruppe von fünfundzwanzig Erzieherinnen anzubieten, wozu sich zum ersten Kurs elf und zum zweiten dreizehn Teilnehmerinnen meldeten. Wir hatten jeweils zehn Tage, ca. einen pro Woche. Zusammen fast drei Wochen für das ganze Projekt, verteilt auf ca. ein drei viertel Jahr!

Recherchen, Planung, Finanzen, Konzeptionsüberarbeitung, Materialsammlung, fachkundige Einkäufe, Ordnungskriterien, Objektgestaltungen, die Entwicklung von Bausteinen, Anregungstabletts, Erlebnislernen, Gespräche mit Bezirkspolitikern, Öffentlichkeitsarbeit, Präsentation nach außen und vieles mehr, sind nur Schlagworte, die die Vielseitigkeit des Aufbaus kurz umreißen.

Der Lernprozess als Lebensprozess

Mit diesen vierundzwanzig Frauen begann ein gemeinsamer Lernprozess, der mit Lebensprozess besser umschrieben wäre und eine Reichweite erhielt, die bis heute ein nicht absehbares Ausmaß einnimmt. Intensiv, dicht, kompakt, voll mit Spaß, Mut, Tatkraft, Engagement, Ängsten, Resignation, Zweifeln, Verzweiflung, Erlebnissen, Erfolgen, Bestätigungen, Angriffen von außen, Vertrauen, Sich-Verstehen, Problemen und Konflikten jeglicher Art und bei aller Distanz, sich sehr nahe kommend. Wir liefen dem Lernen alias Leben nicht davon, sondern suchten es, wir stürzten uns ins kalte Wasser und wir waren uns dessen bewusst.

Nirgendwo gab es Erfahrungsberichte darüber, wie eine Lernwerkstatt unter Weiterbildungskriterien aufgebaut werden kann. Und nirgendwo hatte ich in der Erwachsenenbildung etwas Überzeugendes gefunden, das den pädagogischen Begrifflichkeiten wie *selbstbestimmtes Vorgehen, partnerschaftliches und interaktives Lernen, Kooperation, problemorientiertes Handeln* oder *Lösungsstrategien* ihren spröden Pseudocharakter hätte nehmen und stattdessen den prallen Touch von Leben hätte wirklich vermitteln können. Diese sind wohl wissenschaftlich klar, aber sind sie nicht sinnlich steril?

In diesem historisch sensiblen Prozess des Zusammenwachsens von Ost und West versuchte ich so ziemlich alle pädagogischen Begrifflichkeiten und Glaubenssätze neu zu überprüfen, aus Furcht, ich könnte unbewusst manipulierend meine Wahrheiten zu ihren Wahrheiten werden lassen. Das brachte den Vorteil, dass wir auf beiden Seiten intensiver und behutsamer miteinander umgingen, als es in anderen Weiterbildungen der Fall gewesen wäre. Ungeachtet der Skepsis von außen, suchten wir nach unkonventionellen Wegen, voller Tücken und Tricks, aber den Situationen entsprechend.

Viele dieser Erfahrungen wurden zu neuen Grunderfahrungen. Sie taugten für Verallgemeinerungen und führten zu Erkenntnissen, aus denen wieder neue erwuchsen, und so fort. Sie haben sich verdichtet und wirken an anderen Orten weiter.

Der rote Faden

Es ist wie ein roter Faden, der mit den Erzieherinnen im Ostteil angefangen wurde zu spinnen und immer weiter gesponnen wird: mit anderen Farbschattierungen, mit anderen Inhalten, mit anderer Technik und verändertem Werkzeug. Das Fadenknäuel wird immer größer, die Fäden liegen übereinander, kreuzen sich. Die ersten geben allen weiteren Halt. An einem Anfang hängt alles Folgende. Die Konzeption hat sich mit der Zeit verändert. Aus viel, vielleicht zu viel, wurde »*aus dem Nichts*« (Gerd BINNIG)[5]. Und Werkstätten des Lernens entstehen im Kindertagesstättenbereich auch in anderen Städten.

Wie das kommt, lesen Sie selbst. Aber denken Sie an den roten Faden und verknüpfen Sie die darin steckenden Erkenntnisse mit ihren eigenen Gedanken und Erfahrungen. Suchen Sie nicht nach den Rezepten, sondern ent-

wickeln Sie anhand der Inspiration des Fadens Ihre eigenen Rezepte. Schmek-
ken Sie sie ab, verändern Sie, variieren Sie und genießen Sie die eigene Kost
um wieder gestärkt zu neuen Experimenten aufzubrechen.

Sich einem Begriff annähern

Was ist eigentlich eine Lernwerkstatt? Diese Frage stellt sich meistens zu Beginn und man erwartet eine gut verständliche, saubere Definition als Antwort.
Nun könnte man leicht irgendetwas Anspruchsvolles formulieren, was eine
Lernwerkstatt sein soll und schon sitzt man in der Falle. Denn in der Definition verstecken sich ja gewissermaßen auch die Ziele: So sollte eine Lernwerkstatt verstanden werden! Die Definition jedoch neu zu finden, ist bereits Teil
des Lernprozesses. Was verstehen wir unter Lernwerkstatt, fragten wir uns mit
Betonung auf wir in der ersten Gruppe, gemäß dem Prozess »von unten« her.
 Und später: Welche Art Lernwerkstatt brauchen wir in Lichtenberg im Gegensatz zu anderen? Und wir ließen die Frage offen! Sie begleitete uns
während des ganzen Prozesses und wir arbeiteten daran. Irgendwann fiel uns
dann auf, dass die Frage nach einer theoretischen Definition sich gar nicht
mehr stellte. Sie ist im praktischen Erfahrungsprozess aufgegangen, hat sich
quasi in ihm verflüchtigt. Wir haben Lernwerkstatt bereits praktiziert, ohne uns
darüber bewusst zu sein, weil wir noch die Definition suchten. Die Suche
selbst und die Wege der praktischen Erfahrungsprozesse währenddessen und
im Folgenden sind die Antwort. Eine Erkenntnis, die sich irgendwann zurück-
schauend merkwürdig anfühlte, aber uns enorm voranbrachte. Es war befreiend zu wissen, dass es vorweg keine fertige Definition geben muss. Der Druck,
eine theoretische Antwort parat haben zu müssen, entfällt somit.

Kann sich demnach jeder auf den Weg machen herauszufinden, was für ihn
eine Lernwerkstatt ist? Meiner Meinung nach ja, vorausgesetzt, er richtet sich
nach den oben genannten Prinzipien: Freiwilligkeit, Offenheit, Selbstbestimmtheit, Selbstverantwortung, Partnerschaftlichkeit und Toleranz. Demnach
kann jeder Mensch, jede Gruppe, selbstständig entdecken und in Erfahrung
bringen, welche Art Lernwerkstatt und welche Art Lernen sie brauchen. Sobald
er oder sie beginnt, sind sie bereits mitten drin. Sie praktizieren Lernwerkstatt
und – indem sie etwas herausfinden wollen, sich suchend auf den Weg machen – sammeln sie Erfahrungen in vieldimensionaler Hinsicht und lernen, wie
sie lernen.
Führt also der praktische Erfahrungsprozess zur Theorie? Mit dem Blick auf
Lernwerkstatt: ja! Waren der lange Weg, die Höhen und Tiefen, der Riesen-
umweg nötig? Er war es für uns zu jenem Zeitpunkt und unter jenen Bedingungen! Für andere wird der Weg wieder anders sein!

Der Prozess – unser Weg!

Unsere Vorerfahrungen und damit unsere Vorstellungen waren sehr unterschiedlich. In der DDR gab es Pädagogische Kabinette, Werkstätten, Erfinderwerkstätten, Künstlerwerkstätten. Für die Präsentation von neuen Erfindungen gab es die Messe der Meister von morgen. All das wurde genannt und spukte in den Köpfen herum. Eine Lernwerkstatt am IfL, dem Institut für Lehrerausbildung in Hohenschönhausen, hat bis zur Abwicklung in den Schulbereich hinein noch viele Impulse geben können, bevor sie für kurze Zeit zur Humboldt-Universität kam. Sie lag aber immer außerhalb des Erfahrungs- und Wirkungskreises von Erzieherinnen.

Was anstatt Wie

Anlass und Ausgangspunkt für den Aufbau waren, wie in anderen Bezirken auch, die Ausstattung, die Materialien, die Werkzeuge usw. Wir beschäftigten uns vorrangig mit dem Was und seinen Kriterien: was brauchen wir, was schaffen wir, was schaffen wir an, was besorgen wir wo und so fort.

Auch im überbezirklichen Gremium der Arbeitsgruppe Lernwerkstatt bei der Senatsverwaltung für Jugend und Familie stellten wir lange Zeit Fragen nach den Äußerlichkeiten im Allgemeinen: Was braucht eine Lernwerkstatt an Räumen, an Lernbereichen, an Leitung, an Verwaltung, an Organisation und an Finanzierung. Zu dem Gremium kamen viele, die diese Fragen stellten und sich von der Senatsverwaltung Antworten erhofften. Doch wer hätte sie im Voraus und für alle verbindlich geben sollen? Die Lernwerkstatt an der Technischen Universität gehört zum Hochschulbereich und die Lehrer, die dort hinkommen um zu lernen, sind den Rahmenplänen der Fachdisziplinen verpflichtet. Die damals einzige funktionierende Lernwerkstatt im Kindertagesstättenbereich in Kreuzberg mit zehnjähriger Erfahrung hat sich hauptsächlich dem kunstpädagogischen Bereich verschrieben und öffnet sich mit Projektangeboten kleinen Kindergruppen, die mit ihren Erzieherinnen dorthin kommen. Dieses Modell lehnten jedoch die Lichtenbergerinnen ab. Für sie war es undenkbar, da sie noch in festen Gruppenstrukturen eingebunden waren und nur mit allen Kindern einer Gruppe zusammen etwas unternehmen konnten.

Der Spagat zwischen Definition und Erfahrungslernen

> das lernen verstehen
> irrwege und wege
> tücken und tricks
> im lernen gehen können
> weil ich lerne
> wie es geht
> (Uri Peter TRIER)

Unabhängig von der schon bestehenden Konzeption, die zur Bewilligung vorgelegt werden musste und die den Lichtenberger Erzieherinnen zur kritischen Einschätzung vorlag, sollte mit ihnen ihre ureigene Konzeption entstehen. Der Altersdurchschnitt betrug bei den Erzieherinnen zweiundfünfzig Jahre! Das allein verdeutlicht, dass sie andere Vorstellungen haben mussten als anderswo! Sie schlugen als erstes Besuche in anderen Einrichtungen vor, wo bereits offener gearbeitet wurde. Sie wollten aus eigener Anschauung heraus sich etwas erarbeiten, anstatt aus einer praktischen Arbeit heraus, wie ich es vorgeschlagen hatte. So besuchten wir zwei Einrichtungen, fotografierten Details und werteten sie aus. Indem wir benannten, was es gibt, fanden die Erzieherinnen heraus, was es nicht gibt, aber ihrer Meinung nach geben sollte, so z. B. die Voraussetzungen für die Bereiche Musik, Bewegung, Tanz und Theater. Ein vorgefundenes Fotolabor dagegen wurde als nicht notwendig erachtet.

So waren wir ein Stück weiter. Aber die Besuche hatten zwar unseren Blick erweitert, aber nur Einblicke in die Räumlichkeiten und deren Ausstattung gegeben, nicht aber in die Arbeitsweise mit den Kindern. Diese wurde uns nur beschrieben, denn Kinder waren nicht anwesend. Aus dem Blickwinkel der Besichtigungen wurde bei einigen die Vorstellung bestätigt, dass es sich bei einer Lernwerkstatt ausschließlich um einen Ort für Kinder handeln kann. Sich einen Ort vorzustellen, der in erster Linie für Erzieherinnen, Leiterinnen, Eltern etc. zur Verfügung steht, fiel ihnen schwer. Es schien ihnen dafür auch keine Notwendigkeit zu geben. (Diese Frage wurde übrigens in Lichtenberg nie ganz eindeutig geklärt. Letztlich wurde sie für Kinder wie für Erwachsene eröffnet.)

Die Motivation, *für die Kinder* etwas aufzubauen, war bei den Erzieherinnen ungeheuer groß; eine Aufgabe, der sie sich im Interesse der Kinder mit viel Ernsthaftigkeit, Pflichtbewusstsein und Verantwortungsgefühl widmeten. Nur – es war *ihre* Weiterbildung, sie hatten ein Recht auf eigene Erfahrungen, bei der sie in erster Linie an sich denken sollten! Diesen Gedanken für sich anzunehmen, fiel ihnen sehr schwer. Wie kann man ernsthaft eine lustbetonte Zusammenarbeit, die Spaß macht, als Lernen begreifen?

Wir standen zu allem Überfluss sehr im Blickpunkt der Kindertagesstätten-Öffentlichkeit, wo Tugenden, die zu Erfolgen, schnellen Ergebnissen, Vorzeigbarem, perfekten Lösungen usf. führen, noch hoch im Kurs standen, und die die Erzieherinnen auch stark verinnerlicht hatten. Dazu kamen Kritiken von durchaus professioneller Seite, dass es sich eigentlich um gar kein Projekt handele und sie sich nur scheuen würden, ein eigenes zu bestreiten. Das erzeugte bei den Erzieherinnen z. T. einen Ehrgeiz, der es ihnen erschwerte, sich für ein selbstbestimmtes Lernen ganz öffnen zu können. »*Wie weit müssen wir bis zum Kolloquium mit dem Aufbau gekommen sein?*«, lautete immer wieder die Frage. Ich antwortete: »*So weit, wie wir bis dahin gekommen sind.*« Aber das beruhigte sie nicht.

Dass es auf den Prozess selbst ankam, der Weg das Ziel sei, wurde zwar häufig gesagt, aber was hieß das schon, umgesetzt in die raue Wirklichkeit? Niemandem, schon gar nicht den Verantwortlichen, war so richtig deutlich, was das bedeutete! Prozesse lassen sich nicht anfassen und nicht immer sofort sehen. Materialien, Staffeleien, Pinsel, Farben dagegen sind konkret anfassbar. Sie demonstrieren, dass *etwas* entsteht und wirken beruhigend.

Doch mit den wertvollen Materialien tauchen gleichzeitig Ängste auf! *Was* ist, wenn *was* wegkommt? Das *Was* begleitete und hemmte uns weiterhin! *Was* muss ich tun, *was* soll ich denken, *was* wollen die anderen von mir, was ist unser Ziel, *was* sagen wir im Kolloquium? Auf alle Versuche, dagegen anzureden, folgte die Resignation: *das* geht sowieso nicht! Mein Einwand: »*Noch nicht, aber ist es für später mal denkbar?*« Es folgte dann immer die Phase der Belehrung, dass ich glauben müsse, warum die Verhältnisse so sind wie sie sind. »*Das ist so!*« – »*Das wirst du eines Tages auch noch verstehen!*«

Vom Was zum Wie

Gegen das *Was* anzureden half nicht. Worte schienen mir ohnehin mehr und mehr ungeeignet ein Erfahrungslernen anzustoßen. Weniger resignative Gegenbeispiele mussten erlebt werden können! Wir mussten uns verstärkt dem *Wie* zuwenden und danach suchen: *wie* eine Lernwerkstatt geht, anstatt zu fragen, *was* eine Lernwerkstatt sei. *Wie* kann sich Lernen in einer Lernwerkstatt beispielsweise anfühlen? *Wie* können wir das Lernen selbst ganz konkret und praktisch in Erfahrung bringen und uns bewusst machen, ohne die Lernwerk-Stätte, den Ort und die mit ihm verbundenen hemmenden Fragen, ohne die hartnäckigen »*Verhinderer*«[6], wie z. B. die Scheren im Kopf beim Versuch kreativ zu denken?

Wir praktizierten und reflektierten jetzt verstärkt ein Lernen in kurzen Workshops, das uns der Bedeutung des Begriffs ein Stück näher brachte. Wir begannen beim Staunen über banale Dinge, verharrten bei Materialerfahrungen um der Materialien wegen, suchten bewusst Irritationen um die Wahrnehmung neu zu öffnen, ließen uns überraschen und griffen die Zufälle auf. Wir redeten nicht mehr *über* etwas, was noch gar nicht war und spekulierend schnell zerredet wurde. Wir begannen mit eigenen Erfahrungen und blieben dicht an ihnen dran! Wir lernten sie immer detaillierter zu reflektieren. Beobachtungskriterien und Impulsfragen halfen, die Aufgaben, die emotional mit Pflicht-Bewusstsein verbunden waren, als selbst- und lustbewusstes Lernen zu verstehen. Das Einkaufen von Büchern, Farbpigmenten oder Büromaterialien beispielsweise auf ihren Erfahrungswert hin zu reflektieren wurde besonders wichtig. Nicht nur, um diese »Einkaufsbummel« anderen gegenüber, sondern vor allem sich selbst gegenüber, als sinnvolles Lernen rechtfertigen zu können.

Nach einem einzigen Tag Weiterbildung folgte die Arbeitswoche in der Kindertagesstätte. Mit der eigenen Erfahrung der Workshop-Phase und den notwendigen Materialien, die sie sich ausliehen, konnten die Erzieherinnen sofort mit den Kindern weitergehende Erfahrungen sammeln und sich darüber schon beim nächsten Mal in der Gruppe austauschen. An Verbrauchsmaterialien wurde wenig benötigt, da ja keine Gruppenbeschäftigung zu bestreiten war. Dieser Weg brachte uns den Durchbruch! Er versetzte die Erzieherinnen in die Rolle von »Wissenschaftlerinnen«, die neue Wege beschreiten, beobachten und Untersuchungen anstellen, die dann gemeinsam im Gespräch ausgewertet werden. Gleichzeitig waren sie in der Planung und Vorbereitung entlastet.

Es gab zwar Behauptungen, wie die Kinder reagieren würden, aber sie wurden mit einem »Mal sehen! – Einfach ausprobieren!« offen gelassen.

Die Reaktionen und Äußerungen der Kinder brachten uns allen dann die entscheidenden Aha-Effekte. An ihnen entzündete sich letztlich die tiefere Bereitschaft, den eigenen Erfahrungen mehr zu trauen, von Vorurteilen abzulas-

sen und sich voll Spannung, Neugier und Interesse auf ein neues Lernen einzulassen.

So wuchs die Annahme, dass sich das eigene entdeckende Lernen der Erzieherinnen über den Umweg der Zielgruppe Kinder initiieren, bekräftigen
und langfristig festigen lässt.

Den Zweifeln nachgehen

Als im Zusammenhang mit der Definition von Lernwerkstatt die ersten Zweifel
auftauchten, ob wir nicht das Pferd von hinten aufzäumten, es aber von vorne
vorteilhafter wäre, zerlegte ich den Begriff in *Lern – werk – statt*.
Um die Stätte, den Ort, rankten sich die Ängste und Hemmnisse. Bis zur Frage
der Betreuung, der Kontrolle, des Abschließens zermürbte uns ein interessier-
tes Umfeld und erwartete von uns Antworten.

In der Mitte des Wortes steckt *werken*. Dieses Verb ist nicht nur bekannt,
sondern spricht auch Bedürfnisse an, weckt u. U. tiefe, innere Sehnsüchte nach
eigenem Tun mit den Händen, nach Geschicklichkeit, Anerkennung und Be-
wundertwerden. Assoziationen werden geweckt. Aber *werken* lässt in erster
Linie eine Werkstatt der klassischen Art vermuten, eine mit gut sortierten
Werkzeugen, deren Bezeichnungen man zuvor kennen muss, um sie dann –
unter Anleitung – möglichst sachgerecht und fehlerfrei anwenden zu können.
Ist ein Werken gemeint, bei dem etwas gelernt wird oder bedeutet es ein Werken am Lernen um das Lernen selbst zu lernen?

Letzteres würde die Vorsilbe *Lern* rechtfertigen. Aber beim Lernen denkt
man als Erstes an Schule und mit ihr verbinden sich meistens unangenehme
Erinnerungen! Das war auch der Grund, weswegen die Konzeption zunächst
mit Erlebnis- und Erfahrungsräume betitelt worden ist. Eine Lichtenberger Kindergruppe gab – ganz basisdemokratisch – den Ausschlag für den Namen
Lernwerkstatt. Sie könnten damit mehr verbinden, meinten sie! Sie hatten die
Schule noch vor sich und zweifelten nicht wie wir Erwachsenen!

Ein Vergleich mit der Methode der *Zukunftswerkstatt* schien angebracht.
Nach Robert JUNGK wird hier an der »*Zukunft gewerkelt*«[7]. Erfahrungsberichte
aus der Lernwerkstatt der TU brachten dann die eindeutige Bestätigung, dass
es um das Lernen geht, das entdeckende Lernen. Weil damit eine ganz bestimmte wissenschaftlich erforschte Vorgehensweise gemeint ist und wir noch
lange nicht so weit waren, spreche ich auch vom *Werken am Lernen* oder vom
Lernwerken. Darin stecken die Fragen nach dem *Wie*: wir werken am Lernen
um herauszufinden, *wie* wir lernen und was wir wie lernen können. Das *Was*
wird dabei ebenfalls in Erfahrung gebracht. Ob demnach eine Holzwerkstatt
beispielsweise auch eine Lernwerkstatt ist, hängt davon ab, *wie* darin gearbeitet und folglich gelernt wird – am Material Holz mit einem bestimmten Er-

gebnis als Ziel oder taktil wahrnehmend, begreifend, experimentell, individu-
ell, spontan, assoziativ und eventuell materialübergreifend?

Die Frage nach dem *Wie* stellt sich auch bei dem Lernwerkstatt-Boom, der
sich neuerdings in der freien Wirtschaft häufig mit diesem Namen etikettiert.
Er ist zweifellos zu einem Modebegriff geworden und es tut gut Kriterien zu
haben, ihn kritisch zu hinterfragen bzw. ihn den Kolleginnen oder den Eltern
vermitteln zu können. Das Kriterium *wie* kann dabei weiterhelfen. Also, *wie*
wird gearbeitet, *wie* wird gelernt, *wie* wird vorgegangen (auch, wenn das Wort
im Kindertgesstättenbereich ungebräuchlich ist: das *Wie* meint die Didaktik!)

Auffallend bleibt, dass in der Vorstellung das Lernen sich immer auf einen Ort
fixiert. Auch neuere Initiativen fangen mit der Raumfrage an. Erst einen Raum
freischaufeln irgendwo in einer Kindertagesstätte oder in der Fachschule, der
Hochschule usw., dann einrichten, dann ... Diese »Erst-dann-Vorgehensweise«
war zwangsläufig auch die Logik unseres Vorgehens. Der Weg war beschwerlich und zäh, andere Ämter mussten hinzugezogen werden; das Bauamt und
der Brandschutz hatten Einwände. Gebrannt hatte es bereits. Die Materialien
waren unbrauchbar geworden. Krisensitzungen fanden statt. Gespräche mit
den politisch Verantwortlichen mussten geführt werden und wurden gut oder
schlecht verdaut. Regale wurden aufgebaut und vom Hausmeister wieder um-
gebaut. Kurzum, je mehr die zaghaften Versuche, sich den eigenen Lernstrukturen gegenüber zu öffnen, auf verkrustete bürokratische Strukturen trafen,
desto mehr geriet der Prozess zur Gratwanderung: Auf der einen Seite der Ab-
sturz in die Resignation und in die Arme derer, die schon immer gewusst
haben, dass es nicht geht. Auf der anderen Seite das trotzige Sich-Zusam-
menschweißen zu einem »Wir gegen den Rest der Welt«. Auf diesem Grat
kann einem schwindlig werden, der Prozess stagnieren und die Lust am Aufbau vergehen. Oder man lernt die Höhenluft zu schätzen, die Gefahr und das
Abenteuer, wie sie das Leben in der Realität nun einmal mit sich bringen, und
man integriert die Probleme ins Lernen und sucht nach Lösungswegen.

Lernorte sind überall

Denken wir uns mal – versuchsweise – den Ort ganz weg, lassen innerlich von
ihm los. Brauchen wir für das Lernwerken überhaupt einen Ort? Um das zu
beantworten, müssten wir – nach dem Erfahrungslernen zu folgern – uns erst
einmal diesem zuwenden und es an verschiedenen Orten ausprobieren: im
Wald oder Park, im Viereck eines Häuserblocks, beim Einkauf, in der Stadt-
bücherei, im Cafe, am Rand eines vielbesuchten Buddelkastens oder im Ge-
bäude des Rathauses. Der normale Spaziergang mit einer Kindergartengruppe
einmal um das Karree kann zum Weg à la Lernwerkstatt werden: ausprobie-

ren, beobachten, entdecken, staunen und fragen. Das Lernen kann beginnen. Lernorte sind überall. Aber werden sie genutzt? Und wenn ja, wie? Die Erzieherinnen brachten oft kleine Beispiele aus dem ganz normalen Alltag mit, die ein anderes Vorgehen zeigten. In meinem Alltag verhielt es sich ebenso. Frei nach Rudolf Seitz kann ich heute sagen: *Die Lernwerkstatt hab' ich im Kopf und den hab' ich immer dabei.*[8] Nach den Anfangserfahrungen ist für mich Lernwerkstatt mehr und mehr zu einem Prinzip des Lernens (und des Lebens) geworden, das zwangsläufig keinen besonderen Ort braucht. Er kann stattdessen, von vorne aufgezäumt, nachdem das Lernen entdeckt und erfahren wurde, peu à peu entstehen: mit Materialien, die Sinn machen und dieses Lernen unterstützen, mit Geräten, die funktional sind und mit einer Verwaltungsstruktur, die nützt anstatt hemmt.

Die Lernwerkstatt hab' ich im Kopf und den hab' ich immer dabei

Heutzutage arbeite ich mit Gruppen in Gemeindesälen, leeren Kindertagesstätten oder Tagungshäusern ohne irgendeinen Touch von Werkstattatmosphäre und wir widmen uns dem Lernen »aus dem Nichts«.

Die weitgehende Leere der Räume und der Mangel an überquellenden Regalen hat sich als Vorteil erwiesen. Sie halten uns frei von den hemmenden Bedenken, die sich festkrallen an Gegenständen, an »Das möchte ich!«, an Preisen, Gefahren, Bauaufsicht und dem »Geht ja doch nicht!« und uns bremsen. Ob unter einem Dach oder draußen im Freien, im ICE oder bei unseren »pädagogischen Küchengesprächen«, schaffen wir uns die Frei-Räume im Denken, die manche noch so wunderschönen Lernwerkstatt-Räume vermissen lassen.

Neue Räume, altes Denken?

Als die Lernwerkstatt in Lichtenberg mit großem zusätzlichen Engagement der Erzieherinnen und trotz aller Widrigkeiten in renovierten und teilweise umgebauten Räumen offiziell im Beisein des Stadtrates eröffnet wurde, waren fast alle, die sich »von unten« dafür eingesetzt haben, nicht mehr eingeladen. Stattdessen standen zum Schmuck auf den Tischen – symbolisch anmutend – auf dünnen Streichholzbeinen gebastelte Kastanienfiguren! Die alte Pädagogik in neuen Räumen? Von oben reingeholt, was wir mühsam von unten zu verändern versucht hatten?

Übernommen in der Art und Weise, wie es die Erzieherinnen befürchtet hatten, aber es niemand wahrhaben wollte? Ein Lehrstück der klassischen Art, nur hier mit den Verhinderern in der unteren Schicht der Bezirkshierarchie, die ge-

Im Todholz nach Leben forschen – Lernorte sind überall

wohnt waren Anweisungen zu geben und selbstständiges, unkontrollierbares Arbeiten zu verhindern, nach dem Motto: *»Es kann nicht sein, was nicht sein darf«*. Es gab eine weitere »fertige« Lernwerkstatt, die jetzt »stand« aber nicht »lief«. Ein neues Lernen konnte sich trotz des engagierten Einsatzes zweier Erzieherinnen nicht etablieren, weil zu viele Strukturen noch am Alten orientiert waren.

Aber viele der Erzieherinnen, die sich mittlerweile mit der Kraft und der Idee eines selbstbestimmten und partnerschaftlichen Lernens identifizieren konnten, trugen sie – bedingt durch Versetzungen wegen des Erzieherinnenüberhangs im Ostteil – in die westlichen Bezirke der Stadt Berlin.

Erste Annäherung an das neue Lernen

Die Erfahrungen wirken dank des prozessorientierten Vorgehens an vielen Orten weiter. Bereits in die zweite Lernwerkstatt im Bezirk Treptow flossen sie mit ein, konnten über einen Zeitraum von drei Jahren vertieft und weiterentwickelt werden. Die Materialbörse, die Auseinandernehm-Werkstatt, die Krabbelstube, die Kopierwerkstatt, die spezifische Lernwerkstattbücherei, Versuche mit Nutzungsstrukturen, die Staun-Werkstatt, die Präsentation nach außen, Lernwerkstatt-Gründungen in einigen Kindertagesstätten usw. entstanden in enger Zusammenarbeit mit einer sich stabilisierenden Gruppe und wechselnden Interessenten.

Alles bezog sich auf ein Lernen in offenen Strukturen, unabhängig von bestimmten Altersgruppen. Wie muss das Lernen beschaffen sein, damit es zündet? Der Lernbereich *Lernen* rückte selbst immer mehr in den Mittelpunkt des Interesses und erfasste selbst die Teilnehmerinnen, die in denselben Räumen die dreißigtägigen ESF-Kurse absolvierten und die selbstständigen und offenen Strukturen kennen lernten.

Zu den eigenen praktischen Erfahrungen kam das Äquivalent der Theorie über das neue Lernen. In einem Ordner wurde alles gesammelt, was neue Wege weist. Theoretische Abhandlungen gibt es viele, die meisten beschreiben die pädagogische Misere und enden mit Appellen an ein neues Lernen. Praktische Beispiele dagegen sind spärlich, selektiv und nur gelegentlich übertragbar.

Auf der Suche nach dem Lernen ergab es sich, dass ich anfing, mein eigenes Lernen genauer zu betrachten, frühe Lern- und Verhaltensmuster zu reflektieren, die mich prägen. Was mir früher an Experimenten nicht erlaubt war, holte ich nunmehr nach und pflegte neue Traditionen: In meiner Küche eröffnete ich mir ständig neue Beobachtungs- und Erkenntnismöglichkeiten. Hier keimten verschiedenartige Körner und Samen. Kartoffeln schafften es, in der Luft an den Trieben Blätter und später winzige neue Kartoffelknöllchen zu bilden. Ein Schikoree konnte sich krumm auswachsen. Der Balkon wurde zum Klang- und Wachstumslabor. Kokosbriketts lieferten die Erde. Gelegentlich geriet alles zum Fotostudio und die Prozesse wurden festgehalten. Die Foto-Lupe auf pflanzliche Strukturen aufzusetzen und mich durch genaues Beobachten inspirieren zu lassen, ist mir so sehr zur Gewohnheit geworden, dass es noch heute nebenbei passiert. Mit einem ganz anderen Bezug zum Lernen als während des Studiums forschte ich jetzt nach, was die Wissenschaft unter Lernen versteht. Aber die Lerntheorien legte ich schnell wieder beiseite. Ich war sensibler geworden für die Praxisferne in unverständlichen Satzkonstruktionen, jedoch mutiger, an eigenen Lernerfahrungen zu werkeln.

Es faszinierte mich, als eine Erzieherin nach drei Tagen praktischer Erfahrungen zum eigenen Lernen aus dem tiefsten Inneren heraus fragte: Aber wie lernen denn nun Kinder *wirklich*? Ich fand darin mein Bedürfnis nach Abklärung oder Bestätigung durch die Theorie wieder, die sich einem irgendwann während eines Lernprozesses stellt und Teil dessen werden kann. Wie lernen Kinder, wie lernt der Mensch? Und wie lässt sich lehren, wie der Mensch lernt? Auch Kinder stellen gelegentlich schon früh diese Frage. Um beim entdeckenden Lernen zu bleiben, fragte ich zurück, wie wir das selbst herausfinden könnten? Und es fiel mir ein zu fragen, ob wir uns vorstellen könnten (erst mal nur vorstellen!), in Zusammenarbeit mit einer Ausbildungsstätte beispielsweise, diese Frage zu einem übergreifenden Untersuchungsthema (durch Videoaufnahmen und Befragungen) zu machen unter dem Titel: »Wie lernt der Mensch in dieser Stadt?« Also, wie lernen die Säuglinge, die Kinder in den Kindereinrichtungen, wie lernen sie in der Schule, wie lernen die Lehrlinge, die Erzieherinnen, die Erwachsenen an der Volkshochschule oder die Senioren im Altersheim? Und vor allem, wie möchten sie, dass sie lernen? Ein anregender Gedanke, der in der Vorstellung weiterlebt und vielleicht einer Realisierung entgegenlernt!?

Ein halbes Jahr später hörte ich in der Urania in Berlin einen Vortrag von Prof. Rainer Winkel, angekündigt unter demselben Thema: »Wie lernt der Mensch?« Ich war neugierig und erwartete den neuesten Stand an wissenschaftlichen Erkenntnissen durch die Hirnforschung. Aber der Vortrag vor gut zweihundert Leuten behandelte das Lernen im Sinne von Behalten, sich merken können. Vom Begreifen und Verstehen von komplexen Zusammenhängen dieser Welt war nicht die Rede. Das Begreifen tauchte nur kurz im Zusammenhang mit Belehrung auf. Die Fragen aus dem Auditorium in der letzten viertel Stunde zielten in dieselbe Richtung: Da war z. B. der 75-Jährige, der seine Führerscheinprüfung wiederholen muss und Schwierigkeiten mit der Merkfähigkeit hat. Er erhoffte sich offenbar ein Wunderrezept ebenso wie eine Schülerin mit Lernschwierigkeiten. Eine ältere Dame beklagte, dass sie ein Fremdwort mehrmals im Lexikon nachschlagen muss um sich die Bedeutung zu merken. Sich aufschreiben in ein Notizbuch und öfter nachlesen um es besser zu behalten, war der erprobte Tipp des Erziehungswissenschaftlers. Was für ein einseitiger Blick auf das Lernen! Wie zu meiner Schulzeit ein Wiederkäuen und Reproduzieren von Gelesenem, um es ohne Sinn und Verstand, aber mit ein paar technischen Tricks sich einzuverleiben? Damit man am Ende ein Leben lang die Tricks in Erinnerung behält, aber von den Inhalten keine Ahnung mehr hat? Das Fakten- und Fachwissen hat also noch immer Hochkonjunktur. Ebenso hat der Satz *»Wissen ist Macht.«* noch immer seine argumentative Schlagkraft behalten. Dementsprechend bedeutet Nicht-Wissen noch immer Ohn-Macht! Welche Art Schläge damit noch verabreicht werden können, lässt sich herausfinden, wenn man sich für eine Weile dafür sensibilisiert und sich und sein Umfeld untersucht: Wie, das weißt du nicht? Das habe ich doch schon immer gewusst! Wie oft muss ich dir das noch sagen! Das solltest du aber wissen! Nein, das weiß ich besser! Wie unser Sprachgebrauch unser gesellschaftlich verankertes Denkschema verrät, lässt sich jederzeit von jedermann an jedem Ort überprüfen und zusammentragen. Eine Sprachsammlung kann zum Spiegel werden, in dem sich jeder an irgendeiner Stelle ganz sicher wieder entdeckt.

Das Auswendiglernen und sein Ergebnis »Wissen« stehen also noch immer hoch im Kurs, nicht nur in Schulen, Fahrschulen oder im Medizinstudium. In Quizsendungen werden die Menschen bewundert, die sich ungeheuer viel merken können, unabhängig davon, ob es Sinn macht oder nicht.

Als ich in München das Gymnasium besuchte, empfahl uns eine Deutschlehrerin zur Erweiterung der Merkfähigkeit den Trick, täglich ein kleines Gedicht zu lernen. Eine Freundin und ich hielten uns dran, lernten eifrig in der Freizeit und hörten uns ab. Ich kann davon kein einziges mehr! In Berlin bekamen wir zum Erstsemester an der Pädagogischen Hochschule ein Papier mit der Aufforderung, alles zu vergessen, was wir in der Schule gelernt hatten. Kein Problem, ich hatte es bereits! Kein lateinischer Satz, keine mathematische Formel kann ich mehr hersagen. Ich behielt alles leicht im Gedächtnis, aber nur bis zum Abitur! Stattdessen hatte ich die Prüfungsangst gelernt und es kostete mich Jahre, sie wieder zu verlernen.

Die Aufforderung zu Beginn des Studiums signalisierte mir am nachhaltigsten, neu, offen und kritisch zu lernen. Zum Ende des Studiums hörte ich, dass wir 80 % des Gelernten sowieso vergessen würden, der Rest von 20 % als Bildung bezeichnet werde. Ich fragte mich, warum das die Ausbildungsinstitutionen so bereitwillig hinnehmen?

Als ich an der Hochschule der Künste bei einem Kunstprofessor arbeitete, war ihm etwas entfallen und er fragte mich. Ich wurde verlegen, denn ich wusste nur so viel, dass ich es eigentlich wissen müsste. Er schlug es in einem Buch nach, las es vor, stellte das Buch zurück und sagte: »*So, jetzt wissen wir, wo es steht und können es wieder vergessen, denn wir können es ja jederzeit wieder nachschlagen. Warum so viel Ballast im Kopf herumtragen?*«

Diese Begebenheit hat sich bei mir tief eingeprägt und ich erzähle die Geschichte gern, wenn ich Erzieherinnen erlebe, die sich entschuldigen oder glauben, sich rechtfertigen zu müssen, weil sie etwas nicht wissen und meinen, es wissen zu müssen.

Inzwischen denke ich, dass vor allem die moralische Haltung, die mit dem Behalten einhergeht, der eigentliche Ballast ist, der zuerst abgeworfen werden muss, um ein begreifendes Lernen zu ermöglichen. Warum nicht etwas immer wieder neu in Erfahrung bringen, mal auf diesem oder jenem Weg durchdenken, mal von dieser oder jener Seite her betrachten, etwas in einem anderen Licht sehen, neu beleuchten, etwas drehen und wenden, durchdringen, etwas auf den Kopf stellen, hinterfragen? Warum nicht mit den Gedanken handelnd, konstruierend, vermutend, spielerisch denkend, verwerfend umgehen und diese Gedankengänge in Erinnerung behalten, anstatt das fertig Gelernte?

Warum nur heißt es, dass die Schule die Kinder und Jugendlichen auf das Leben, auf das Berufsleben vorbereitet und sie dafür lernen müssen? Als ob sie als Kinder und Jugendliche nicht bereits *jetzt* lebten und täglich, stündlich das Leben lernen und vor allem das Lernen leben möchten? Warum, »erst kommt die Arbeit, dann das Spiel«, wo doch längst bekannt ist, dass spielend zu lernen nicht nur lustvoller, sondern auch effektiver und nachhaltiger ist? Warum nicht leben, lernen und arbeiten eins werden lassen?

Diese Fragen können so stehen bleiben und zum Nachdenken anregen. Erklärungen finden sich schnell. Die Antworten wissen viele. Die Gründe zu nennen, warum etwas so ist, wie es ist, haben wir bestens gelernt. Das ist so, weil ... Es geht nicht, weil ... Solche Erklärungen tragen wir wie auf einem Tablett vor uns her und kultivieren die Gründe, die Bestehendes zementieren und Veränderungen schwer zulassen.

Wir könnten stattdessen immer eine breite Palette von Möglichkeiten voraussetzen, die uns gegeben ist, wenn wir gewohnt wären, routinemäßig nach Lösungen zu suchen und dazu das Denken auf den Kopf zu stellen.

Wie lernt der Mensch? Wie haben wir selbst gelernt? Machen wir nach dem Prinzip Lernwerkstatt daraus eine Untersuchung. Tauschen wir unsere Lern-Biografien aus, fragen wir uns:

• Hat uns in der Kindheit das Lernen Spaß gemacht und wann?
• Konnten wir spielen, was wir wollten?
• Durften wir etwas Ungewöhnliches ausprobieren?
• Durften wir Geschichten erfinden oder wurden wir deswegen schon der Lüge bezichtigt?
• Bekamen wir alles erklärt und gezeigt?
• Wie lernten wir ein Instrument?
• Wurden wir mit unseren Meinungen ernst genommen?
• Wurden wir ausgelacht oder sogar verspottet?
• Wann wurde uns mit Interesse zugehört?

Stehen wir zu allem, was war, aber lernen wir aus dem Gestern für das Heute. Probieren wir uns im Lernen neu aus, werken wir am Lernen. Wir werden uns dabei der Verhinderer bewusst. Die Lernblockaden und Lernhemmnisse lassen sich wie Puzzleteile Stück für Stück zusammensetzen, auch Ängste, Vermeidungsstrategien, Komplexe, Kompensationsformen, Verhaltensstörungen und vieles mehr. Damit werden sie in ihrer Wirkung möglicherweise bereits halbiert! Was wir an anderen entdecken, kann unseren Blick auf uns selbst schärfen. Der Dialog mit uns braucht den Dialog mit den anderen und umgekehrt. Im Lernen miteinander gehen, damit wir wissen, wie es geht ... und wie lebendig wir uns fühlen!

Können-Werkstatt statt Lern-Werkstatt?

Ein bewusstes Umdenken in Bezug auf Lernen tut Not! Machen wir uns deutlich, wie die Allgemeinheit (und nicht nur die Schule) die Leistungen der Menschen daran misst, was sie *nicht* können, *nicht* wissen, *nicht* richtig gemacht haben, *noch nicht* fertig bringen usw. Ich bin sicher, jede Leserin und jeder Leser erinnert sich an ein Beispiel aus seinem Arbeitsbereich, aus der eigenen Schulzeit oder hört sich selbst reden.

»Eine Leistung nach Fehlern zu beurteilen, bleibt die Fehlleistung der Schule«[9], las ich einmal. Das brachte mich dazu, diese Aussage weiterzudenken, weg von der Schule. Ich dachte z. B. an die Szene in einer Kindertagesstätte, wo ein eineinhalbjähriger Junge dicke Malstifte mal mit der linken, mal mit der rechten Hand, aber wohl mehr mit der linken ausprobierte. Wenn man ihn, sein Greifen und Umgreifen der Finger, seine Anstrengung im Gesicht, seine ausdrucksstarken Augen genau beobachtete, konnte man erkennen, *wie* er etwas ausprobierte. Es ging ihm nicht ums Malen. Es ging ihm buchstäblich darum, die Stifte und die Striche in den Griff zu bekommen. Umso erstaunter war ich, als ich zwei Erzieherinnen über ihn reden hörte. Sie mutmaßten, dass er Linkshänder sei und, zu ihm runtergebeugt, fragten sie: *»Was malst du denn?«* Und: *»Mal doch mal ...!«* Seine Leistung, sein Denken mit den Händen, wurde gar nicht gesehen, geschweige denn gewürdigt!

Es fängt bereits beim Säugling an, dass wir meistens nur das benennen, was er noch nicht kann, aber seiner Monatskommazahl entsprechend können müsste. Diese Sichtweise durchzieht unser ganzes Leben und fast alle gesellschaftlichen Bereiche. Das Glas ist eher halb leer, anstatt halb voll!

Beim Aufbau der Lernwerkstätten sind wir diesem Phänomen in beiden Bezirken ebenfalls begegnet: Man erwartete von den Erzieherinnen, dass sie alles bereits können, wissen, richtig und vollständig machen usw. Man verstand nicht, dass eine *Lern*werkstatt zum *Lernen* da ist, nicht zum Bereits-Können oder Bereits-Wissen. Ihr Engagement in ihrer Freizeit wurde bekrittelt, abgewertet und sie konnten sich glücklich schätzen, in Ruhe gelassen zu werden, anstatt ein Papier und noch ein Papier und noch eine Konzeption usw. einreichen zu müssen. Von oben sah man schnell, was fehlte, aber nicht, was bereits geleistet und in Erfahrung gebracht wurde. Es scheint eine naturgesetzliche Neigung unserer Denkweise zu sein, die wir uns erst bewusst machen müssen, bevor wir sie ändern können. In der Lernwerkstatt haben wir sie als eine Tatsache reflektiert und zwar beidseitig: die Denkweise der anderen und unsere eigene.

Wie lernt der Mensch nach dem Prinzip Lernwerkstatt?

Er lernt sowohl das Lernen selbst, als auch andere Dinge in Erfahrung zu bringen. Durch Erfahrungen lernt er, wie er lernt. Das ist eine vorläufige Antwort mit offenen Fragen: Welche Erfahrungen können es sein, die ihn das erfahren lassen? Wie werden sie ermöglicht? Wie werden sie angeboten? Wie kann dazu motiviert werden? Wie können sie begleitet werden? Wodurch kann das Erfahrungslernen noch unterstützt werden?

Die Verhinderer verhindern

Wir stoßen häufig auf *Lernverhinderer*, die wir uns bewusst machen müssen. Wir müssen kennen lernen, was uns *nicht* lernen lässt, um dann zu lernen, wie sich die Verhinderer in uns verhindern lassen. Das Denken lässt sich probehalber auf den Kopf stellen, indem wir die Blockaden und Hemmschwellen vorübergehend verbannen und Fehler, Umwege, Pannen, Missgeschicke, Blamagen und ein Nicht-Können und Nicht-Wissen dagegen ausdrücklich begrüßen. *»Aus Fehlern lernt man«*, ist bereits eine altbekannte Erkenntnis, wohingegen die Regel *»Blamiere dich täglich«* aus zwölf weiteren Regeln einer Weiterbildung für Manager noch sehr gewöhnungsbedürftig ist und Sie vielleicht ebenso lange nachdenken lässt, wie mich. Fertiges, Perfektes, Schöngestaltetes, Ästhetik um der Ästhetik willen etc. werden ausdrücklich *nicht* zum Ziel erhoben!

44

Wo das Umfeld mehr in konventionellen Bahnen denkt, braucht ein unkonventionelles Lernklima nach außen hin Schutz. Zu zerbrechlich ist das, was sich im Lernen öffnet, sich preisgibt, Vertrauen schöpft, sich Schwächen eingesteht, neue Spuren wagt und dabei Spannung, Neugier, Lust, aber auch Frust erlebt. Nach innen, d. h. mit der Gruppe, sind schnell Verabredungen getroffen, die ein Konkurrenzdenken, herablassende Bemerkungen, Überheblichkeiten, Spötteleien usw. unnötig werden lassen. Aber nach außen hin eckt ein anderes Vorgehen fast grundsätzlich an oder stößt auf Unverständnis.

Ich will dazu zwei Beispiele mit typischem Hintergrund nennen:

Zweiundzwanzig Frauen arbeiten in einem Gemeinderaum meist auf dem Boden und versehen ihn im Laufe des Tages mit Spuren eines intensiven erprobenden Handelns, als ein als konservativ bekannter Hausmeister die Tür öffnet und entsetzt ausruft: »*Wie sieht's denn hier aus!*« Es braucht wenig und zwei Lernwelten prallen aufeinander! Während wir in der Gruppe uns verabredet hatten, alles liegen und stehen zu lassen, um genau an diesen Spuren weiterzuarbeiten, sind wir umgeben von einer der üblichen Erwartungshaltungen: Ist ja schön und gut, aber eine gewisse Ordnung ..., eine gewisse Disziplin ..., eine gewisse Ruhe ... usw. Mit diesem »eine gewisse ...« wird schnell ein mutiges Vorwärtssprechen im Lernen wieder zerstört. Dabei hört es sich so harmlos an und – Hand aufs Herz – meistens stimmen wir ihm ja selbst sofort zu, diesem »gewissen ...«, ohne das schwammige, dehnbare Quantum einer Definition zu unterziehen. Dabei handelt es sich doch um eine sehr subjektive Maßeinheit! Dem einen ist etwas schon zu viel, was dem anderen noch zu wenig erscheint. Üben wir uns einmal im gegensätzlichen Denken und machen wir uns Folgendes bewusst:

Das Werken am Lernen braucht eine gewisse Unordnung, es ruft eine gewisse Unruhe hervor, ein gewisses Chaos ist von großem Vorteil! Sie können natürlich auch die Unsitte mit dem Wörtchen »eine gewisse ...« einfach weglassen und sich stattdessen in kreative, anregende, quirlige, wache, spaßige, energiegeladene und dennoch disziplinierte Situationen hineinversetzen.

Ein Kurs hieß »Warum ist der Himmel blau?« Er fand in einer katholischen Bildungsstätte statt. Die Teilnehmerinnen waren eingeladen worden, Anspruch an ihren Perfektionismus zu Hause zu lassen, aber Neugier und Lust mitzubringen. Viele der Teilnehmerinnen hatten sich gerade deswegen angesprochen gefühlt und sich gefreut. Beim Bildungsträger hatte der Kurs aber bereits das Image eines Chaotenkurses weg und die Tagungsstätte erwartete uns mit Skepsis. »*Was machen Sie denn bloß in dem Seminar?*« Das Thema mochte besondere Zuständigkeitsgefühle geweckt haben, denn wir bekamen den Buchtitel »Das Blaue vom Himmel« und viele Nachfragen, ob wir schon wüssten, warum denn nun der Himmel blau sei? Und überhaupt, wie wir das herausfinden wollten? Die Anteilnahme war rührend und beängstigend zugleich. Für das Werken am Lernen war es jedoch fantastisch, denn diesmal stand das

Denken drumherum Kopf und wir konnten es im Laufe von drei Tagen, diesmal andersherum, wieder auf die Beine stellen. Realistische Situationen begleiteten so unser exemplarisches Lernen. Bei einem zweiten Treffen war von der unterschwelligen Skepsis eines chaotischen Treibens nichts mehr zu spüren. Im Gegenteil!

So oder ähnlich tauchte bisher in jedem Kurs in irgendeiner Form ein Kontrapunkt im Denken auf. Ihm lässt sich eine wichtige Funktion zuweisen. An ihm kann das Aufeinanderprallen zweier entgegengesetzter Lernwelten im Kleinen beobachtet und mit in die Gespräche einbezogen werden. Wenn die Erzieherinnen in ihre Einrichtungen zurückgehen und voller Elan mit einem neuen Lernen beginnen wollen, ist es leichter, wenn sie bereits erlebt haben, dass Gegenreaktionen, wie Abwehr, Skepsis oder sogar Entsetzen, am Anfang die Regel sind. Neue Verhinderer werden gewissermaßen auf den Plan gerufen, ohne dass dies beabsichtigt ist. Sie sollten in uns und in unserem Umfeld im Interesse wirklich großer Probleme möglichst verhindert werden, damit wir nicht schon an den kleinen Verhinderern scheitern.

Lernen als Abenteuer

Die ersten Erfahrungen beim Aufbau der Lernwerkstätten waren häufig recht abenteuerlich. Radikales Umdenken, viel Spontaneität und viel Loslassen waren in sehr kurzer Zeit erforderlich. Der holperige Weg, auf dem wir uns mit viel Spaß stolpernd vorwärts bewegten, erwies sich als schwierig, ihn auch als solchen zu beschreiben. Ein Tritt daneben wurde von der Lernwerkstattgruppe möglicherweise als ein Lernerfolg gewertet, der uns alle zum Lachen brachte, jedoch von außen beäugt, mit tierischem Ernst und Abqualifizierung begleitet. Ich war es gewohnt, als »die zweite Garnitur« zu gelten, die »in den Osten« geschickt worden ist. Das Zeugnis meines abgeschlossenen Lehrerstudiums wurde in einem Bezirksamt gleich mehrmals angefordert. Meine Biografie entspricht keiner Norm und zeigt Höhen, Tiefen und Risse, zu denen ich ohne Abstriche stehe. Aber für die Erzieherinnen war es wesentlich schwieriger. Sie wagten viel und fanden kaum Anerkennung bei den Vorgesetzten.

Zu dem weit verbreiteten Denken unserer Umwelt passen zwar Schönreden, Glätten, Buckeln, Beschwichtigen und Harmonisieren, nicht aber zu dem Werken am Lernen! Wo gehobelt wird und Späne fallen, wo Brüche und Widersprüche genau das Material sind, das zu einem problemorientierten und konfliktbewussten Lernen dringend gebraucht wird! Wie lässt sich dieser Lernweg charakterisieren – realistisch, ehrlich, ungeschminkt? Wie lässt er sich dennoch als besonders lustvoll und zutiefst befriedigend schmackhaft machen? Irgendwann tauchte im Zusammenhang mit dem Lernen der Begriff Abenteuer auf. Er hat einen positiven Klang, erinnert an Reisen, an Kindheit, spannende Geschichten und geheime Sehnsüchte. Jeder kann mit diesem Begriff etwas verbinden. Wir sammeln z. B.:

Spannung, Neugier, Offenheit, Ungewissheit, Risikobereitschaft, Geplantes und Nichtplanbares, Zufälliges, mit allen Sinnen wahrnehmen, Nervenkitzel, nur das notwendigste Gepäck, Spontaneität, Wagnis, Gefahren abschätzen und beurteilen, Hindernisse beiseite räumen, Hemmungen abbauen, Lösungen entwickeln, Entscheidungen fällen, die eigenen Grenzen kennen lernen und evtl. überschreiten, Selbstvertrauen, Glück, Freude, Erschöpfung, Schmerz, Mut, Angst, Zweifel, Faszination, Schlechtwetterfront, Katastrophen, Schwäche, sich verlaufen, zurückgehen, kein vorwärts kommen, Umwege gehen, aufgeben, Überraschungen erleben, Geduld haben, Frust, Anstrengung, sich intensiv kennen lernen in der Gruppe, sich aufeinander verlassen können, Vertrauen haben, enttäuscht werden, sich streiten, unterschiedlicher Meinung sein, Konflikte aushalten, zu einem Konsens finden, Absprachen treffen, die Aufgaben aufteilen, Verantwortung übernehmen, praktisch handeln, selbst Hand anlegen, sich die Hände schmutzig machen, sich in Toleranz üben, Neues erleben, kennen lernen, Erfahrungen sammeln, ...

Das Leben lernen

Tatsächlich entspricht im übertragenen Sinne das, was mit Abenteuer verbunden wird, genau dem Lernwerken in seiner optimalen Form, dem Lebenlernen. Alle Prinzipien finden sich darin wieder, die Freiwilligkeit einmal vorausgesetzt. Mit der Orientierung auf Lernen, anstatt auf den Aufbau eines Ortes, hilft uns das Bild eines Abenteuerurlaubs mittlerweile schnell, in einer dreitägigen Weiterbildung auf einen anfänglichen gemeinsamen Nenner zu kommen und mit der Praxis zu beginnen. Wir tragen unsere Assoziationen gemeinsam auf einer Wandzeitung zusammen. Dabei ist es egal, ob sich jemand in Gedanken in brasilianischen Sümpfen tummelt, sich in Alaska Trappern angeschlossen hat, oder die Bergwelt von Korsika erkundet. Es sollte lediglich an keinen Extremsport, keine Aufsehen erregenden Expeditionen oder organisierte sog. Abenteuerreisen gedacht werden, bei denen das Gepäck durch den Reiseveranstalter an das jeweilige Tagesziel transportiert wird.

Keine langen Einleitungsworte, keine theoretischen Definitionen, keine Regelsetzungen, weder Erklärungen, Einweisungen, Belehrungen noch historische Abhandlungen und keine klassische Fantasiereise sind nötig, um in die praktische Erfahrungsphase zu gelangen. Der einzige Hinweis meinerseits bezieht sich auf den Lernschutz, für den ich mich nach innen wie nach außen hin verantwortlich erkläre. Unspektakulär beginnen wir nach einer Vorstellungsrunde mit unseren eigenen Ideen, machen sie zur Grundlage, können uns später darauf beziehen, sie wieder in Frage stellen und damit immer weiterarbeiten. Das methodische Vorgehen entspricht so dem pädagogischen Grundsatz, bei sich selbst zu beginnen, von den eigenen Erfahrungen auszugehen und sich bewusst zu werden, dass wir in Verantwortung voneinander und miteinander gemeinsam durch Aktion und Reflexion lernen.

Eigene Verhinderer, wie Hemmungen und Blockaden, sind für die Dauer der Reise an den Rand gedrängt – nicht verdrängt –, das Prinzip Lernwerkstatt findet schnelle Zustimmung, die Fantasie ist eröffnet und die innere Bereitschaft für eigene und neue Wege gefunden. In einer halben Stunde sparen wir so die Zeit, die wir früher der Definitionssuche, der Vollkasko-Mentalität und dem *»Was die anderen wohl denken«* gezollt haben.

Lernen als Abenteuer wird in den weiteren Tagen häufig zur Sprache gebracht, man setzt sich damit auseinander, fühlt ihm nach, füllt es mit Leben und nimmt ihm die Hohlheit eines Schlagworts. Nach Berichten einiger Erzieherinnen findet diese Umschreibung auch Eingang in die Workshops mit Eltern, die gelegentlich Elternabende ergänzen und lässt auch bei ihnen Befremdung und Abwehr gar nicht erst aufkommen.

So kann sich einfach vermitteln lassen, dass es sich um keine neue pädagogische Mode handelt, sondern lediglich um eine Besinnung auf ursprüngliches menschliches Lernen, an dessen Weiterentwicklung und Verfeinerung wir arbeiten. Die Struktur des Lernens selbst wird in Kenntnis bzw. in Erfahrung gebracht. Eine Fähigkeit, die als Schlüsselqualifikation bezeichnet wird im Hinblick auf immer mehr Fakten, Daten und Fachwissen, das sich immer schneller überholt und gar nicht mehr zu behalten ist.

Wie viel mehr ließe sich über unsere Fähigkeiten aussagen, wenn wir – wie SOKRATES einst – sagen könnten: *»Ich weiß, dass ich nichts weiß!«* Und hinzufügen: *»Aber ich bin und bleibe auf dem Weg des Lernens?«* Es wäre gemäß dem Werken am Lernen der Weisheit letzter Schluss!

Wie und wann lerne ich?

Zu Beginn führte das Wort *Lern*werkstatt zu heftigen Irritationen. Die Erzieherinnen in den ESF-Kursen dachten allenfalls an das vorschulische Lernen, das auf die Schulfähigkeit abzielt. Aber warum wollten wir, dass sie neu lernen? Es ging ihnen doch lediglich um Informationen und Kenntnisse von pädagogischen Ansätzen und Rechtsfragen im neuen System. Vom Weiterlernen und Neulernen zu sprechen, ließ sie vermuten, wir unterstellten ihnen, ihre Ausbildung genüge nicht und sie verfügten über Defizite. Dass wir uns als Mitlernende bezeichneten und selbst von Weiterbildungen erzählten, machte sie ebenfalls misstrauisch. Lernen im Sinne von sich ändern? Wollten wir, dass sie sich ändern? Was war nicht richtig an ihnen?

Strukturen in der Natur, eine Quelle für Inspirationen und Ideen.

Obwohl das Misstrauen meistens schnell auf der zwischenmenschlichen Ebene überwunden werden konnte, blieb der Lernbegriff vorerst sachlich und fachlich ein Missverständnis. Dazu führte auch, dass wir sehr locker, praxis- und realitätsbezogen vorgingen, alles vermieden, was irgendwie nach Schule roch, viel Spaß hatten, auf Sinneserfahrungen Wert legten, gemeinsam viel unternahmen usw. Wenn wir dabei von einem *Lernen* sprachen, wurden wir befremdet angesehen und manchmal auch nicht ganz ernst genommen. Lernen, das Spaß macht, kann doch streng genommen kein Lernen sein!

Da sie selbst nicht realisierten, wie viel sie eigentlich dennoch lernten, wurden Lösungen gebraucht, die der Frage folgten: Wie kann ich sie selbstbewusst diese Art Lernen als Lernen erfahren lassen?

Die Teilnehmerinnen sollten ja nicht verunsichert werden, sondern sich ernst nehmen, ihr praktisches Tun und Handeln als Lernen begreifen können. Reden, erklären, beteuern und mit Beispielen kommen? Oder tätig werden und handelnd erfahren, »wann wir selbst meinen, dass wir lernen, wenn wir ...« War das eine Lösung?

49

Eine Gedankensammlung wurde vorgeschlagen. Wir hatten sie bereits häufig angewandt, um z. B. die Tätigkeit des gemeinsamen Büchereinkaufs in einzelne Schritte zu zerlegen, wie recherchieren, sich sachkundig machen, vergleichen, überfliegen, Kriterien suchen, eine Auswahl treffen, Entscheidungen fällen usw. Die umfangreiche Sammlung hatte im Nachhinein allen vor Augen führen können, dass der zweistündige Aufenthalt in der Buchhandlung wirklich Arbeit war.

Jetzt steht als Titel obenan: »Ich lerne, wenn ich ...« Auf Zuruf wird schnell alles notiert. Die Sammlung wächst und wächst. Es sind ihre Ideen und Assoziationen zum Lernen, die werkend zusammenfließen. Erstaunlich, wie viel zusammenkommt! Sie bleiben unwidersprochen und unbekritelt auf lange Zeit hängen. Als eine Erzieherin sich anbietet, die Sammlung in ihren Computer einzugeben, und alle anderen sich für eine Kopie interessieren, wird bewusst, dass Methode und Inhalt akzeptiert werden – kamen sie ja aus und von ihnen selbst!

Mit der Nähe zum umgangssprachlichen Denken mögen sie an dieser Stelle vielleicht geeignet sein, den abstrakten Begriffen von operationalisierten Lernzielen mehr Praxisnähe zu geben.

Gedanken sammeln und rezipieren

Die Sammlung ist bewusst so ungeordnet gelassen, wie sie zusammengetragen wurde. So kann sie ein Bild über die Kraft und Dynamik des Denkens in einer Gruppe geben. Suchen, nachdenken, sich erinnern, in Gedanken abschweifen, in einen Dialog mit sich selbst geraten, sich gegenseitig die Bälle zuwerfen, sprunghaft voranschießen, hin- und herpendeln und zwischendurch wieder systematisches, ganz lineares weiterdenken, – sind Teile eines aktiven Prozesses, bei dem sich eine innere Kraft entfalten kann und die gesamte Gruppe einschließt. Der eigene Horizont öffnet sich, wird erweitert und manchmal wie eine lautlose Sprengung empfunden.

Beim Durchlesen der Worte steht man außerhalb dieses Prozesses und es greifen wieder ganz andere Gesetzlichkeiten. Vielleicht entsteht ja die Neigung zu schauen, was fehlt oder falsch ist? Die LeserInnen mögen sich dabei selbstkritisch über die Schulter schauen!

Gedankensammlungen dieser Art, die im Unterschied zum Brainstorming mehr Zeit zum Nachdenken lassen, lassen sich immer wieder neu zusammenstellen. Sie lassen auf diesem Weg z. B. auch Eltern erkennen, was alles gelernt wird, wenn *nur* gespielt wird. Die Sammlungen sollten bewusst keine Vollständigkeit anstreben. Ein Ergebnis stellt sich auf jeden Fall ein, so dass man sich ganz entspannt dem Prozess als Prozess hingeben kann um die beruhigende Kraft von innen her wahrzunehmen. Er kann sogar unabhängig von Raum, Zeit und anderen Personen auch allein initiiert und durchgeführt werden.

Ich lerne, wenn ich ...

sehe,
begreife,
ertaste,
erfinde,
erlebe,
erfahre,
errieche,
erprobe,
probiere,
studiere,
konstruiere,
erschmecke,
versuche,
denke,
bedenke,
überdenke,
durchdenke,
querdenke,
überlege,
simuliere,
sinniere,
träume,
erträume,
fühle,
erkenne,
erkunde,
erforsche,
beobachte,
erarbeite,
experimentiere,
errechne,
erlese,
erwäge,
bemesse,
gestalte,
erfrage,
befrage,
hinterfrage,
nachfrage,
modelliere,
durchbreche,

durchschreite,
erweitere,
spüre,
entfalte,
staune,
signalisiere,
konfrontiere,
glaube,
verharre,
innehalte,
korrigiere,
empfinde,
verwandle,
erkläre,
diskutiere,
mich auseinandersetze,
Gespräche führe,
mich austausche,
zweifle,
tue,
verstehe,
vergleiche,
unterscheide,
nachahme,
vermute,
spiele,
baue,
entwickle,
tüftle,
verändere,
verinnerliche,
fantasiere,
variiere,
sammle,
analysiere,
systematisiere,
motiviere,
animiere,
toleriere,
höre,
zuhöre,

deute,
informiere,
schlussfolgere,
Rat suche,
spinne,
rumblödle,
beurteile,
enträtsele,
mich entscheide,
lese,
nachvollziehe,
kritzele,
skizziere,
mich drehe und wende,
schnüffle,
provoziere,
puzzle,
entwirre,
kläre,
durchblicke,
in die Tiefe gehe,
abschweife,
spekuliere,
eindringe,
durchsetze,
durchdringe,
zulasse,
mich einlasse,
mich öffne,
mich fallen lasse,
ignoriere,
akzeptiere,
mich freue,
Spaß habe,
aufatme,
lache.

Die Fähigkeit zu staunen

Der »Spiegel-stock«, ein Staun-anlass zum selbstständigen Untersuchen der Lichtreflexe

Es wird vielleicht verwundern, dass bei der Sammlung unter den Aspekten des Lernens auch *Sinnieren, Träumen, Staunen* oder *Fantasieren* auftauchen. Sind es nicht gerade die Tätigkeiten, die wir im Allgemeinen als unnützes Zeitvertun empfinden? *»Du träumst ja schon wieder«* oder *»Fantasier nicht immer so rum, räum lieber auf«*, sind uns allen bekannte Bemerkungen. Oder eine Mutter klagt, dass ihr Kind ein richtiger Tagträumer sei, sich zurückziehe und lieber für sich etwas mache. Natürlich wurde auch in den Weiterbildungen und in der Lernwerkstatt zuerst das eigene Staunen nicht als Lernen akzeptiert. Auf Hinweise, wie *»Sieh mal, ist das nicht interessant?«*, folgen Entschuldigungen. Man habe es mal gewusst, in der Schule eigentlich gelernt usw. Der Drang, sich zu rechtfertigen, ist ausgeprägter, als die Kunst des Staunens. Aber auch der Drang, bei wundersamen Sachverhalten oder Situationen zu erklären, zu kommentieren oder überhaupt zu reden. Ich schließe mich ausdrücklich mit ein. Aber ich »sinniere« häufig über den gesamten Sachverhalt nach.

In den Lernwerkstatt-Kursen gibt es immer eine oder zwei Teilnehmerinnen, die sagen, dass nichts Neues für sie dabei gewesen sei, während andere an Altbekanntem zum Staunen, zum Neu-Nachdenken oder zu eigenwilligen Experimenten finden. Interessant ist, dass gerade ersteren bis zum zweiten Treffen irgendein Erlebnis zufällt, das ihnen den Konsumblick in einen anderen Blickwinkel verwandelt, so, als brauche auch die Fähigkeit zu staunen eine Zeit der Öffnung und der inneren Bereitschaft.

Verharren wir doch mal beim Thema Staunen! Nehmen wir uns kurz die Muße für einen Zeitsprung zu den Griechen, zu denen also, die unserer Zeit weit voraus gewesen zu sein scheinen. Sie schrieben Kindern, Narren, Poeten und Philosophen die Fähigkeit zu sich angesichts unverhoffter Schönheit der alltäglichen, banalen Objekte oder Ereignisse ausgiebig wundern zu können. Eine Fähigkeit übrigens, die von Kreativitätsforschern vorausgesetzt wird, um überhaupt kreativ denken und handeln zu können!
Der griechische Philosoph PLATON z. B. sagte etwa so:
»Einen anderen Anfang der Erkenntnis als das Staunen gibt es nicht.«
ARISTOTELES, Schüler PLATONS, meinte sogar:
»Das Erstaunen ist der Beginn der Naturwissenschaft.«
Sie lebten zwischen 427 und 322 v. Chr.
Ein späterer Denker und Physiker, Georg Christoph LICHTENBERG, drückte es

Mitte bis Ende des 18. Jahrhunderts so aus:
»Das Staunen ist die Saat, aus der das Wissen wächst.«
Erich Fromm, Psychoanalytiker, geb. 1900, meinte:
»Die Fähigkeit zu staunen ist der Anfang aller Weisheit.«

Haben Erkenntnis, Wissen und Weisheit demnach ihre Wurzeln im Staunen?

Aber was heißt das genau? Wird das Staunen nicht eher als eine erste Entwicklungsstufe eines Kindes verstanden, auf der Schritt für Schritt mit zunehmender Erfahrung sich das Wissen aufbaut und weiter ansammelt, während das Staunen mit zunehmendem Alter unbedeutend wird? Linear gedacht, scheint es logisch. Das Staunen gesteht man den kleinen Kindern noch zu, ihr Blick, die großen Augen, der offene Mund, das Innehalten und Verharren bei einer Sache, die Selbstvergessenheit im Spiel – Bilder, die Kindern manchmal etwas Philosophisches verleihen. Später gelten dieselben Ausdrucksformen eher als leicht dümmlich, zu langsam, ja vielleicht sogar als zurückgeblieben, weil »kindlich«. Dieses Stadium müsse überwunden werden im Interesse kognitiver Leistungen oder im Interesse tiefer führender Spiritualität und meditativer Fähigkeiten. Erwachsene, die noch oder wieder staunen können, werden gern wegen ihres kindlichen Gemüts von oben herab bespöttelt, nicht ernst genommen oder man sagt ihnen: *»Werd doch endlich mal erwachsen«*, womit diese Art von Erwachsensein eigentlich erst einmal zu hinterfragen wäre.

Schulfächer wie Kunst und Musik – die Fächer, mit denen die Grundfähigkeit des Staunens noch am ehesten in Verbindung gebracht wird, werden zu Gunsten anderer Kernfächer gekürzt, obwohl gerade die wirklichen »Staun-Fächer«, wie die naturwissenschaftlichen und Mathematik, oft traumatische Prägungen hinterlassen, anstatt nach Platon das Staunen zu bewirken.

Aber keine Entwicklung, kein Prozess verläuft linear und logisch. Vielmehr bräuchte jeder Wissensprozess von Neuem das Staunen als Quelle der Inspiration, für Kreativität, für die Motivation, den eigenen Antrieb, und für jeden innovativen – sprich schöpferischen – Prozess!

Im Zusammenhang mit der Kreativitätsforschung und der Chaostheorie und mit der neueren Hirnforschung wird die Bedeutung des Staunens wieder mehr und mehr betont, schlägt sich aber bis zur Ausbildung und der Alltagspraxis noch nicht durch. Ausnahmen sehe ich in der Zunahme der Buchtitel über die Stille, den Schulen der Fantasie nach Rudolf Seitz etc. Auch die Waldkindergärten messen dem Staunen in der Natur vermutlich einen hohen Stellenwert zu. Warum wohl werden Top-Manager zur Weiterbildung eine Woche in die Wildnis geschickt, ohne jegliche zivilisatorische Errungenschaften, wie Feuerzeug und Streichhölzer, Zelt, Wasserkanister usw.? Vielleicht, weil in manchen Wirtschaftszweigen längst erkannt wurde, dass es zu keiner wirklichen Erneuerung kommen kann bei einer Haltung, ohnehin alles besser zu wissen, alles zu können, partout Recht zu haben, für nichts Verantwortung zu tragen?

Wissenschaftler sagen, dass mit zunehmender Menge an Weltwissen die Anlässe zu staunen nicht ab, sondern weiter zunehmen. Paradox dann, dass die meisten Erwachsenen und gerade Pädagogen gelernt haben vorgeben zu müssen, alles zu wissen und alles im Griff zu haben, aber die Fähigkeit zu staunen vollständig verloren haben.

Staunen – heißt das nicht auch, nachdenklich werden, sich etwas nicht erklären können, loslassen können, an die eigenen Grenzen stoßen und dazu stehen können, sagen können: *»Das weiß ich nicht«* oder *»Das erstaunt mich auch«* oder einfach nur, stumm zu bleiben, anstatt mit Erklärungen die Tünche über vermeintliche Lücken zu streichen, Geduld zu entwickeln, vor allem sich selbst gegenüber? Heißt es nicht auch, von dem eigenen Befindlichkeitswahn abrücken können, das eigene Ego mal vergessen, das sich in alle Richtungen hin abzusichern sucht?

Dr. Otto SEYDEL, Lehrer an der Schule Schloss Salem, hat eine bemerkenswerte Abiturrede über das Staunen gehalten: Die Schüler sollten – wenn sie auch vieles wieder vergäßen, was sie für die Prüfungen in den letzten Wochen hätten pauken müssen – sich doch die Haltung bewahren, die die Voraussetzung bot, die Welt überhaupt zu begreifen. Und mit dem Augenmerk auf die Fixierung der eigenen Befindlichkeit führte er aus: *»Wer die Konfrontation mit den eigenen Grenzen als Kränkung empfindet, kann nicht mehr staunen.«* – *»Wer staunen will, muss seine eigene Grenze annehmen«* und *»sich selbst vergessen können.«*[10]

Tja, aber wer will das schon, möchte man flapsig, weil resignierend einwerfen. Wer sucht die Fähigkeit den sich selbst begrenzenden Horizont bewusst und aktiv immer wieder zu erweitern, nicht in den zu konsumierenden Weiterbildungen, sondern im Stillen, im Kleinen? Mit dem alles erschlagenden Argument »keine Zeit – kein Geld« werden die winzigen und zeit-unerheblichen Anlässe zum Staunen übersehen und Tagträume nicht als Kraft-Tankstelle und schöpferische Quelle genutzt.

Wenn es uns doch zu denken gäbe, wenn Kinder nach den Ferien, der Zeitspanne für optimale Staunerlebnisse, beispielsweise nur vom Pool erzählen. Erzieherinnen aus den Berliner Bezirken Lichtenberg und Treptow war z. B. aufgefallen, dass viele Kinder ihrer Gruppen nicht sagen konnten, wo sie in den Ferien gewesen sind. *»Am Pool«*, antworteten sie stereotyp. Und was sie gemacht hätten? *»Na, wir gingen zum Pool!«*

In Zeiten, wo ferne Länder und viele Medien reichlich Möglichkeiten bereit hielten, zu staunen und zu erkennen, verkümmert diese Fähigkeit durch »Überschüttung von Sensationen und der Jagd nach ihnen (SEYDEL). Der Pool, die Drinks, die Blicke, die Animations...

Aber wir brauchen gar nicht so weit zu gehen. Die Sucht nach Tipps und Tricks ist allgegenwärtig. Eine boomende Ratgeberliteratur und alle Formen von Beratungsinstitutionen profitieren davon. Das Werbeschreiben einer Bank zeigt die Perversion der Verhältnisse: *»Leben Sie, wir kümmern uns um die Details.«* Sie bietet ein *»umfassendes Schutzpaket«* an, um sich *»gegen unverschuldete Arbeitslosigkeit, Arbeitsunfähigkeit und Todesfall(!)«* zu *»schützen«*. Wenn die Details, wie Krankheit, Risiko und Tod, vom Leben ausgeklammert werden, was für eine Art Leben bleibt dann? Ratlosigkeit soll unruhig machen, damit man ihrer schnell wieder mittels Beratung »Herr« zu werden versucht.

Erlauben Sie mir das Gedankenexperiment: Vielleicht sollte man besser anfangen zu versuchen der Ratlosigkeit »Frau« zu werden! Womit ich sagen will, nicht länger den männlichen Tugenden des Beherrschens und alles im Kopf, im Blick, gegen alles geschützt, nachzueifern, sondern sich zu besinnen auf die Fähigkeiten, die der rechten Gehirnhälfte zugeschrieben werden. Wenn nur mal dieser Gedanke weitergesponnen wird, wäre schon wieder ein »Tag der offenen Tür« in der Lernwerkstatt im Kopf!

Gerade unter Frauen aber habe ich wenig Gegenliebe erfahren, wenn ich in Gesprächen das eigene Staunen zum Ausdruck bringen wollte. So, als ob es nicht zu ertragen, einfach nicht auszuhalten sei. Wie oft ist mir schon unter Einsatz unglaublicher Energien die ganze Welt daraufhin erklärt worden! Glaub mir, das ist so! Verharmlosen, runterspielen, bagatellisieren oder bei einem Ärger-Staunen schnell die Schmusedecke drüber ziehen, ermöglicht alles beim Alten zu lassen. Das Erstaunen aber *nur* als Staunen hinzunehmen, scheint unendlich schwer.

Die Staun-Werkstatt

Eröffnen wir den Aspekt Staun-Werkstatt, holen wir das Staunen herein und ins Bewusstsein. Beschäftigen wir uns damit, ganz nebenbei und ohne Kosten, im Verkehrsstau genauso wie beim Einkauf, auf Ämtern wie in Gesprächen, nicht aus reiner Sensationslust, sondern mit der Bereitschaft zu hinterfragen, wie etwas eigentlich *genau* funktioniert. Was bringt mich zum Staunen und wie erlebe ich das bei den anderen? Verstehe ich Staunen nur im Zusammenhang mit den so genannten schönen, den faszinierenden Dingen und Situationen? Oder zählen für mich auch die unschönen Dinge zum Staunen? Lasse ich sie gelten oder vermeide ich sie?

Gerade die unebenen, widersprüchlichen und stacheligen Anlässe finde ich spannend und interessant, nicht wegen ihres Unterhaltungswertes, sondern wegen ihrer Reibungsfläche als Herausforderung und der realistischen Bodenhaftung, die damit verbunden ist. Über sie nachzudenken und sich die Zusammenhänge puzzleartig zusammenzufügen, sie evtl. auch wieder zu ver-

werfen um mit einem anderen Teil zu beginnen, brachte mir mehr und tiefere Erkenntnisse, als nur das gesellschaftlich anerkannte, normierte Staunen. Der Blick in die Sterne z. B. lässt wohl alle Menschen erstaunen, und die Astrophysik ist gerade dabei, mit einer neu errichteten, Schwindel erregenden Forschungsstation in Chile so tief ins Weltall zu schauen, dass ständig neue Erkenntnisse erwartet werden dürfen – eine weltweit anerkannte Quelle des Staunens! Doch wen bringt das Psychogramm eines Menschen, der alles zu tun bereit ist, um nach außen etwas vorzugaukeln, was innen nicht vorhanden ist, zum Staunen? Der ein subtiles Geflecht von Intrigen, Psychospielen, Halbwahrheiten und jeder Menge Täuschungen webt und damit Erfolg hat? Wer vor diesen Menschen das Erstaunen nicht spürt, wird der diesen überhaupt je erkennen und entsprechend einschätzen können? Wer nicht mehr über die Machtspiele im politischen wie im beruflichen Leben staunen kann, hat der sich nicht bereits arrangiert, hat er nicht schon resigniert und sich damit zum Mitspieler gemacht?

Staunen lässt sich auch darüber, wie z. B. Bürokratie entsteht. Wie Menschen diese einerseits als sinnvolles Instrument zum demokratischen und mitmenschlichen Zusammenleben einzusetzen verstehen, andererseits andere sie ihrer eigenen Bedeutsamkeit wegen übertreiben und sie damit kontraproduktiv werden lassen.

Damit will ich sagen, dass wir als Erwachsene nicht nur in die Sterne schauen oder zum Staunen in den Garten gehen sollten, sondern auch innehalten sollten an den vielfältigen Stör- und Hinderungsfaktoren des Alltags. Erst im Erstaunen darüber liegt die Möglichkeit einer Analyse als Voraussetzung für Veränderung und Weiterentwicklung begründet. *Ent*schuldigungen aber sind unnötig, da beim Staunen keine *An*schuldigungen gemacht werden!

Über das Staunen ließe sich viel philosophieren, besonders in einer Lern-Staun-Werkstatt. Wer nicht auf der Jagd nach den geistigen Fertiggerichten ist, könnte zusammen mit anderen versuchen darüber ins Gespräch zu kommen. Doch zuvor sollte allen Gesprächspartnern klar sein, dass es sich um ein offenes Staunen handelt, ohne Anschuldigungen und ohne Glaubens- oder Überzeugungsarbeit.

Der Weg über die Meta-Ebene, d. h. *über* etwas theoretisch zu sinnieren und es zu erörtern, ergänzt sich sinnvollerweise mit dem praktischen Weg, eigene Staunanlässe zu suchen und zu erproben und sie anderen (Erwachsenen wie Kindern) offen zur Verfügung zu stellen.

Die Didaktik des Staunens

Was hat das Staunen mit Didaktik zu tun? Didaktik – ein Begriff, den man meint, besser nicht in den Mund zu nehmen, wenn man sich nicht unbeliebt machen möchte. Da Didaktik aber in jedem pädagogischen Prozess eine Rolle spielt, ob bewusst oder unbewusst, ebenso wie auch jemand, der nicht spricht, dennoch kommuniziert (beispielsweise durch »beredtes« Schweigen), scheint es mir angebracht offen von einer Didaktik zu sprechen.

Im Erstaunen liegt noch das wertfreie Sich-Öffnen-Können für einen neuen und ungewöhnlichen Sachverhalt, der entdeckt oder aufgedeckt werden kann. Wertfrei meint: kein Abwerten und Verurteilen, kein Bewundern einer Person, kein: *»Den mag ich sowieso nicht!«*, ebenso kein *»Toll!«* und *»Super!«*, kein Applaudieren, kein Anhimmeln, kein Anheimfallen an einen Mythos von Schönheit, Glanz und Gloria und keine Fan-Klubs, sondern im günstigsten Fall schlichtweg das sich raumgreifende Bauchgefühl, das sich einem – der architektonischen Struktur einer Kathedrale vergleichbar – langsam erschließt und Fragen öffnet.

Sachorientiert – nicht personenorientiert

Das Staunen kann nicht verordnet, es kann auch nicht dazu von außen (extrinsisch) motiviert werden. Das Staunen muss sich von innen her (intrinsisch) Bahn brechen. Das erfordert eine experimentelle Didaktik. Als Pädagoge muss ich selbst für das Staunen empfänglich und darüber hinaus auch neugierig sein herauszufinden, wie es bei anderen funktioniert und wann sich das Staunen ergibt. Man kennt das: Wenn man ankündigt: *»Jetzt werdet ihr gleich staunen«*, wird eher das Gegenteil der Fall sein.

Erzieherinnen versuchen häufig, das zu vermitteln, was sie an der Lernwerkstatt fasziniert und gepackt hat. Ist es der Partner am Abend oder die Kindergruppe in den nächsten Tagen – immer wieder hat sich bestätigt, dass sich das Staunen nicht so ohne weiteres herstellen lässt. *»Ich hab eine besondere Überraschung« – »Ich zeig euch etwas ganz Tolles« – »Ich hab euch was ganz besonderes mitgebracht«* usw. haben beim Transfer von Lernwerken häufig genau das Gegenteil bewirkt. Kinder zeigen sich enttäuscht, Freunde und Partner gelangweilt, und die Erzieherin ist geneigt, zu denken, es funktioniere doch nicht, manchmal sogar, die anderen seien nur undankbar. Wollen wir aber ernsthaft, die anderen sollten uns zuliebe staunen? Wenn erst mal eine Erzieherin darüber zu sprechen bereit ist, erzählen auch andere von ihrem »Misserfolg« und wir können nicht nur herzlich darüber lachen, sondern auch noch daraus lernen. Was zunächst zufällig schien, wurde mit der Summe der Erfahrungen zur Gewissheit: Das Staunen lässt sich nicht weitertragen und planen, sondern nur neu inszenieren und danach – loslassen! Je absichtsfreier es zur Verfügung steht, umso besser wirkt es, so die Erfahrungen.

Die Staun-Anlässe allein genügen noch nicht. Das Recht, staunen zu dürfen, muss man aus den genannten Gründen sich selbst und anderen gegenüber häufig verteidigen. Ich erlebe z. B. oft in den Gesprächsrunden nach einer Reihe praktischer Erfahrungen, dass Erzieherinnen neue faszinierende Gedanken äußern und zu Verknüpfungen finden, die mich zutiefst berühren und buchstäblich sprachlos machen. Ich lausche dem Gesagtem noch eine Weile nach, verliere dabei natürlich als Gesprächsmoderatorin den Faden und gestehe vor der Gruppe ein, eine Runde lang öffentlich staunen zu müssen. Dass ähnliche Situationen mich aufs Neue erstaunen lassen, mag – so hoffe ich – Vorbild sein.

Die besagten Äußerungen empfinde ich als sehr kostbar. Sie sind jedoch außerordentlich flüchtig. Es ist mir noch nicht gelungen sie festzuhalten. Selbst, wenn ich mit der Erzieherin zusammen direkt im Anschluss ihre Gedanken rekonstruieren wollte um sie festzuhalten, sind wir gescheitert – sie waren aus dem Moment des Vertrauens und der Tiefe entstanden und im Nachhinein nicht mehr greifbar.

Greifbare Staun-Anlässe

Greifbare Staun-Anlässe sind in einer Lernwerkstatt wichtig, obwohl sie ganz unspektakulär sein können. In Treptow gab es in dem langen Flur, den vielen Räumen und Situationsanlässen, genügend Möglichkeiten Anreize zu schaffen, die zum Staunen, zum Nachdenken, zum Irritieren einluden. Es waren alles so genannte stumme Impulse, die unabhängig von einer Person und zu unterschiedlichen Zeiten wirken konnten und sollten. Wir haben uns in der Arbeitsgruppe von daher auch *gegen* Führungen durch die Lernwerkstatt entschieden um dem didaktischen Prinzip des völligen Offenhaltens und individuellen Erkundens gerecht zu werden.

Staun-Anlässe können Lernprozesse eröffnen. Sie können:
• unabhängig von Zeit und anderen Personen wahrgenommen werden,
• Empfindungen wecken,
• an etwas erinnern,
• die Sinne ansprechen,
• neugierig machen,
• Fragen wecken,
• an frühere Erfahrungen anknüpfen,
• provozieren,
• Irritationen auslösen,
• zum Berühren und weiteren Umgang damit anregen,
• u. U. das Denken auf den Kopf stellen,
• Aha-Erlebnisse bewirken,
• schlagartig einen Zusammenhang oder eine Funktion deutlich werden lassen.

Staun-Anlässe können sein:
• Materialien aus der Natur,
• Phänomene,
• Staun-Objekte,
• Bilder der Wissenschaft,
• Sprüche an der Wand,
• Strukturbilder, in die man etwas hineinsehen kann,
• surrealistische Bilder,
• Drei-D-Bilder,
• Arbeiten von Kindern,
• Arbeiten von Erzieherinnen,
• Fragmente oder Angefangenes,
• Collagen:
        Bild – Text,
        Bild – Bild,

Material – Material,
Material – Text – Bild usw.,
• ein besonderes Arrangement:
Visualisationen von Erkenntnissen,
Metamorphosen,
eine Anhäufung bzw. eine Reihung von ein und demselben Material/Gegenstand/Objekt,
Abbildungen mit Vergrößerungen von Strukturen in der Natur.

Staun-Anlässe können durch Vergrößern bewirkt werden. Als Medien zum Vergrößern dienen:
• Lupe,
• Projektor,
• Stereoskop,
• Fotoapparat mit Makro-Objektiv,
• Kopierer.

Mit der Nase drauf stoßen können

Für eine optimale Wirkung aller Staun-Anlässe gilt, diese »ins rechte Licht« zu setzen. Der Aufmerksamkeitswert ist hier der Maßstab, nicht der Wohnzimmercharakter. Standort, Höhe, Zugriffsmöglichkeit, Anzahl, Lichteinfall usw. sind entscheidend. Ein Spruch, der zu hoch hängt, wird nicht gelesen, ein Bild, das im Schatten hinter der Tür hängt, wird nicht gesehen usw. Man kann davon ausgehen, dass in Kindereinrichtungen grundsätzlich vieles zu hoch hängt. Es scheint, als ob nach oben alles in *Sicherheit* gebracht werden soll. Da für ein Lernen nicht die Langlebigkeit eines Bildes oder Gegenstandes bedeutsam ist, sondern ihr Gebrauchswert, kann ein Gang durch die eigene Einrichtung unter diesem Gesichtspunkt hilfreich sein. Erwachsene können sich bücken, aber Kinder und kleine Menschen können sich nicht ständig strecken. Die Augenhöhe mittelgroßer Menschen ist die ideale Höhe. Wenn wir die Wahrnehmung der Kinder erreichen wollen, dann hängen wir alles noch tiefer, für Krabbelkinder gleich über die Scheuerleiste. Zur Überprüfung kann man in der Hocke umhergehen oder sich auf den Boden setzen. Schon ein anderer Stand*ort* kann einen anderen Stand*punkt* finden lassen. Der Film »Klub der toten Dichter« bringt ein solches Beispiel und ist insgesamt ein Klassiker für rigide Strukturen und neue Bewegung, Bewegung im wörtlichen Sinne! Mit dem Fotoapparat aus der Hocke heraus und mit einem Kind als Maßstab vor den Wänden, lassen sich die vier Seiten eines Raumes sachlich, nüchtern – lediglich als Werkfoto – festhalten. Über das Foto lässt sich oft mehr erkennen als life vor Ort.

Glitzern, funkeln und farbige Schatten – Hosentaschenschätze im Licht und aus der Nähe betrachtet

Auch in Galerien, Ausstellungen oder in Kunst- und Wohnzeitschriften lässt sich das überprüfen: Das, was wahrgenommen werden soll, hängt oder steht in Augenhöhe des durchschnittlich großen Betrachters, nicht darüber.

Das Auge einfangen oder wenn der Blick auf etwas ruhen soll

Staun-Anlässe sind Augenfänger! Wenn der Blick auf etwas ruhen soll, brauchen die Gegenstände auch wirklich Ruhe rundherum – optische Ruhe! Nichts soll das Auge ablenken und verwirren. Stattdessen soll die Klarheit im Blick dem Verstand helfen sich zu ordnen. Hinter jedem Staunen soll sich ein Fragezeichen auftun können. Wenn die Dinge ringsherum einen Freiraum behalten, können sie sich optisch anderen Reizen gegenüber abgrenzen und behaupten. Nicht die Größe der Abbildung oder der Schrift bewirkt die Aufmerksamkeit, sondern die freie Fläche ringsherum. Denken Sie nur z. B. an ein Passfoto-Format auf einer sonst ganz freien, weißen oder dunklen Wand. Oder einen einzigen Dia-Rahmen inmitten einer Fensterscheibe. Können Sie die magische Anziehungskraft dieser Winzigkeit ahnen? Ein Untergrundpapier oder ein Karton – sie müssen nicht farbig und teuer sein, im Format aber wesentlich größer – schaffen nicht nur einen Raum durch seinen breiten Rand, sondern auch eine zusätzliche Abgrenzung durch das andersartige Material. Für Material- und Zeitersparnis haben wir in der Lernwerkstatt Papptafeln verwendet, auf denen mit transparenten Piekern alles angepinnt wurde. Damit waren wir äußerst flexibel, brauchten keinen Kleber und keinen Klebstreifen, nur Augenmaß! Wir konnten häufig die Materialien bei gleich bleibenden Unterlagen wechseln und so immer wieder für neue Staun-Anlässe sorgen.

Mit dem Staunen experimentieren

Durch die Flexibilität waren wir experimentierfähiger in Bezug auf den Grad der Wahrnehmung. Häufig wurde umgehängt, höher oder tiefer, oder umgestellt und die Struktur der Nutzung von ca. 60 Erwachsenen studiert. Wir legten uns nicht auf ein Ergebnis für jetzt und alle Zeiten fest, sparten mit Emotionen am Gestalterischen, sondern betrachteten es nüchtern als ein Spiel, das Spaß macht. Gerade den Faktor Spaß mitzuteilen, war uns wichtig, da wir häufig erleben konnten, wie viel Energien die Erzieherinnen anderer Kurse in die *Dekoration* der Räume steckten, in denen sie ihr Abschlusskolloquium bestritten. Es war ein Zeit-, Kräfte- und Materialverschleiß und viele Nerven lagen blank. Ähnliches lässt sich immer wieder in der Vorweihnachtszeit in vielen Kindereinrichtungen beobachten.

Da Dekorationen und reine Schmuckobjekte in den Kindereinrichtungen ohnehin einen großen Raum einnehmen und erfahrungsgemäß emotional stark besetzt und schwer ansprechbar sind, lag die Chance der Lernwerkstatt in der Funktion eines exemplarischen Lernortes. Wie kann ich schnell, simpel, wirksam und dennoch ästhetisch ansprechend das Wesentliche, nämlich den Inhalt rüberbringen? Eine einzige Untergrundfarbe für alle Ausstellungstafeln brachte mehr Konzentration als verschiedenfarbige. Die Preisschilder blieben der Transparenz wegen dran – sie zeigten, dass es nicht teuer sein muß. Magnetschienen in der Höhe der Türen ließen viele Variationen zu. Stoffe, Tücher oder bodenlange Packpapiere waren im Nu mit den stärksten Magnetpunkten angebracht und wieder abgenommen.

Bereits mit Kindern ab drei Jahren konnte ich positive Erfahrungen sammeln, wenn ich sie in Gestaltungsfragen mit einbezog, so dass ich mutiger wurde, dies auch mit Erwachsenen zu tun. Der Hinweis, es handle sich dabei um Geschmacksfragen, verhindert, dass emotionale Ausdrucksformen sich rationalen Erwägungen gegenüber öffnen können. Man denke nur an die gestalterischen Berufe, wie Architekten, Designer, Musiker usw., die emotional engagiert sind und dennoch mit rationalen Kriterien rangehen. Ganz anders im Bereich der Kindertagesstätten. Die inhaltliche Arbeit wird oft nicht optimal zum Ausdruck gebracht. Man sollte also zunächst klären: Will ich den eigenen Geschmack ausleben oder die bestmögliche Wirkung nach außen erreichen?

»Das Staunen ist die Saat, aus der das Wissen wächst«

Viel, bunt und tröpfchenweise?

Warum nicht eine Grafikwerkstatt für kurze Zeit eröffnen und die Kinder in die Arbeit mit integrieren? Am Anfang steht die Frage nach dem, was gezeigt bzw. ausgedrückt werden soll. Dazu werden die geeigneten Dinge ausgewählt. Fotos z. B. werden auf einem ruhigen Untergrund hin- und hergeschoben, sich ähnelnde aussortiert, aneinander montiert, auf den Kopf gestellt, verglichen und unterschieden, bis eine optimale Fernwirkung erreicht scheint. Fernwirkung heißt: drei Schritte zurückgehen, Abstand nehmen und mit zusammengekniffenen Augen das Werk begutachten und am besten noch andere nach ihrer Wahrnehmungsantenne fragen. Erst nach einem zufrieden stellenden Hin und Her werden die Fotos (oder anderes) fixiert. Zieht es einen wortwörtlich selbst und andere an, werden auch die Kinder, Eltern und Kolleginnen gern hinschauen und es nicht übersehen. Wie überall, wenn Wirkung erzeugt werden soll, heißt es: weniger ist mehr! Manchmal bringt eine Auswahl mehr zum Ausdruck als die ganze Masse, die überall tröpfchenweise in den Räumen oder an den Wänden verstreut hängt oder steht. Aber die Auswahl sollte sich in einem gemeinsamen Prozess handelnd und diskutierend ergeben, vorzugsweise mehr durch eine Art von Wahrnehmungsfindung als durch Abstimmung. Man wird erstaunt sein, wie schnell Kinder den inhaltlichen Aussagen der Fotos folgen können und dabei den Gedanken vergessen, es müssten alle irgendwo drauf zu erkennen sein.

Häufung und Bündelung

Gibt es viel von einer Sorte, z. B. besonders schöne Steine, so strahlen sie, gehäuft angeordnet – ähnlich wie bei einer Sammlung, also dicht an dicht – mehr Ruhe und Konzentration aus, als wenn sie kleckerweise mit viel Abstand untereinander und mit anderen Dingen dazwischen liegen. Das gilt auch für alle anderen Materialien. Auch Bilder sind gebündelt, zum Beispiel dicht an dicht auf einem Untergrund klarer in ihrer Aussage als da verstreut, wo gerade Platz an den Wänden ist.

Die Gestaltung in Form einer Bündelung von Objekten, Bildern oder Materialien ist geeignet das Sehen und Denken in Klassen und Kategorien zu unterstützen. An der Art und Weise, wie in einer Einrichtung etwas zum Wahrnehmen angeboten wird, sind somit Rückschlüsse auf die Schwerpunktsetzung der inhaltlichen Arbeit mit den Kindern möglich. Bekommt beispielsweise das Denken die Möglichkeit sich selbstständig in seinem Umfeld zu sortieren, kann es Raum greifen oder wird es von der Fülle erschlagen? Wird viel gebastelt und nach außen hin die Quantität gezeigt, wie zur Rechtfertigung, was alles gemacht wird?

Eine nüchtern sachliche Materialhäufung wirkt nur vordergründig langweilig. Durch eine gut überlegte Bündelung auf einem Untergrund, wie Tuch, Tablett, Tischchen, kaschierten Schlitten, Papptafel, Folien etc., lassen sich für das Verschiedene auch verschiedene Felder zuweisen. Eine optische und inhaltliche Klarheit ist Voraussetzung für ein sich Klarheit suchendes Staunen.

In der Kunst lassen sich seit den frühen 70er Jahren Beispiele aus der Feldforschung nach Art der »Spurensicherung« finden, die – ähnlich wie in der Archäologie – allein durch die schlichte Anordnung von gesammelten Materialien überzeugen.[11]

Hervorhebung

Staun-Objekte, die mit anderem vermischt werden, bleiben meist gänzlich unbeachtet. Sie lassen sich durch gezieltes Herausheben sichtbar machen. Besonders Kostbares lässt sich auf Samt betten. Dabei ist es unerheblich, ob die Schatulle vorher eine Käseschachtel war und jetzt mit einem samtenen Brillenetui ausgeschlagen wurde. Ebenso kann ein goldfarbener Verpackungskarton oder Werbeprospekt einer Bank, von Schrift und Text befreit, als Unter- oder Hintergrund dienen. Es gibt auch goldfarbene Tortenbodenunterlagen oder Pappteller. Ein Schneckenhaus oder andere leichte Gegenstände können auf Blumendraht gesteckt werden. Dieser steckt in einem Speckstein, Tonfuß oder in einem gelochten Ziegelstein. Statt Draht eignen sich auch getrocknete Pflanzenstiele. Als Untergrundpodeste können dekorative Steine dienen, die es im Baustoffhandel gibt. Der Dekorationshandel hält stabile, transparente Sockel aus Plexiglas in verschiedenen Formen und Höhen bereit, damit etwas höher (z. B. Schuhe) gestellt werden kann. Je einfacher jedoch die Lösung zum Hervorheben von Objekten gefunden wird, desto mehr kann auch die Lösung selbst zum Staunen Anlass geben.

Staunen durch Stolpern

Manchmal hilft es die anderen buchstäblich über etwas stolpern zu lassen. In der Lernwerkstatt im Bezirk Hohenschönhausen war der Eröffnungstag und damit »Tag der Offenen Tür« vorzubereiten. In der Arbeitsgruppe suchten wir nach unabhängig von den Begleitpersonen wirkenden informierenden und anregenden Objekten. Wie könnte am besten gleich an der Eingangstür mit allem Scharm deutlich werden, dass im Haus bestimmte Lernhaltungen nur belasten, anstatt der Sache dienlich zu sein? Wir gingen in Gedanken zum Eingang, überlegten, wie wir normalerweise im Foyer ablegen und den Mantel in die Garderobe hängen. Ein runder Garderobenständer erwies sich gleich nach der Tür ideal für die Botschaft. Über einen Drahtkleiderbügel wurde ein Butterbrotpapier bis zum Boden gehängt. Darauf stand die Bitte folgendes abzulegen:
- Besserwisserei,
- Ängste,
- Anpassung,
- Konsumhaltung,
- verbissenen Ernst,
- Intoleranz,
- Hemmungen.

Als ich an jenem Tag ankam, stolperte ich neben dem besprochenen Garderobenständer über eine Personenwaage. Es dauerte eine Weile, bis ich die Verbindung zwischen beiden verstand. Der Ballast wurde als reales Gewicht gedacht, das man vor- und nach dem Ablegen wiegen konnte. Eine pfiffige Idee, der ich erst auf die Spur kommen musste, obwohl ich an der Vorbereitung beteiligt war. Die Waage stand nur zum Drüberstolpern da, ganz ohne Begleitzettel und wirkte umso nachhaltiger!

Mit Spiegelfolien lässt sich die Aufmerksamkeit umdirigieren. Von den 2,5 mm dicken Platten hatten wir mehrere, weil sie so vielseitig einsetzbar sind. Auf den Boden gelegt, an einer Stelle, wo man darauf steigen muss, zieht es einen unwillkürlich in die Tiefe. Auch die schönsten Deckengehänge, die unerreichbar in luftiger Höhe Reize aussenden und Kindern im Greifalter wahre Tantalusqualen bescheren können, haben wir gelegentlich durch optische Täuschung symbolisch nach unten geholt.

Ins rechte Licht gerückt, aber nicht in den Brennpunkt

Das rechte Licht bieten die Fensterbänke. Sie haben eine ideale Höhe für Kinder wie für Erwachsene und automatisch das Gegenlicht, das Gegenstände, Objekte und Strukturen plastisch herausholt. Allerdings wird eine klare Entscheidung für oder gegen Zimmerpflanzen notwendig sein.

Fensterbänke sind in manchen Einrichtungen zu den ersten Lernwerkstätten geworden. Verbreitert manchmal durch eine alte Schranktür, nahmen sie transparente Materialdosen und Werkzeuge auf.

Für Vergrößerungen unter der Lupe oder einem Stereoskop, das nicht am Netz hängt, ist der Ort ideal, ebenso wie für flexible Folien, Prismen, Brillengläser, Kaleidoskope etc. Doch Vorsicht ist vor brennglasartiger Wirkung von Glas- oder Aluminiummaterialien geboten, die bei starkem Sonneneinfall etwas entzünden können. (Mit Kindern lässt sich der Brennpunkt, in dem alle einfallenden Strahlen gebündelt werden, auf einem metallischem Backblech exemplarisch erforschen, damit sie diese wichtige Erkenntniss gewinnen können.)

Erst im Gegenlicht wirkt Glas, funkeln und glitzern Oberflächen. Bei Spiegeln dagegen muss ich mich befragen: will ich, dass sie Lichtreflexe werfen oder dass ich mich in Ruhe vor dem Spiegel verkleiden kann; also einmal mit dem Licht, einmal gegen das Licht? Das Ausprobieren mit einem Taschenspiegel lässt die Lichtwirkung deutlich werden, bevor man einen Spiegel anordnet.

Diese Erfahrungen sind übrigens auch aufs Fotografieren ohne Blitzlicht übertragbar. Es gelten dieselben Lichtgesetze. Der automatische Blitz, der nicht auszustellen ist, bringt *immer* einen unnatürlichen Lichteinfall mit sich. Die Wahrnehmung des Auges stimmt mit der Wiedergabe nicht überein, weil der Blitz vom Auge her Schatten aufhellt.

Ins rechte Licht gesetzt werden können Staun-Anlässe auch im Büro der

Leitung. Genau da, wo Kinder manchmal einen besonderen Anlaufpunkt finden, sei es zum Trost oder zur »Isolierung«. Da, wo Eltern und Besucher einen ersten Eindruck erhalten, kann ein rundes Tablett mit besonders ausgesuchten Gegenständen eine unbürokratische, offene und lernaktive Atmosphäre ausstrahlen. Ein Tablett deshalb, weil es auffordert sich zu bedienen und den Ort bezeichnet, wohin der Gegenstand wieder zurückzustellen ist. Bei besonders kunstvollen Arrangements mit drapierten Seidentüchern stockt nach meiner Erfahrung die Unbekümmertheit hinzufassen. Kindern, die in der Gruppe gestört haben und zur Strafe im Büro der Leitung abgegeben werden, können diese Gegenstände besonders gut tun. Der Pädagoge Bruno BETTELHEIM ist in seinem Buch »Liebe allein genügt nicht« sehr ausführlich auf die entgegengesetzte Möglichkeit von Bestrafung, nämlich auf Lernanlässe eingegangen, die ein anderes Interesse an der Welt wecken können.

Klänge zum Staunen

Nichts fasziniert so sehr wie Klänge. Ob eine einfache Spieldose, eine Mini-Orgel, ein Brummkreisel – es gibt viele altbekannte Spielzeuge, die schon die Großeltern begeisterten und die in Biografien als besonders erinnernswerte Kindheitsrelikte genannt werden. Viele lassen sich in Spielzeuggeschäften noch immer finden. In einer Klangecke, einem Klangzelt oder an irgend einem anderen günstigen Standort – nur nicht weit weg und ausgelagert, sondern durchaus in der Nähe abgeschirmter Betriebsamkeit – können sie das Staunen in Schwingung versetzen.

In der Treptower Lernwerkstatt wehten einmal während eines Kurses fast unmerklich sanfte Klänge den Flur entlang bis in den Seminarraum herein. Es verging über eine halbe Stunde, bis wir uns der Klänge so richtig bewusst wurden und ich nachsah, wer sie verursachte. Ich sah die achtjährige Tochter einer Erzieherin, die vor dem »Klangrad« kniete und völlig versunken die Klangstäbe aus Holz und Metall streifte und berührte. Man sah ihr an, sie war in einer anderen, ganz eigenen Welt und niemand wagte, sie zu stören.

Das »Klangrad« war nur eine alte Felge, die waagrecht auf einer Astgabel steckte, die ihrerseits in einem gelochten stabilen Baustein stand. Die Felge bot genug Speichen und Rand um alles mögliche Klingende in Höhe der Kinder anzubringen.

Als Gefahr eines Krachmachers lebte das Objekt in der Fantasie einiger Erzieherinnen und ich war dem Kind sehr dankbar, dass es mit seinem ausdauernden Entrücktsein in einer Welt der Klänge auf seine Weise bewiesen hat, was Dorothée KREUSCH-JACOB am Anfang eines Musikbuches schreibt: *»Jeder Ton, jeder Klang hat seinen Ursprung in der Stille.«*[12]

*Lichterpunkte
bringen nicht
nur das Denken
in Bewegung*

Lichterpunkte

Mit dem Birkenstock, auf dem runde Spiegelchen aus Glas in amerikanische
Eichelhütchen eingelassen sind, sollte das Licht bewusst eingefangen werden
um Lichtpunkte zu streuen. Wie bei einer Disko-Lichtkugel sind sie ringsherum angeordnet, damit immer Licht reflektiert wird, sobald sie gedreht wird. Sie
braucht also einen Ort am Fenster und sollte von Kinderhänden erreichbar
und bespielbar sein. So können Kinder vollkommen selbstständig vom anfänglichen Staunen zum langsamen Erkennen der Zusammenhänge gelangen.
Nur, wenn die Sonne im Frühjahr und Herbst in die Räume scheint, entstehen
die Spiegelreflexe. Aber natürlich lässt sich so ein Stock oder irgendein anderer konstruierter Spiegel-Reflex-Gegenstand auch mit nach draußen nehmen
zum Ausprobieren.

Der Geist des Staunens

Reflexe als Staun-Anlässe können auch mit ganz alltäglichen Gegenständen bewirkt werden. Eine Erzieherin erzählte in einem Kreativitäts-Workshop, dass sie mit ihrer Gruppe zum Frühstück am Fenster sitzt und täglich – bei Sonne – ein »Geist« erschien. So nannten die Kinder den Lichtreflex, der sich an den Wänden oder der Decke entlangbewegte . Alle möglichen, täglich wechselnden Fantasiegeschichten rankten sich um diesen Besuch, der immer nur dann auftauchte, wenn auch die Erzieherin ihren angestammten Platz eingenommen hatte. Bis die Erzieherin darauf kam, dass er mit ihrer breiten, silbrigen Haarspange zusammenhing, verging eine Weile. Sie verriet aber ihre Entdeckung nicht, sondern verstärkte das physikalische Phänomen, indem sie unauffällig mit der Messerspitze funkelte und weitere reflektierende Gegenstände ins Spiel brachte. So vergingen Tage und Wochen, mal mit, mal ohne »Geist«, aber immer begleitet von einem Staunen und vielen Legenden, die viele Fragen aufwarfen, bis die Kinder die Zusammenhänge herausfanden und mit ihnen selbstständig weiterexperimentierten.

Der Erfindergeist einer Erzieherin, das besondere geistige Milieu, gepaart mit der Fähigkeit abzuwarten, führte zum Entdecken des Geistes nach einer für die Kinder notwendigen Zeitspanne des Staunens und der Auseinandersetzung.

Staunen, aber nicht berühren?

Eines späten Nachmittags hörte ich in der Lernwerkstatt in Treptow, dass eine Erzieherin mit fünf kleinen Kindern den Flur betrat und sie diese ermahnte, leise zu sein und ja nichts anzufassen. Den zaghaften »Ahs« und »Ohs« der Kinder wurde mit Zischlauten begegnet! Und das in diesen Räumen, wo es sonst mit Erzieherinnen hoch her ging! Ich traute meinen Ohren nicht! Ehrfürchtig staunende Kinder, die mehr eingeschüchtert als lustvoll durch die Räume gingen und sich nicht auf das stürzen durften, was eigens als Anreiz gedacht war?

Mir fielen die eigenen Kinder der Erzieherinnen ein, die manchmal mit zum ESF-Kurs kamen und völlig verschüchtert dabei saßen. Sollten wir sagen, dass sie hier alles anfassen dürfen, das Werkzeug benutzen und dabei auch Krach machen können, während uns ihre Mütter eingestanden, ihnen vorher noch mal so richtig eine Standpauke über angemessenes Benehmen gegeben haben? Die Angst unangenehm aufzufallen, saß zu tief und ließ sich mit Worten nicht beschwichtigen. Wir brauchten eine, nein, viele Lösungen, die immer wieder neu erfahrbar machten, was mit einem freiheitlichen Denken und selbstständigem Lernen im sozialen Kontext gemeint ist.

Das Staunen musste vertieft, mehrgleisig praktisch erfahren und in der

*Ein Material-
tablett am Bei-
spiel von Glas*

Gruppe reflektiert werden können. Und das sofort am Anfang eines Kurses!

Die Praxis wurde jetzt *vor* die Theorie gesetzt und wir begannen mit zwei Lernwerkstatt-Tagen, an denen die Erzieherinnen sich praktisch handelnd mit dem Ort, den Materialien, den Möglichkeiten und der Lernweise bekannt machen und sich dabei erfahren konnten.

Leitfragen und Mutmacher halfen über die erste Hürde hinweg und ließen das eigene Staunen erst mal ausdrücklich zu.

Zur besonderen Betonung des Gedankens »Hier darfst du«, wurde eine Zeichnung entwickelt zum Thema »Erwünscht und erlaubt«. Diese konnte auch von Kindern verstanden werden: In der Mitte eine offene Schatztruhe, aus der viele funkelnde Wertsachen quellen. Strahlenförmig wurden all die Tätigkeiten angeordnet, die wir uns wünschten, vom Anfassen, Nachdenken, Genießen bis zum Erfahrungen Austauschen. »Bitte berühren«, hieß eine andere. Diese Papiere wurden im Kopierladen laminiert, d. h. in eine Plastikhülle eingeschweißt, und bekamen einen Dauerplatz in einem Holzkasten auf dem Büchertisch im Flur, in dem wie in einem Karteikasten geblättert werden konnte. Wollte jemand die Zeichnung haben, brauchte sie nur auf den Kopierer gelegt und vervielfältigt werden.

Verbots-, oder Vorsichtschilder gab es bewusst nicht. Sie hätten dem Geist der Lernwerkstatt von Unten widersprochen. Alle Vorsichtmaßregeln waren ohnehin so stark verinnerlicht, dass die Denkrichtung angebrachter schien, ruhig mal über die Stränge zu schlagen um zu sehen, was denn Schlimmes passieren kann?

Das Samenkorn als größter Staun-Anlass

Der größte Staun-Anlass bleibt für mich ein Samenkorn, das sich – mit Wasser benetzt – binnen Stunden sichtbar verändert. Jedes Glasgefäß ist geeignet um auch die Wurzelentwicklung sichtbar zu machen. Schwarze Blumenerde hebt den Kontrast zu den weißen Wurzeln eines Weizenkorns beispielsweise deutlich hervor. Doch ist bei der Zeitplanung das Wochenende zu berücksichtigen, damit nicht gerade dann das Staunenswerteste passiert. Keimen lassen sich die Samen das ganze Jahr über. Also ruhig mal *eine* Feuerbohne oder *einen* Sonnenblumenkern aus der Vogelfuttertüte für einen exemplarischen Staun-Anlass auf einen Unterteller mit etwas Wasser legen und schauen, was passiert.

Staunen aus dem Nichts

Bei der Konzeption »aus dem Nichts« verfügen wir in der Regel über drei Tage Zeit. Wenig Zeit für ein Staunen mit Muße und ein geduldiges Abwarten! Irritationen haben sich als nützlich erwiesen um kreative Lernprozesse schnell und intensiv anzustoßen und breit zu öffnen. Die bisherigen Erfahrungen, die unter günstigsten Zeitbedingungen gemacht worden sind, mussten verdichtet und aufs Wesentliche reduziert werden. Das Wesentliche liegt – wie das Beispiel Samenkorn belegt – im Einfachsten. Und gerade im Einfachsten liegt oft die größte Irritation.

Die Dia-Rahmen

Ein kleiner Auftrag am Anfang, ein einziger Dia-Rahmen für jede Teilnehmerin und ca. 10 Minuten Zeit um draußen etwas in das zweiseitige Glasrähmchen »reinzupatschen«. Das etwas respektlos klingende Wort ist absichtlich gewählt und soll ohne Erklärungen den Gestaltungstrieb im Miniaturformat verhindern. Gleichzeitig soll es signalisieren, dass es sich nicht um einen Auftrag handelt, der gewissenhaft und ernsthaft ausgeführt werden muss, sondern dass Überraschungen und Zufälle erwartet werden. Letztere bringen dann auch bei der Projektion das größte Staunen hervor.

Da tauchen symmetrische Pflanzenstrukturen auf, die, auf eine Leinwand vergrößert, überwältigend wirken. Moosteile oder kleine Blätter aus der sterilen Gehwegsbegrenzung gleich vor dem Haus werden als Material genannt. Oder wir gehen in Gedanken in Dschungelbildern spazieren, die sich aus ganz banalem Verrottungsmaterial herleiten. Eine moderne Grafik erscheint auf der Wand und spontane Urlaute verraten allgemeine Verblüffung. Da gesteht die

Ein Maiskorn nach wenigen Tagen lässt bereits die Pflanze als Flachwurzler erkennen.

Erzieherin, dass ihr beim Zusammendrücken des etwas dicken Pflanzenmaterials das Glas zersprungen ist. Was für ein wunderbarer Effekt doch im »Kaputtmachen« liegen kann! Bei einigen Bildern kommt es vor, dass das Auge noch dabei ist sich in die Dreidimensionalität hineineinzufinden und plötzliche Rufe, wie *»Huch, da bewegt sich was!«*, ein neues Suchen beginnen lassen. Was ist es, was die Bilder vor unseren Augen in jeder Hinsicht zu einem bewegenden Erlebnis werden lässt? Mal ist es ein Tautropfen, mal der eingefangene Regentropfen, mal der Pflanzensaft, mal krabbeln tatsächlich Käfer, Larven und dgl. munter zwischen den Glasscheiben hin und her. Wie winzig sie in Wirklichkeit sein müssen! Einmal stockte uns allen der Atem – ein weiches, zartes, sehr verletzlich wirkendes Bild von atemberaubender Schönheit – und wie hat die Erzieherin das hinein gezaubert? *»Ach, ich hab das Dia nur mal durch die Pfütze gezogen«*, meinte sie trocken! Es sind dies kostbare Momente, wo Zauber und Banalität sich als ein und dasselbe entlarven und die Wahrnehmung immer wieder in erneutes Erstaunen versetzt wird. Mal im ästhetischen Genuss ganz oben schwelgend, mal durch die nackten Tatsachen brutal auf den Boden der Realität zurückgeholt. Im schallenden Gelächter bricht sich die Spannung. Das Erwartete wird unerwartet ins Gegensätzliche verkehrt. Nichts ist, wie man meint, dass es sei. Farbige Blütenblätter, mit viel Liebe gestaltet, enttäuschen durch die Schwarz-Weiß-Projektion (und führen u. U. danach zu gezielten Experimenten um herauszufinden, warum das so ist). Ein Spucketröpfchen wirkt wie ein riesiges industrielles Kugellager aus dickwandigem Edelstahl. Und obwohl bei einem Kurs in verschiedenen Tests eine spuckespezifische Grundstruktur festgestellt wurde, überraschen die Bilder immer wieder aufs Neue. Mal bricht ein Kügelchen aus dem »Kugellager« aus, rollt wie auf einem gespannten Balanceseil ins Aus, mal schwebt eins langsam nach oben oder zerplatzt, stößt mit freigesetzter Energie wieder andere an ...

Eine Erzieherin experimentierte mit dem Süßstoff der Kaffeebar weiter, kam auf Backpulver, das sie in der Küche auftreiben konnte. Das entstandene Sprudeln im Dia-Rahmen führte in der Projektion zu einem nicht enden wollenden Feuerwerk. Ein stehendes Bild wird plötzlich zum Film, dem nur noch die Musik fehlt. In einem anderen Kurs gab es einen flaschengrünen Tintentropfen, der durch das Backpulver angetrieben, unterschiedlich große Blasen zu einer gigantischen Struktur führte. Jugenddiskos und Computergrafiker hätten ihre helle Freude! Das Staunen und Forschen kann beginnen!

Vom Staunen zum Lernen

Die Dia-Rahmen wuchsen in ihrer Bedeutung als ein Medium, das sich zur Aneignung von Wirklichkeit eignet, weit hinaus. Es eröffnet nicht nur den Prozess des ehrfurchtsvollen Staunens, sondern es vermag gleichzeitig das Lernen à la Lernwerkstatt zu vermitteln. Nichts Bestimmtes ist gewollt, alles ist offen, Fragen stellen sich, Vermutungen gesellen sich dazu, es reizt sie zu überprüfen, Überraschendes und Zufälle werden aufgegriffen und produktiv genutzt. Die Feinheiten werden anhand der vielen Versuche immer klarer, sodass das »Aus dem Nichts« an diesem Beispiel exemplarisch zerlegt und umgangssprachlich konkretisiert werden kann:

- Die Anfangs-Irritation:
  »Was sollen wir damit? Was will sie von uns? Worauf zielt das ab? Egal, ich mach irgendwas rein. Wie krieg ich das Ding überhaupt auf?« So etwa kommen die Erzieherinnen später anlässlich der Übertragungsüberlegungen darauf zurück.
- Fragen, Unsicherheit, innere Widerstände gegen die Person, umentscheiden, weg von der Lehrperson hin zum Gegenstand, sich einlassen auf die Sache. Erster Versuch!
- Die Suche nach irgendetwas wechselt in bewusstes Schauen. Anfassen, auswählen, nach oben gegen das Licht halten, überprüfen und mehr oder weniger mit Überlegung in das Rähmchen geben.
- Die Sinne werden selektiv geweckt, meist gebückte Haltung. Selbstbeobachtung. Wenig Wahrnehmung dessen, was darum herum passiert.
- Kopf und Hände arbeiten zusammen, können sich an etwas – dem Dia-Rahmen – konkret festhalten, gewissermaßen über ein Mittel miteinander in eine dialogische Beziehung treten.
- Neugier entsteht in Bezug auf die eigene Projektion, danach auch auf die der anderen. Konkurrenzgefühle stellen sich nicht ein. Man ist auf sich und den Gegenstand konzentriert. Jedes Dia ist ohnehin einmalig.

- Die Atmosphäre hat Werkstattcharakter. Improvisationen bei der Verdunkelung, beim Höherstellen des Projektors und bei der Suche nach einer passenden Wand sind geeignet das Machbare hier und überall zu zeigen. Stühle veranlassen eher ein konsumierendes Sich-Zurücklehnen anstatt ein selbsttätiges Agieren am Projektor und ein innerliches Beteiligtsein.
- Emanzipatorisches, unabhängiges Vorgehen wird möglich. Wenn die Erzieherinnen mit ihrem Dia zurückkommen, lockt eine offene Atmosphäre zum Ausprobieren. Sie übernehmen selbst die Regie.
- Der Projektor ist angestellt, es ist, so gut es geht, verdunkelt, es gibt Kaffee und manche drängt es bereits ihr Dia in den altmodischen Schieber zu stecken. Die Phase des Staunens, Öffnens von Fragen und der eigenen Neugier beginnt mit einem offenen Anfang! Formale Regelungen und akribisch genaue Zeitlimits sind nur selten nicht zu umgehen, ansonsten sind sie nur hinderlich bei der Entfaltung eigener, gruppendynamischer Lernspuren.
- Mit Beginn der Neu-Erfahrung von altem Wissen beginnt sich auch das eigene Denken buchstäblich auf den Kopf zu stellen. Dias müssen kopfunter und seitenrichtig hinein geschoben werden, falls – und nur dann – einem an einer »richtigen« Abbildung gelegen ist. Doch niemand verbessert oder weist mit ironischen Bemerkungen darauf hin. Praktische Erfahrungen werden ernst genommen.
- Verkehrte Welt! Die größte Banalität kann zum interessantesten Bild werden. Das schönste, mühevollst zusammengestellte farbige Miniaturbild enttäuscht im Großen. Flüssiges fließt nach oben – das verstehe, wer will! Das Staunen ist gefragt, nicht die Antwort. Irgendwann hat sie jede wieder für sich von selbst gefunden.
- Zufälle fallen einem zu und sind nicht mehr zu leugnen. Vergrößert werden sie beachtet, sie geben einem zu denken. Sie sind nicht zu planen, aber sie stellen sich ein. Man kann auf sie vertrauen. Das zerbrochene Glas wird u. U. noch verschämt in der Hand versteckt gehalten. Schade, ist diesmal keins kaputt gegangen? Dann ist es doch da, traut sich aus dem konventionellen Denken und öffnet wegen der andersartigen Materialstrukturen neue Assoziationen.
- Auch der Witz, die Ironie, das Unernste tauchen auf. Eine zerbröselte Zigarette vielleicht lässt alle staunen und dann auflachen, sobald das Geheimnis gelüftet wird.
- Kommunikation untereinander entsteht auf natürliche Art und Weise. Man will zunächst wissen, *was* drin ist.
- Weiterführenden Überlegungen, »wie es wohl anders wäre, wenn ...«, kann sofort nachgegangen werden. Die Handhabung des Projektors – Öffnen und Schließen durch Klappmechanismus – ist denkbar einfach und der Schieber offen zugänglich. Er kann sogar um 180° gedreht werden, wenn

eine Flüssigkeit scheinbar nach oben aufsteigt, in Wirklichkeit aber nach unten. So kann die Spucke zum Tanzen gebracht werden, wenn sich jemand findet die Vorführung zu übernehmen.

- Breite Vielfalt, entstanden aus dem Nichts! Der Kassettenrekorder steht in der Nähe und meistens genügt die Kassette zum Element Luft. Sie vertieft die meditative Wirkung, die sich häufig durch die langsame Bewegung von Flüssigem im Rahmen ergibt.

- Musik + Bewegung + Bild + Licht und Schatten + optische Gesetze + körperliches Eintauchen in die Projektion + künstlerisches Eingreifen durch bewusstes Schattentheater. Ein Prozess öffnet sich, erweitert sich, dynamisiert sich selbst, streift Bekanntes, weckt Altbekanntes, verknüpft Vorerfahrungen mit Neuem, belebt die Fantasie, befördert interdisziplinäres (fachübergreifendes) Weitergehen, bleibt offen und findet kein Ende – weder in den drei Tagen, noch darüber hinaus.

Die Dynamik dieses Prozesses entspricht in etwa der Dynamik des Lernprozesses nach dem Prinzip Lernwerkstatt. Anregungen untereinander, weitertüfteln allein, eine Gruppe findet zusammen, arbeitet ein Stück weit zusammen, zerstreut sich wieder. Manche bleiben dran, teilen sich den Anderen informell mit, finden in der Reflexionsrunde zu Vergleichen und Erfahrungen auf nächster Stufe. Letztere Beobachtungen konnten gemacht werden, weil der Projektor einmal aus Versehen angeschaltet blieb. Griffbereit, zusammen mit herumliegenden Dias, zieht er immer wieder von neuem jemanden in seinen Bann, mit einer neuen Frage oder einem forschungswilligen Brummeln auf den Lippen: »Ich muss doch mal gucken, ob ...« usw. Die Möglichkeiten dafür wären jedoch sofort mit dem Abschalten und Wegräumen genommen.

Steht ein Overheadprojektor (wie zufällig) daneben, wird er meist in Vergleiche mit einbezogen. Weitere optische Licht- und Vergrößerungsgeräte schaffen sofort neue Möglichkeiten, sofern sie wirklich *parat* stehen und nicht nur *irgendwo* vorhanden sind.

In den seltensten Fällen würde sich jemand etwas selbstständig organisieren oder umräumen. Nicht aus Faulheit freilich, wie ein hierarchisches Denken jetzt mutmaßen möchte, sondern, weil nach meiner Beobachtung das Staunen, das gerade aufbricht, sich noch sehr unsicher ist. Es braucht Bestätigung durch organisatorische Unterstützung bis es sich selbst vertraut und selbstbewusst zu neuen Erfahrungsufern aufbricht.

Die Fähigkeit Ideen zu entwickeln

Die Fähigkeit Ideen zu entwickeln, hat eine sehr existenzielle Bedeutung. Probleme brauchen Lösungen und für die Lösungen brauchen wir tagtäglich neue Ideen. Regeln, Vorschriften, Rezepte, Ratgeber und Schablonen erleichtern zwar – so meint man – den Alltag, aber sie lassen die Fähigkeiten verkümmern, die wir trotz aller Vollkaskoversicherungen und Schutzpakete auch in Zukunft brauchen werden. Statt dieser Fähigkeit hat sich besonders im Kindertagesstättenbereich ein Ideenkult verbreitet, der selbstbewusstes Lernen einmal mehr verhindern hilft. Erzieherinnen stehen oder stellen sich selbst unter Druck, den Kindern immer neue Ideen anbieten zu müssen. Gleichzeitig wird beklagt, dass Kinder keine Fantasie haben und sie von sich aus auf keine Ideen mehr kommen. Viele Menschen sind auch bereit, anderen eine besondere Gabe zuzusprechen, so als haben einige – quasi genetisch bedingt – eben Ideen und manche leider nicht.

»Du hast doch immer so gute Ideen«, höre ich oft und mir wird – aufs Podest gestellt – immer noch mulmig. Es ist, als ob man nur ein Schatzkästchen öffnen müsste um daraus beliebig verteilen zu können. Niemand möchte sich dagegen fragen, wie die Ideen in dieses Kästchen hineinkommen können, und eine Einladung zu Ideen-Workshops wird abgelehnt.

Die Verlage profitieren von diesem Ideenmythos, werfen alle zwei Jahre dieselben Bastelideen – dem Trend entsprechend neu fotografiert und gestaltet – auf den Markt. Und in den Weiterbildungen, sogar bis in die Lernwerkstätten hinein, wirkt einerseits der Wunsch neue Ideen konsumieren zu können und andererseits, neue Ideen zu vermarkten. Zur Ideenvermarktung gesellt sich schnell ein Personenkult, der erst recht verhindert, dass Erzieherinnen sich selbst Ideen zutrauen.

Gerade im Zusammenhang mit der neuen Bildungsdiskussion sollte der Ideenkult im Kindertagesstättenbereich ein Ende finden. Stattdessen sollten Ideen-Workshops stattfinden, bei den Kleinsten angefangen bis zu den Eltern und Verwaltungsangestellten.

Zur Aufgabe eines Pädagogen gehört schließlich Ideen zu bewirken, nicht sie lediglich anzubieten! SOKRATES hat diese pädagogische Praxis mit der Aufgabe einer Hebamme verglichen. Das Bild besagt gleich mehreres: Die Gedanken und die Ideen sind im Menschen angelegt – sie müssen nur geboren werden! Man geht sprichwörtlich mit einer Idee schwanger oder man sagt, dass eine Idee noch reifen müsse. Bei der Geburt hilft der Pädagoge – alias Hebamme – unterstützt, macht Mut, sorgt für die passende Umgebung und

eine gute Atmosphäre. Er fördert, aber fordert auch. Im Mittelpunkt steht die Gebärende, nicht die Hebamme bzw. der Pädagoge. Er braucht die Ideen selbst gar nicht zu haben, nur die Fähigkeit sie ans Licht der Welt zu befördern. Die Gedankenarbeit vor dem Durchbruch ist durchaus mit wellenförmigen Wehen zu vergleichen – sie sind Last und Lust zugleich. Danach fühlt man sich stolz und glücklich. Kindern kann man dieses Gefühl immer besonders gut ansehen. Sie gehen aber schnell zur Tagesordnung über, während Erwachsene danach gern am eigenen Ideenmythos stricken.

Lernwerkstätten sollten Geburtsstätten für eigene Ideen sein! Diese Fähigkeit lässt sich erwerben. Sie ist nicht angeboren. Ideenfindung ist Gedankenarbeit, ein schöpferischer Prozess, der die eigenen Kräfte bestärkt und das Selbstvertrauen wachsen lässt.

Wie andere Menschen auf Ideen kommen, ganz gleich welcher Art, lässt sich erkunden bzw. sammeln – aus Biografien, in Zeitungen, Zeitschriften, Filmen, aus Talkshow-Erzählungen usw. Kreative Menschen, ob sie schreiben, schauspielern, technische Lösungen entwickeln, wissenschaftlich arbeiten oder bei *Jugend forscht* sich beteiligen, beschreiben oft sehr freimütig ihre verschlungenen Wege, die sie auf Ideen bringen. Eine Erfindergruppe, die sich im Osten wieder zusammengefunden hat, will eine Methode überarbeiten, die zu Ideen, Lösungen und Erfindungen verhilft. Auch sie geht also von einer Methode aus und nicht von einer besonderen Begabung. *»Ihre Ideen sind gefragt!«* Mit dieser Überschrift wandte sich in der Lernwerkstatt ein Papier an die Öffentlichkeit um zu signalisieren, dass es wirklich um die Ideen jeder Einzelnen geht und ihre Kreativität gefragt ist und gefördert werden kann.

Die Vielfalt der Ideenverläufe

Im Laufe der Arbeit am Lernwerken habe ich eine Vielfalt von Ideenverläufen kennen gelernt, die Sie mit ihren eigenen Beobachtungen oder Vermutungen vergleichen können. Die Gedankenarbeit verläuft unterschiedlich und kann von daher auf verschiedene Art und Weise auch initiiert und gefördert werden:

- Am Anfang steht eine Frage bzw. die Findung einer Fragestellung, die zur Forschungsidee wird. (Gerd BINNIG)
- Am Anfang steht ein Problem, das einen persönlich betrifft und das auf eine Lösung wartet. (Hartmut VON HENTIG)
- Am Anfang steht ein Fehler, ein Misserfolg, eine Panne oder eine Blamage. Wie viele Errungenschaften unserer Welt entstanden gerade aus diesen Negativerscheinungen! Deshalb werden beim Lernwerken diese ausschließlich positiv und produktiv genutzt.
- Am Anfang stehen die Naturstudien. Viele Menschen noch vor Leonardo DA VINCI, bis zu heutigen Architekten, Ingenieuren, Tierforschern, Mode-

machern usw. erhalten ihre Impuls gebenden Ideen aus detaillierten Beobachtungen der Natur.
- Am Anfang steht das Material. Angesichts der in transparenten Gläsern gesammelten Materialien und einer offenen Aufgabenstellung meinte eine Erzieherin: *»Die Ideen flogen mir nur so zu!«*
- Am Anfang steht die Materialerfahrung. Intensiver Umgang mit Materialien lässt die Eigenschaften haptisch, d. h. den Tastsinn betreffend – je ganzheitlicher, desto besser – erfahren. Sinnliche Reize beim Tun aktivieren beide Gehirnhälften stärker und wirken wie eine ausgewogene Grundnahrung für das Gehirn. Die Ideen scheinen ganz plötzlich da zu sein, wie vom Himmel gefallen. Zuvor waren da aber die Empfindungen und wie beim Staunen ein Sinnieren und gedankliches Verarbeiten. Manchmal wird das Gehirn auch durch intensives Nachdenken über eine Idee regelrecht zermartert, bevor nach dem Loslassen diese dann ganz plötzlich da ist.
- Am Anfang steht die Reduktion. Je einfacher und ursprünglicher die Sachverhalte präsentiert sind, desto einfacher findet man zu Ideen. In der Zurückführung auf das Wesentliche liegt der Erkenntniswert und darin die Kraft für Innovationen.
- Am Anfang steht der Vergleich. Eine Erzieherin fand zu ihrer Idee erst in Abgrenzung zu einer anderen. Die andere wurde deshalb nicht abgewertet.
- Am Anfang steht der Widerspruch. Widersprüche und bewusste Provokationen werden oftmals zum Zündstoff für neue Ideen. Sie bieten eine große Reibungsfläche. Erzieherinnen suchen gelegentlich die Reibungsfläche auch in meiner Person. Solange es dabei nicht um negativen oder positiven Personenkult geht, sondern um das Lernen schlechthin, können die Reibungen für die gesamte Gruppe befruchtend genutzt werden.
- Am Anfang steht das Bruchstückhafte. Fragmentarisches, Unvollständiges, Angefangenes, Liegengebliebenes, Kaputtes – egal welcher Art – kann enorme Reize aussenden, nicht um es zwanghaft fertig zu stellen, sondern um es mit einer neuen Idee zu füllen. Daher empfiehlt es sich Arbeitsspuren und Reste nicht sofort an den Müllsack zu verschenken, sondern sie in Gedanken gegen den Strich zu bürsten. Sie sind oft Gold wert!
- Am Anfang steht der Gegensatz. Gegensätzliches Denken und Querdenken rüttelt auf, wirbelt durch und durchbricht eingefahrenes und verhärtetes Denken. Flexibilität, ein Abweichen vom Normalen, ermöglicht neues Denken und neue Ideen.
- Am Anfang herrscht kreative Unruhe oder entspannte Spannung. Manche Berufsgruppen versetzen sich bewusst in einen Zustand geistiger Beweglichkeit und angespannter Lockerheit. Ernsthaft rumflachsen, rumblödeln, ohne tierisch ernst zu werden, spielerisch mit etwas umgehen, dabei die Grenzen ins Unkonventionelle ruhig überschreiten, verhindert, dass man sich an etwas fest beißt oder sich im Kreis dreht.

- Am Anfang steht ein Brainstorming. Diese Methode kann mit Sturm im Gehirn übersetzt werden. Sie ist sehr verbreitet. In der Lernwerkstatt haben wir eine schlichte Gedankensammlung meist im Anschluss an eine praktische Phase mit mehr Zeit zum Nachdenken ihr vorgezogen.
- Am Anfang steht das Gespräch als Dialog. Es gibt Gesprächsabläufe von sehr offener Struktur, bei denen gemeinsam an Gedanken gearbeitet wird, die außerordentlich ideenanregend und belebend wirken. Es wird nicht *über* etwas, schon gar nicht *über andere* geredet, sondern *miteinander*. Indem man selbst oder das Gegenüber versucht Gedanken zu formulieren, blitzt eine Idee auf. Das passiert auch gelegentlich in großen Runden, besonders nach Praxisphasen.

Über die Rindenmalerei auf den Spuren der Kulturform der Aborigines

Ein insgesamt Ideen anregendes Klima ist Voraussetzung. Aber oft ist die Luft raus, die Atmosphäre zu stickig, die Vorschrift zu einengend, die eigene Wahrnehmung zu abgestumpft, die Erwartung zu hochgeschraubt. In so einem Umfeld können keine neuen Ideen geboren werden, außer der einen Idee, dass man vom Alten ganz loslässt.

Beim Staunen wurden bereits einige Beispiele genannt, die Sinne anzusprechen. Ein Raum mit ein paar Tropfen ätherischem (Orangen)öl wird bereits verändert wahrgenommen. Bilder aus ganz anderen Genres, das Blättern in Kulturzeitschriften, alte Drucke und Zeichnungen, Musik, die verschiedene Kulturen integriert, können die innere Vorstellungskraft wieder auftanken. Es ist wichtig, dass man in Bilder etwas *hinein*sehen kann anstatt nur etwas *heraus*zusehen, wie z. B. bei sofort erkennbaren Mickymaus-Figuren. Pflanzliche, tierische und Landschaftsstrukturen, Wolkenbilder und Surrealistisches lassen dagegen innere eigene Bilder entstehen.

Man könnte sich auch auf bewusste Irritationen verständigen, auf einen Tag oder eine Woche der Irritationen zur Vorbereitung für ein Ideen anregendes Klima.

Eine Woche der Irritationen in der Kita

Natürlich sind die größeren Kinder an der Vorbereitung beteiligt, die Kindertagesstätte mit Irritationen auszustatten. Es wird mit Verfremdungen gearbeitet, mit Gegensätzlichkeiten, mit kleinen Abweichungen vom Normalen oder mit Dingen, die da nicht hinpassen. (Gemeint ist nichts Moralisierendes!)

Zum Beispiel: Kindergesichter schauen nicht aus dem Fenster, sondern von außen rein. Eine Pappmascheefigur läuft an der Decke (ähnlich einer Szene aus dem Film: »Der Laden«), Weltfragen der Kinder, auf Glückspapier aus dem Asienladen geschrieben, tapezieren eine Tür, den Eingangsbereich o. Ä . Aus einem alten Polsterstuhl, Strohhut oder altem Wollkleid wächst frische Kresse.

Ein langer Besenstil mit Blechlampen, runden Kuchenformen und einem alten Kreissägeblatt erweist sich als wohlklingender Glockenturm. Farbige Glasreste aus dem Tiffanyhandel hängen mit dünnem Draht umwickelt an einer Felge im einfallenden Licht und klingen im Luftzug. Im Garten hängt an einem Nadelbaum ein Laubblatt oder anderes wird ausgetauscht. Im Buddelkasten blüht die Sandwüste durch einen eingegrabenen Blumentopf. Oder ... oder ... oder ...

Der Ideenkreislauf über die Kinder

Die Lernwerkstatt von Unten entwickelte sich durch den Rückfluss an Erfahrungen aus den Kindertagesstätten mehr und mehr zu einer Ideenwerkstatt. Die Erzieherinnen haben zu einem Ideenkreislauf über die noch unverfälschte Kraft der Kinder gefunden. Immer wenn wir einen neuen Posten an Recyclingmaterialien für unsere Materialbörse erhalten hatten und uns selbst nichts dazu einfiel, schlug eine Erzieherin mit der Vorschulgruppe vor ihnen davon etwas mitzubringen. Ihnen würde bestimmt etwas einfallen! Und tatsächlich verblüfften sie uns mit ihren ganz anders gearteten Gedankengängen und Vorgehensweisen. Der Weg ihrer Überlegungen wurde von der Erzieherin aufgeschrieben, kopiert und zusammen mit der realisierten Idee in der Lernwerkstatt ausgestellt – auf ausdrücklichen Wunsch der Kinder übrigens. Sie waren gefragt, ihre Ideen willkommen und sie nahmen großen Anteil an allem, was ihre Erzieherin in der Lernwerkstatt macht.

Mehr noch als die Idee selbst, wurde so der Kreislauf über die Kinder zu einer Idee der methodischen Vorgehensweise. Sie brachte uns im Laufe einiger Wochen mehrere unterschiedliche Herangehensweisen, die uns viel über die Kinder verrieten, ohne dass wir anderen sie kannten. Diese Kooperationsform ließ eine eigenständige »Kinderkultur« erkennen, eine nicht gekannte Bedürfnisstruktur, und ein partnerschaftlicheres Verhältnis spielte sich ein, das sie in einem anderen Licht erscheinen ließ. Und es war ein Kreislauf, der uns noch Basis gerechter machte.

Auch zur 14-tägigen Lernwerkstatt-Arbeitsgemeinschaft hatten wir das unschätzbare Glück, dass – solange die Lernwerkstatt existierte – regelmäßig bis zu drei Jungen aus der Nachbarschaft einfach dazukamen und wir sie wie Mitglieder behandelten. Wir ertappten uns oft dabei, wie wir zu ihnen hinschielten um zu sehen, was sie machen und wie sie vorgehen. Sebastian, 10 Jahre alt, saß am liebsten an der Staffelei und zeichnete mit Lineal plastische Schriftzeichen, *Tags* genannt, die er sorgfältig ausmalte. Sie waren im Ostteil noch ungewohnt und riefen als »Schmierereien« auch unter Erzieherinnen große

Stürme der Entrüstung hervor. In der Lernwerkstatt änderte sich die Einstellung, als sie selbst der Faszination der Sprühdosen an renovierungswürdigen Wänden und braunen Lacktüren erliegen konnten. Der Abriss des Hauses war ohnehin vorgesehen. Die Tags in Plakatgröße von Sebastian wurden neben die Seidenmalereien der Erzieherinnen gehängt und kündeten demonstrativ vom anderen Interesse eines Heranwachsenden.

Martin, ebenfalls 10 Jahre alt, drängelte uns, mehr wissenschaftlich arbeiten zu wollen und brachte uns in Bedrängnis. Noch hatten die Techniken, wie Drucken, Marmorieren, Seidenmalerei und Trockengestecke bei den Erzieherinnen Hochkonjunktur und wir konnten uns zwar dabei jeweils auf einen experimentellen Weg einigen, aber wie wir zum wissenschaftlichen und entdeckenden Arbeiten finden sollten, war noch niemand so richtig klar. Martin sorgte dafür, dass sich die Gruppe in Gedanken dafür immerhin öffnete. Die Holzwerkstatt ließen die beiden links liegen, dafür saßen sie mit uns begeistert vor den Filmabschnitten, »Baby it's you«, einer wissenschaftlichen filmischen Beobachtung der Entwicklung von Kleinkindern in verschiedenen Familien. Der Grund dafür war, dass eine Erzieherin zum ersten Mal das Alter ein bis zwei Jahre übernehmen sollte und wir uns durch mehrere schwangere Erzieherinnen zur Beschäftigung mit einer Krabbelstube als Teil der Lernwerkstatt veranlasst sahen. Aus dem Film wollten wir auch Ideen für die Raumgestaltung gewinnen. Das ernsthafte Interesse der Zehnjährigen an diesem Thema und ihr Einsatz für die Krabbelstube überraschten uns sehr.

Diese Erfahrungen flossen in die Weiterbildungskurse mit Horterzieherinnen ein, von denen daraufhin einige in ihrer Einrichtung engeren Kontakt zur Krippe suchten und sich die Filmbeiträge für die Hortarbeit ausliehen. Sie bestätigten das große Interesse der Schulkinder an der Lernentwicklung der Menschen. Die Beiträge zeigen im Übrigen sehr verständlich das Wahrnehmen und gezielte forschende und entdeckende Lernen bei Babys von Geburt an und sind sehr zu empfehlen.[13]

Die Lernwerkstatt fungierte also sowohl als Ideenbörse als auch als Ideenwerkstatt. Wir versuchten beim Börsencharakter aber den Weg bis zur Idee mit transparent zu machen und die Urheberinnen mit zu kennzeichnen. Wir wollten vermeiden, dass die »Ergebnisse« nur kopiert werden, ohne dass die Wege der Gedankenarbeit bis dahin wenigstens exemplarisch mit berücksichtigt werden.

Die Erfahrungen mit den Fragen

Offene Regale und sichtbare Materialien erleichtern selbstständiges und offenes Arbeiten nicht nur in einer Lernwerkstatt

Als wir bei einem überbezirklichen Treffen der Lernwerkstatt-Arbeitsgemeinschaft in Berlin zum Komplex Lernwerkstatt Fragen auf Kärtchen einsammelten um an und mit ihnen weiter zu arbeiten, fiel uns auf, dass sich diese nur schlecht ordnen ließen. Wir hatten keine Kriterien vorgegeben und selbst nur die Punkte im Kopf, die uns auch bei der Definition von Lernwerkstätten beschäftigt hatten, also Organisatorisches, Räumlichkeiten, Betreuung, Leitung usw.

Die Fragen entpuppten sich oft als nicht echte Fragen. Sie enthielten teilweise die Antworten oder ließen nur ein »*Ja*« oder »*Nein*« zu. Manche blockten den Versuch nachzudenken förmlich ab, andere motivierten ihnen nachzugehen. Beim handelnden Umgang mit dem Rohstoff »Fragen« erkannten wir plötzlich, dass Fragen und Fragen nicht dasselbe sind. Sie sind unter die Lupe zu nehmen.

Die Frage nach den Fragen zu stellen, war m. E. der nächste Schritt um im Sinne des entdeckenden Lernens weiter voranzukommen, aber nicht allen in der Arbeitsgruppe stand der Sinn danach. Zu Hause forschte ich in meinen Studienunterlagen und in meinem Gedächtnis. Der Lehrerunterricht *lebt* doch von Fragestellungen! Konnte es sein, dass dieser Bereich nicht tief schürfend genug Berücksichtigung gefunden hatte oder bisher nur oberflächlich in mein Bewusstsein gelangt war? Habe ich mich nicht immer über Fragestellungen an unbekannte Themen herangemacht? Waren nicht meine Unterrichtsversuche im Referendariat von Fragen geleitet gewesen um ein »lehrerunabhängiges« Lernen zu fördern? Bin ich also bisher intuitiv vorgegangen, ohne genaue Kenntnisse ihrer Struktur zu haben? Egal, was war – ich habe dies eben *jetzt* erfahren und alle anderen Überlegungen verhinderten nur ein Weiterkommen.

Ich begann mich für den Charakter von Fragen zu interessieren. Ich fragte und nervte andere, untersuchte beiläufig den Umgang meiner Umwelt, besonders der Medien und den von Kolleginnen, mit Fragen – kurzum meine ganze Wahrnehmung konzentrierte sich im Alltag für eine Zeit lang auf dieses Thema und beflügelte mich. Wie viele Hintergründe und Zusammenhänge tun sich auf, wenn man sich näher damit befasst! Es ist ein Thema, dem man sich zusammen mit anderen ganz harmlos, aber bewusst, nähert und nach und nach in tiefere Schichten vordringt und Verzweigungen freilegt. Aber bevor man zu Höhenflügen ansetzt, muss man sich erst der Gewichte bewusst werden, die einen hindern abzuheben.

Die Schwierigkeit Fragen zu eröffnen

Als Kunstpädagogin im Team für Kita-Beratung brachte ich als Neuling aus den Kindertagesstätten häufig Fragen der grundsätzlichen Art ins Team zurück. Mich in meinem Orientierungsdefizit über andere zu beklagen, lag mir nicht, so dass ich ein großes Fragezeichen in den Raum setzen wollte: »*Ich frage mich, ...!*« – viel weiter kam ich nicht, denn da waren so erfahrene Beraterinnen, die sofort mit Ratschlägen antworteten, beruhigen und besänftigen wollten. Noch bevor Fragen geöffnet werden konnten, waren sie bereits geschlossen. Das bemerkte ich fortan in vielen Situationen auch andernorts. Offene Fragestellungen erhalten selten einen Raum und dadurch auch keine Möglichkeit, über gemeinsame Fragen zu selbstständigen und individuellen Antworten zu kommen. Seit mir das bewusst wurde, beobachte ich viel genauer – bei mir ebenso wie bei anderen – wann Fragen zugelassen, gewollt, als unbequem, hinderlich oder gar als Vorwurf oder Kritik verstanden werden. Und ich frage mich, ob ich selbst frei bin von Fragen, die die Teilnehmerinnen in den Weiterbildungen eher verschließen als sie für das Thema aufzuschließen? Was bewirken Fragen noch? Welche Reaktionen können sie auslösen? Zur Kernfrage meiner Überlegungen wurde fortan diese: »*Lässt sich über Fragen selbstständige Erkenntnisfähigkeit bewirken?*«

Doch die Kunst des Fragens erweist sich als komplex und schwer zu erlernen. Wie viel schwingt bei einer Frage mit: der Tonfall, die Körpersprache, das Verhältnis zum anderen Menschen, das Menschenbild im weitesten Sinne, auch und gerade das Bild von sich selbst, die Prägungen aus der Kindheit und vieles mehr! Zum Glück bedeutet aber *am Lernen Werken* u. a. auch: in Kooperation und in Wechselwirkung miteinander zu lernen, sodass der Anspruch, diese Kunst bereits beherrschen zu müssen, sich erübrigt. Und wie ließe sich mit Fragen besser umgehen lernen als mit dem Konzept Lernwerkstatt selbst?

Fragen nach den Fragen

Solange Erzieherinnen sich fragen, fragen auch die Kinder. Solange die Prozessbegleiterinnen sich fragen, lernen auch die Teilnehmerinnen wieder, bewusster mit Fragen umzugehen; merken, wie hilfreich, provokativ, irritierend oder schmerzlich es sein kann, zu schnell eine Antwort zu bekommen. Ist das so herum für Sie denkbar?
Wenn ja, könnte das zu einer interessanten Untersuchung einer Gruppe führen, die gemeinsam – sich selbst einschließend – Beobachtungen sammelt unter dem Gesichtspunkt: *Fragen zulassen – Fragen abblocken* oder: *Was Fragen bewirken*. Dabei wird auffallen, dass nicht nur im pädagogischen, son-

dern in vielen anderen gesellschaftlichen Bereichen, ebenso wie in Gesprächen mit Freunden oder privat, offene Fragestellungen keinen angesehe-
nen Stellenwert haben. Die Notwendigkeit offener Fragen wird jedoch als Voraussetzung für Innovationen gesehen!

Wir brauchen »*mehr Fragen und nicht so viele Antworten, deren Übermaß so
sicher das Lernen und eben die Erneuerung verhindert wie kaum etwas anderes.*« Reinhard KAHL, Bildungsjournalist, ist nicht der Einzige, der das in Ko-
lumnen und Fernsehproduktionen betont.[14] Besonders schwer wiegt, meine
ich, dass pädagogische Bereiche sich am wenigsten bislang – außer mit Appellen – mit dieser Problematik auseinander setzen. In einer Lernwerkstatt ist
dies unerlässlich. Fragen sind in einer Lernwerkstatt das wichtigste Werkzeug!
Eine Bedienungsanleitung (vermitteltes Wissen) reicht dafür nicht aus. Erfahrungen müssen her. Aber noch fehlt der Schlüssel um das »Handwerkszeug
Fragen« kennen zu lernen.

Der Schlüssel zu den Fragetypen

Er lag und liegt für mich in zwei entscheidenden Papieren, die sich in der Phase der intensiven Suche über das Netzwerk der überbezirklichen Arbeitsgruppe eingefunden haben. Bärbel BRAUNAGEL von der Lernwerkstatt der Öko-Kindertagesstätte, die den Kontakt zur Technischen Universität hielt, brachte von dort den Artikel von Jos ELSTGEEST mit: »Die richtige Frage zur richtigen Zeit« – gerade zur richtigen Zeit!

Dieses fast sieben Seiten umfassende Papier ist mittlerweile in vielen Publikationen der Lernwerkstatt an der Technischen Universität unter der Federführung von Karin ERNST veröffentlicht worden, sodass hier einige Zitate daraus und eine Quellenangabe im Anhang genügen mögen.[15] Es handelt sich um einen Aufsatz, der mit vielen Beispielen aus dem Biologieunterricht arbeitet, so dass bezüglich seiner Übertragbarkeit in den Kindertagesstättenbereich einige Erzieherinnen und ich uns noch kein genaues Bild davon machen konnten. Konkrete Beispiele aus dem vorschulischen Bereich wären angebracht um Vorstellungen von prozessbegleitendem Arbeiten mittels Fragen sich leichter entwickeln zu lassen.

Das Zweite – ein fünfstufiges Thesenpapier zu Fragetypen – brachte Gudrun HILSCHENZ aus der ältesten Lernwerkstatt, dem Workshop-Center aus New York mit. Sie hatte dort in einem vierwöchigen Crashkurs zusammen mit Lehrerstudenten intensiv das entdeckende Lernen an sich erfahren können.

Fragetypen, die helfen, Lernprozesse zu eröffnen

... und weiter zu vertiefen, brachten mir genau den Schlüssel, den ich brauchte: die Ordnung durch unterschiedliche Fragetypen, die im stufenweisen Aufbau noch eine weitere Ordnung erfahren. Das sich fragende Chaos im Kopf erfuhr eine theoretische Klärung. Aber eben nur theoretisch!

Lässt sich damit in der Praxis arbeiten? Wie gestaltet sich der Umgang damit? Es mag absurd erscheinen, aber ich legte das Papier erst einmal beruhigt zur Seite. Ich hatte ja, was ich suchte, und auf die Theorie greife ich mit der Freiheit eines zehnjährigen Abstands zum Pädagogik- und Didaktikstudium inzwischen erst nach genügend eigenen praktischen Erfahrungen zurück. Es stammt aus dem universitären Bereich, die Ausführungen sind abstrakt verfasst und es lässt sich mit den angegebenen Beispielen nicht in den Alltag von Kindertagesstätten einbringen.

Wie immer, gehe ich kritisch damit um und hinterfrage das Ganze: Werden Lernprozesse im Allgemeinen immer über Fragen eröffnet und begleitet? Und sind die Stufen in exakt dieser Reihenfolge einzuhalten?

1. Stufe: Das Präkonzept. Beispiel: Woran erinnert mich das Projekt?
2. Stufe: Fragen zu Formen, Oberflächenstrukturen, Maßen, Anzahl, Material, Gewicht,
3. Stufe: Vergleichsfragen,
4. Stufe: Handlungsfragen,
5. Stufe: problemaufwerfende Fragen.

Fragen – das wichtigste Werkzeug in einer Lernwerkstatt

Ich nehme mir aus dem Thesenpapier die dritte Stufe einmal heraus: Die *Vergleichsfragen* (Ähnlichkeiten und Unterschiede).

Sie sind mir vertraut. Seit ich am Anfang meines Studiums im Didaktikum die Unterrichtseinheit »Der Supermarkt« durchgeführt habe und viele SchülerInnen zu der Erkenntnis gelangt waren, sie würden dort nie wieder einkaufen gehen (wegen der heimlichen Verführungen durch die leise Musik als auch durch den Standort von Süßigkeiten an der Kasse), wurde ich von dem beobachtenden Didaktik-Professor behutsam darauf hingewiesen, dass zu viel Manipulation im Spiel gewesen war. Das hieß, die SchülerInnen hatten zu wenig Vergleichsmöglichkeiten und eigene Erkenntniswege zur Verfügung. Seit diesem Schlüsselerlebnis hat sich meine Aufmerksamkeit besonders darauf gerichtet, ausreichende und sich kontrastierende Vergleichsmöglichkeiten zur Verfügung zu stellen, um ein selbstständiges Erkennen zu fördern.

Vergleichsfragen in Kindertagesstätten als Möglichkeit der Versachlichung des Lernens

Schauen wir mal zum Vergleich in Kindertagesstätten! Finden sich hier genügend Möglichkeiten um Ähnlichkeiten und Unterschiede selbstständig erkennen zu können? Je offener die Kita- und Hortarbeit sich gestaltet, desto mehr (zufällige) Vergleiche scheinen den Kindern möglich. Aber werden sie bewusst so organisiert, dass Kinder ihnen spielend und handelnd begegnen können? Ist es ausreichend im Bewusstsein des pädagogischen Personals, dass sich selbstständiges Lernen im Wesentlichen in Vergleichen vollzieht und Kinder sich von Natur aus diese heranziehen?

Beispiel 1: In einer Elternkindertagesstätte werden Puppen angeschafft: Sie ähneln sich bis ins Detail und stammen alle aus demselben Großhandel. Unnötig zu sagen, dass alle blond sind. Fragen nach den Ähnlichkeiten und Unterschieden konnten sich von daher den Kindern gar nicht erst stellen. Eine schwarze Puppe habe ich in Kindertagesstätten beispielsweise noch nie entdeckt. Mein Sohn, selbst blond, hatte einen schwarzen Teddybär und bekam

Zwei Eicheln verschiedener Baumarten im Vergleich

mit zwei Jahren eine schwarze Puppe. Als er kurz darauf zum ersten Mal einem Schwarzafrikaner begegnete, fachsimpelte er mit ihm über dessen Hautfarbe und wie sie zu Stande gekommen ist. Und natürlich hatte er ihm zur Verständigung gleich seine schwarzen Spielgenossen vorgestellt. Kontakt- und Sprachschwierigkeiten mit ihm stellten sich erst gar nicht ein. Er hatte – über seine Puppen – bereits »gelernt«, dass es Menschen verschiedener Hautfarbe gibt.

Beispiel 2: Es ist kurz vor Ostern und die Jahreszeit wird für Samen und Wachsenlassen im Gruppenraum genutzt. Der Kressesamen wird auf feuchter Watte in einem flachen Körbchen ausgestreut. Zwei Fliegen mit einer Klappe sollen geschlagen werden: Osterschmuck für den Raum und Beobachten des Wachsens von Kressesamen. Das letztere Ziel deutet bereits in Richtung beobachten und Veränderungen feststellen. Für ein einfaches Forschen fehlt noch eine zweite Vergleichsmöglichkeit, ein anderer Samen von anderer Größe beispielsweise. Es könnten auch mehrere unterschiedliche Samen im Herbst gesammelt und ausgestellt werden. Daran lassen sich ausgiebig Eigenschaften in Bezug auf Größe, Form, Farbe, Struktur usw. feststellen. Zwei gleiche Samen können nebeneinander zum Keimen gebracht werden. Für ältere Kinder können es mehrere Arten sein. Kressesamen + Sonnenblumenkern oder Eichel + Kastanie o. ä. Ein kleines Wachstumslabor ließe sich aufstellen, an dem die Kinder immer zwischendurch mit der Lupe Beobachtungen machen können.

Beispiel 3: Eine neue Kindertagesstätte wird eröffnet und dazu spendiert das Naturschutz- und Grünflächenamt dutzende von Alpenveilchenstöckchen in kräftigem Rot und künstlichem Violett. Sie stehen verteilt auf den Tischen, auf den Fensterbrettern, auf den Fußböden, auf Badezimmersimsen. Sie müssen einer bestimmten EG-Norm entsprechen, denn sie blühen gleich stark und überhaupt – sind sie makellos! So sind sie zwar schön, aber angesichts der enormen Stellfläche, die sie beanspruchen, bieten sie keine Lernanreize, keine Beobachtungsmöglichkeiten und keine Chance beim Gießen evtl. auf etwas Aufregendes stoßen zu können.

Beispiel 4: Eine Kindertagesstätte mit kleiner Altersmischung verfügt über einen großen Bauraum mit ganz verschiedenartigen Baumaterialien. In anderen Räumen mit Bauecken findet sich jeweils eine weitere Materialsorte zum Bauen. Insgesamt finden Kinder dieser Tagesstätte vom Lego über kleine Steinbausteine, Backsteine, große, wuchtige Holzklötzer, runde, stapelfähige Papprollen etc. alles um Erfahrungen über Materialien, Bautechnik, Statik, Verbindungen usw. in seiner Ähnlichkeit wie Unterschiedlichkeit zu gewinnen.

Beispiel 5: Eine Kindertagesstätte hat einen ehemaligen Gruppenraum zu einer Lernwerkstatt umfunktioniert. Das offene Regal bietet frei zugänglich verschiedene Grundarten von Papier, Kartons, Pappe; Bindfaden, Schnur, Bändern, Naturmaterialien, Metall, Draht und mehr. An anderer Stelle befinden sich Holzarten in unterschiedlicher Größe und Form; Werkzeuge – große, kleine, alte, neue, Nägel und Schrauben in unterschiedlichen Größen und für unterschiedliche Belange usw.

Diese Beispiele mögen dazu anregen zu überprüfen, ob die Chancen für ein Vergleichslernen ausreichend genutzt werden: zu Hause, im Garten, in den Räumen der Kindertagesstätte, am Material, am pädagogischen Stil, in der Gesprächsform. Gehen Sie durch die Räume und kennzeichnen die Stellen, wo ohne viel Aufwand Vergleichserweiterungen möglich sind!

Warum sind sie so wichtig? Vergleichende Fragen sollen zu genauerem Beobachten und zu einem bewussteren Umgang damit führen. Durch sie werden die Gegenstände, die Materialien, die Abbildungen, die Objekte oder konkrete Situationen mit anderen ihrer Art in Beziehung gesetzt und ein übergeordnetes Prinzip bzw. eine Funktion lässt sich erfassen.

Was haben die Bausteine gemeinsam?

Worin ähneln sich die Samen?

Was unterscheidet sie?

Die Eigenschaften, an denen Vergleiche und Unterschiede festgemacht werden können, sind z. B.: Größe, Form, Farbe, Oberflächenstruktur, Gewicht, Materialbeschaffenheit, Qualität, Stabilität, Keimfähigkeit, Konsistenz etc. Es sind Eigenschaften, die zu einer Klassifizierung und damit zu einer Ordnung im Denken führen und die die Suche nach weiteren Fragen ermöglichen. Der kleinste gemeinsame Nenner zwischen ähnlichen Dingen lässt das Wesentliche in ihnen erkennen. Ob ein winziger Kressesamen oder eine Kastanie: beide sind mit allem ausgestattet, was ihnen ermöglicht eine neue Pflanze zu entwickeln.

So können ursächliche Erfahrungen und die Grundfähigkeit der Analyse durch Vergleiche eingeleitet werden, ohne dass sie zur Sprache gebracht werden müssen – schon gar nicht durch Wissensfragen.

Der Vorteil der Vergleichsfragen liegt auch in der Sachlichkeit des Lernens. Vergleiche klären aus sich heraus. Sie bedürfen keiner allgemein gültigen Bewertung. Bemerkungen von Seiten der Pädagogen werden unnötig. Sachliche Feststellungen (Eigenschaften) werden aber oft mit Bewertungen verwechselt: schön, besser, falsch, richtig, unordentlich, ordentlicher, schlecht, hässlich, sauberer, toll, super und dgl. mehr.

Sie sind sehr verbreitet und ungebührlich hohe Emotionen und geschmackliche Prägungen haften an den »schönen« Ergebnissen, den Einzelarbeiten der Kinder, den Raum und die Fenster ausgestaltenden Dekorationen. Sie unterscheiden sich von den Vergleichsmöglichkeiten und behindern den Weg, der über Erkunden an Ähnlichkeiten und Unterschiede heranführen will. In den Lernwerkstatt-Weiterbildungen machen wir uns unsere eigene unbewusste Art der Bewertung, die wir (fast) alle mit uns herumtragen, nebenbei bewusst. Und wir stellen fest, dass wir erst dann merken, wie stark wir von Auf- und Abwertungen geprägt sind, sobald wir auf sie achten.

Ganz konkret bedeutet das, dass wir jedes Adjektiv, das wir in diesem Zusammenhang verwenden, auf seine bewertende Aussage hin überprüfen und uns gegenseitig korrigieren.

Sachorientiertes Lernen anstatt personenorientiertes Lernen

Es gibt methodische Organisationsformen, die bewertende Vergleiche geradezu herausfordern. Kinder einer Gruppe bekommen beispielsweise je ein Blumentöpfchen und ein oder mehrere Samenkörner. Sie sind dann für die Pflege ihres Töpfchens verantwortlich und diese werden zur besseren Identifizierung mit dem Namen des Kindes beschriftet. Was unterscheidet diese Vorgehensweise von einer Mini-Forschungsstation? Beim ersten Weg kann das Misslingen eines Keimvorgangs dem Kind persönlich angelastet werden mit Hinweisen wie: »*Seht mal, das von Melanie wächst viel kräftiger, deines sieht so traurig aus, hast du es zu wenig gegossen?*« – »*Das von Mirko ist am größten, was ist denn mit dem von Meike los, da ist ja gar nichts zu sehen?*«

Nicht jedes Samenkorn ist aber von Natur aus keimfähig, eine Tatsache, die in einen neutralen Sachzusammenhang gestellt, herausgefunden werden kann ohne sie an Personen und ihre besonderen »pflegerischen« Fähigkeiten zu knüpfen.

Bei einem Gartenprojekt ging es mir um verschiedene Bodenmaterialien, Gesteinsarten, Holzarten, verschiedene Rank- und Kletterpflanzen, verschiedene Klang- und Windspiele usw. Die Kinder konnten dem ungewöhnlichen Weg schnell folgen und wir führten während der Gartengestaltung nebenbei viele

Gespräche darüber. Einige Erwachsene zogen jedoch die Schönheit vor und bepflanzten ordentlich im Zickzack die freien Versuchsflächen mit Tagetes.

In der Lernwerkstatt im Bezirk Treptow wollten einige Erzieherinnen eines ESF-Kurses in der Pause die zum Vergleich ausliegenden unterschiedlichen Samen in Töpfchen mit Erde geben. *»Ihr könnt sie evtl. beschriften«*, sagte ich und dachte daran, wie schwer die Keimlinge in den ersten Tagen zu erkennen sein werden. Ich musste lachen, als ich später die Namen der Erzieherinnen auf den Blumentöpfen fand! Dieses Erlebnis brachte uns einen willkommenen Anlass über die in uns stark verwurzelten Gewohnheiten zu sprechen, die wir selten konstruktiv hinterfragen.

Kinder holen sich selbstständig Vergleichsmöglichkeiten hinzu

Wem der Weg des Sich-selbst-Beobachtens und -Befragens zu ungewohnt ist, kann stattdessen die Kinder diesbezüglich beobachten um herauszufinden, ob und wann sie sich selbstständig, ohne die Einflussnahme von Erwachsenen, Vergleichsmöglichkeiten heranziehen und von welcher möglichen Fragestellung im Kopf sie u. U. dazu veranlasst werden.

Ich erinnere mich an das Beispiel eines zweijährigen Mädchens, das aus einem Korb mit verschiedenen Klangobjekten ein Filmdöschen griff und schüttelte. Das Geräusch musste ihr vertraut gewesen sein, denn es lief daraufhin zielstrebig in einen anderen Raum und kam strahlend mit einem Salzstreuer zurück. Eine neue Entdeckung, ein erstes Austesten, eine Erinnerung an eine frühere Erfahrung führten dazu den betreffenden Gegenstand aus einem anderen Bereich dazuzuholen und ihn den anderen Kindern und der Erzieherin zu zeigen, ihn quasi als Vergleich anzubieten. *»Seht her, da kenne ich so etwas Ähnliches«*, schienen ihre Augen zu sagen, die wir dank einer Videoaufzeichnung öfter sehen konnten.

Wohlgemerkt – es war nicht dasselbe Spielzeug, nicht irgendein identischer Gegenstand zum Sehen und Anfassen, nein – es war die Ähnlichkeit eines sehr zarten Geräuschs, das sie veranlasste, das entsprechende Objekt, welches sie bereits kannte, mit dem neu entdecktem in Beziehung zu bringen. Ein bewusster Klangvergleich eines zweijährigen Kindes, das bisher gewohnt war, bestimmte Erfahrungen nur über die Vermittlungschiene der Erzieherin machen zu können! Ein Erlebnis, das uns überraschte und erschrocken machte, denn wir konnten uns – statt der Anerkennung wie in diesem Fall – eine entgegengesetzte Reaktion ausmalen.

Ebenso zeigt die Geschichte der dreijährigen Viviane auf der Suche nach dem Regenbogen, wie sie sich bewusst Vergleichsformen sucht, sich Fragen stellt und so am Lernen werkelt.[16]

Vergleiche und Gleichnisse

Ist diese Fähigkeit bei Erwachsenen verloren gegangen? Glauben wir nicht bzw. machen uns die Schule und andere pädagogische Institutionen nicht glauben, der eindimensionale Weg, der vom Pädagogen angebotene, sei der kürzere, der richtigere, der schnellere?

Andererseits – zeigen nicht die Gleichnisse aus dem Alten Testament und der klassischen Weltliteratur, wie stark alte Kulturen von Vergleichen geprägt sind, durch die sie Erfahrungen, Kenntnisse und Weltwissen weitergeben? Warum ist diese Kunst der Vermittlung in der Pädagogik abhanden gekommen? Können bereits einfache Vergleichsformen der Beginn sein den Bogen hin zur Kunstform der Gleichnisse zu spannen?

Vergleichsfragen – der Beginn eines Werkens am Lernen?

Die Erfahrungen aus den Kursen und den Lernwerkstatt-Gruppen ließen oft erkennen, dass durch bewusst gesetzte Vergleichsformen – die aber durchaus unbewusst wahrgenommen werden dürfen – viel bewirkt wird. Sie können neugierig machen und Fragen entzünden. Einige Ecken oder einige Situationen, auch innerhalb von Gesprächen beispielsweise, können versuchsweise verstärkt Vergleichsmöglichkeiten anbieten, die gleichberechtigt und neutral nebeneinander stehen bleiben.

Eine runde Sache

Auf runden Tabletts oder in Dosendeckeln kann z. B. das als Ausstellung organisiert werden, was man als eine *runde Sache* bezeichnen könnte, nämlich Materialien, die eine Verwandlung erfahren haben:
- eine Baumscheibe – ein Holzteller,
- ein Stück Holz unbearbeitet – bearbeitet in Form eines Holzspielzeugs,
- Wachs – Kerze,
- Ton – Keramik,
- ein Brocken Speckstein – ein bearbeitetes glattes Stück,
- Kokoswolle – Kokoserde,
- Samen der Feuerbohne – eine Abbildung des Keims,
- Schurwolle – Pullover,
- farbige Erde – Farbspur auf Papier,
- ein Stück Korkeiche – Korken
- und natürlich – eine Abbildung einer Kuh und eine Milchtüte
- und dergleichen mehr.

Ebenfalls lassen sich Abbildungen nebeneinander in Beziehung setzen, die das Vorher – Nachher zeigen:

- der Raum in der Kindertagesstätte vor und nach der Umgestaltung,
- das Gartenbeet im Frühling und im Sommer,
- ein älteres Babyfoto eines Kindes neben dem neuesten,
- ein Kind mit Sommer- und mit Winterbekleidung,
- der Materialtisch vor der »Schlacht« und nachher,.
- ein gedeckter Tisch – ein »abgegessener« Tisch,
- die Bauecke vor dem Spielen – und in ihrer ganzen Pracht
- und dergleichen mehr.

Alter, Wachstum, Prozesse, Entwicklungen, Verwandlungen, Alltagssituationen usw. können so herausgestellt werden, ohne dass diese einer Erklärung bedürfen. Man kann daraus ein Fest gestalten oder eine kleine Ausstellung zum Aspekt vorher – nachher.

Will man zum Tun anregen, so kann man fragen: wie lang, wie viel, wie oft, ist es länger, schwerer, größer, heller etc.?

Sie sollen aber nicht zum Abfragen von Kenntnissen führen!

Das nächste Werkzeug – die Handlungsfragen

Jos ELSTGEEST bezeichnet sie als die »Was-geschieht-wenn-Fragen«. Sie haben immer ein einfaches Experimentieren zur Folge und liefern immer ein irgendwie geartetes Ergebnis. Er bezieht sich dabei auf den Beginn eines Vorhabens aus dem Sachunterricht, damit Fragen aufgeworfen werden, zum Raten animiert, zum Handeln, Probieren und Beobachten motiviert wird und weitere Erfahrungen gesammelt werden können, sowohl in fachlicher als auch in methodischer Hinsicht. Kinder würden anfangs nur raten, aber bei häufigerer Anwendung der *Was-geschieht-wenn-Fragen* eine Fähigkeit für Vorhersagen ausbilden, die eine Voraussetzung ist für die Fähigkeit mit realen – oder besser gesagt, komplizierteren – problemlösenden Fragen fertig zu werden. Er bringt Beispiele, die im Vorschulalter genauso tauglich sind, z. B.: »*Was geschieht, wenn du einen Ableger oder Zweig ins Wasser stellst?*« Und dazu den entgegengesetzten Vergleich: »*Was geschieht, wenn du deinen Zweig mit der Spitze nach unten hineinstellst?*«

Wenden wir diesen Fragetyp auf das vorher genannte Samenlabor an, könnten die Fragen so lauten: »*Was geschieht, wenn der Kressesamen auf feuchte Watte gestreut wird oder auf Erde?*« – »..., *wenn er im Dunkeln keimt oder im Hellen, im warmen Zimmer oder in der Kälte?*« Die Kombinationen sind variabel und je nach den Vorerfahrungen der Kinder zu reduzieren bzw. zu erweitern. Alle Fragen zielen jedoch auf die Erkenntnisse hin, die die Kinder dabei gewinnen sollen, nicht auf beliebiges Vorgehen: Samen benötigen (im Allgemeinen mehr oder weniger) Feuchtigkeit, Licht, Luft und Wärme. Das Mehr oder Weniger kann für weitere Differenzierungen zunehmende Bedeutung gewinnen. Samen z. B. sind Dunkelkeimer oder Lichtkeimer. Es geht um mehr oder weniger Licht, direktes oder indirektes. Durch die *Was-geschieht-wenn-Fragen* werden die Vergleichsformen am besten gemeinsam mit den Kindern organisiert und hergestellt, sodass erkennbar wird, was und wie viel sie wirklich interessiert. Ein ideales Feld für altersgemischte Gruppen!

Was wäre, wenn...

ist ein Fragetyp, den Gianni RODARI ins Spiel bringt bei der Kunst, Geschichten zu erfinden. Die Handlungen spielen sich bei dieser Version allein in den Gedanken ab. Er nennt sie die *»fantastische Hypothesenbildung«*. Seine »Grammatik der Phantasie«[18] ist übrigens eine Fundgrube für eine Geschichten-Erfinder-Lernwerkstatt.

Die eruptive Kraft der Handlungsfragen

Die Kinder selbst werden anfangs womöglich auf ganz andere *Was-geschieht-wenn-Fragen* kommen, die uns unsinnig erscheinen mögen. Sie verbinden Experimente mit ihren Spielen, ziehen ganz abstruse Materialien oder Extremsituationen hinzu. Jeder, der mit Kindern zusammenlebt oder -arbeitet, kennt deren gelegentliche beängstigende Überlegungen oder man erinnert sich an eigene von früher:

»Was geschieht, wenn ich den Wurm in der Mitte durchschneide?« – »Was geschieht, wenn ich mich ganz weit aus dem Fenster lehne, fliege ich dann auch wie der Elefant in dem Bilderbuch?« Erzieherinnen erkennen in der Regel sofort, dass mit diesem Fragetypus Gefahr im Anzug und die höchste Alarmstufe für verbale Abwehr nötig ist: Kinder könnten sich ja auch fragen, was geschieht, wenn sie mit geschlossenen Augen über die Straße laufen? Solche oder ähnliche Fragen werden gern als Beispiele angeführt um auf die Gefährlichkeit dieser Formulierung hinzuweisen. Aber warum fallen uns immer Beispiele aus dem Straßenverkehr ein um dagegen zu argumentieren? Die Bereiche mit festen Regeln werden nach meiner Meinung von Kindern leichter akzeptiert, wenn sie genügend andere regelfreie Versuchsmöglichkeiten haben, und ich gehe davon aus, dass der Spielraum für unbedenkliche Handlungsfragen in keiner Institution bereits voll ausgeschöpft ist!

Die Fragestellungen selbst könnten uns helfen herauszufinden, ob die *Was-geschieht-wenn-Fragen* zu qualitativ anderen Antworten führen oder ob die

Versuchsvorschläge einer Laune entspringen und zu einem Sammelsurium an beliebigen Versuchen führen, die weder zu überschauen noch gedanklich verwertbar sind. Wieweit ver-rückten und sinn-losen Vorschlägen Raum gegeben wird, werden Erzieherinnen besser einschätzen können, wenn sie sich an und mit Handlungsfragen in einer Lernwerkstatt oder einem entsprechenden Workshop selbst erproben konnten und den Spaß und die Dynamik erlebten, die sie zu aberwitzigen Versuchen entführten.

Es zeigt sich immer wieder eine Kraft, die sowohl Unsinniges, Unlogisches, Verworrenes, Verknotetes, Utopisches, Visionäres, Philosophisches, Vernünftiges und Zielstrebiges hervorzubringen vermag. Die besondere Qualität liegt meines Erachtens im bewussten Denken und Handeln begründet, im Gegensatz zum passiven Geschehenlassen. Ich (das Individuum) kann etwas in Gang setzen, mir etwas ausdenken, eine Reaktion bewirken und zwischen mir und der Sache eine Beziehung herstellen. Das »Was geschieht, wenn ...« führt automatisch vom »normalen«, d. h. vom bekannten Weg ab und erweist sich dadurch schon bereits oft als grenz- und tabusprengend. Eine ungeheure Schubkraft nach vorne, eine Wirbelbewegung im Kopf, eine Eruption an Fantasie können dadurch entstehen. Diese – bei Erwachsenen meist verschüttete Kraft – lässt die eigenen Stärken wieder neu erkennen, Ohnmachts- und Abhängigkeitsempfinden können sich positiv wenden. Ein Zuwachs an Fachwissen verläuft danach unter günstigeren Voraussetzungen.

Kinder verfügen meistens noch über die Kraft des Fragenstellens und des spontanen Ausprobierens. Ein behutsames Anbahnen von wissenschaftlichem Lernen kann ihrem »Hunger nach Leben und Aktivität« (FREINET) entgegenkommen.

Die Grundstruktur eines forschenden Lernens sieht so aus:
- Sich eine Frage stellen,
- Voraussagen treffen, Vermutungen äußern, Überlegungen anstellen,
- Lösungen entwickeln, Veränderungen einleiten,
- die sich entwickelnden Prozesse beobachten, angemessen dokumentieren und sie auswerten.[19]

An dieser Stelle ist Vorsicht geboten! Nur allzu gern übertragen wir ein Raster auf die Arbeit mit Kindern, ohne es selbst auf uns angewandt zu haben. Diese Struktur kann nur zur eigenen Orientierung dienen, nicht zum systematischen Abarbeiten. So einfach und logisch sie auch erscheinen mag, so komplex und kompliziert erweist sie sich in der Anwendung. Denken wir daran, dass es sich um experimentelles, spielerisches Lernen im vorschulischen Bereich handelt! Schulisches Lernen ohne die ausreichend eigene praktische Erfahrungswelt könnte sich hinterrücks einschleichen, den Kindern die Lust am Entdecken nehmen und die aufbrechende Fantasie zunichte machen.

Was ich in der Konsequenz konkret damit meine?
- Selbst am Forschen bleiben,
- das Forschen selbst beforschen,
- genügend Erfahrungen sammeln,
- auf ihrer Basis Vorhersagen treffen und sie überprüfen und
- sich mit anderen austauschen.

Ob sich die Handlungsfragen, bevor ich sie von Kindern anwenden lasse, auch im »richtigen« Leben bewähren?

Was geschieht, wenn wir die Was-geschieht-wenn-Fragen im Alltagsleben erproben?

Wir können uns in einer Arbeitsgruppe Situationen ausdenken, die diesen Fragenkomplex befördern. Wir können aber auch darüber hinaus den pädagogischen Anwendungsbereich verlassen bzw. die Frage mit dem Leben zu verbinden suchen. Warum nicht die Werkzeuge der Lernwerkstatt dazu nutzen um unseren Alltag neu zu beleben?

Es gab bereits viele Rückmeldungen von Erzieherinnen, die im Haushalt, bei Renovierungen oder bei irgendwelchen Problemen unbewusst mit Handlungsfragen operierten und sich selbstbewusster fühlten. Eine Erzieherin aus dem Raum Koblenz hat mich beeindruckt, da sie ganz bewusst eine Übertragung aus den Lernwerkstatt-Erkenntnissen auf sich persönlich versuchte: Sie war mir beim ersten 3-tägigen Lernwerkstatt-Kurs als erfahrene und kompetente Erzieherin aufgefallen. Sie hatte bereits viele Weiterbildungen besucht, hatte hohe Ansprüche an ihre Arbeit formuliert und ich war davon ausgegangen, dass sie weniger als andere aus dem Kurs für sich mitnehmen könnte. Bei einem zweiten Treffen nach ca. zwei Monaten begannen wir mit dem Erfahrungsaustausch. Sie erzählte, dass aus guten Gründen in der Zwischenzeit keine Möglichkeit war in der Kindertagesstätte etwas umzusetzen, sie aber trotzdem etwas ausprobieren wollte. Sie beschloss, sich selbst zu beobachten. Zum Beispiel: Wie sie mit Fragen umgeht, ob sie überhaupt mit Fragen operiert und wie, ob sie Fragen zulassen kann ohne sofort zu antworten und ohne den vermeintlich richtigen Weg weisen zu wollen. Sie erlebte sich bewusster und selbstkritischer, stellte fest, dass die Kinder weniger an Lenkung und Leitung brauchen und begann sich mehr zurückzunehmen und die Veränderungen zu beobachten. Auf die Frage, welche Reaktionen sie bisher ausgelöst habe, erzählte sie, dass ihr Sohn am meisten davon profitiere. Sie selbst fühle sich wohler, empfinde weniger Stress und sie wollte weiterhin selbstentdeckend an sich arbeiten. Die souveräne und sachliche Art, mit der sie sich selbst zur Sprache bringen konnte, hat m. E. viel zu dem insgesamt sehr reichhaltigen Auswertungsgespräch beigetragen und in der Gruppe überzeugendere Signale setzen können, als sie von meiner Seite hätten kommen können. Die Signale: Man kann hier und jetzt bei sich selbst beginnen, ohne negative Selbstzuschreibungen, sondern sachlich, interessiert und ehrlich mit sich selbst in eine Art neuen Dialog treten und offen wahrnehmen, was passiert, wenn ...

Zum Beispiel: Wenn ich eine eingefahrene Spur verlasse, einen neuen Weg einschlage, die Routine durchbreche, dem Trott Adieu sage und sei es nur für zehn Minuten? Kann ich das Wissen um die Kraft mir zu Nutze machen und sie sogar bewusst für mich organisieren?

Ich denke an eine beiläufige Begegnung mit einer Nachbarin, die regelmäßig abgespannt von der Arbeit nach Hause kommt. Einmal jedoch traf ich sie freudestrahlend trotz der schweren Tragebeutel und sie erweckte den Eindruck, als ob sie noch Bäume ausreißen könnte. Was war passiert? Sie hatte die Idee gehabt einen anderen Nachhauseweg zu wählen, war zwischendurch an einem anderen Knotenpunkt einkaufen gegangen und dort mit anderen Menschen ins Gespräch gekommen. Sie hatte im wahrsten Sinne des Wortes einen anderen Weg genommen und konnte sichtlich ihre vom Alltag abweichenden Eindrücke genießen! Der andere Weg, ein kleiner Umweg nur, ein anderes Verkehrsmittel – es genügt wenig um die eigene Aufmerksamkeit zu erhöhen, die Sinne zu öffnen, neue Fragen zuzulassen und sich aktiv und gelassen dabei zu beobachten.

Rudolf Seitz beschreibt in seinem Büchlein »Schöpferische Pausen« eine Methode, die er anwendet, wenn er häufig denselben Weg geht: er wechselt die Rolle! Einmal geht er den Waldweg als Förster entlang, einmal als Waldarbeiter, einmal versetzt er sich in die Vorstellung hinein ein Reh zu sein. Und er nimmt der Rolle entsprechend anderes wahr und kommt zu einem anderen Verständnis. Sein Beispiel habe ich für mich auch in die Großstadt übertragen. Besonders oft schlüpfe ich in die Rolle eines Kindes oder Jugendlichen. Der Versuch lohnt! Er birgt alles in sich, was man im Volksmund unter Tapetenwechsel versteht: abschalten, auf andere Ideen kommen, etwas mit anderen Augen sehen können, sich selbst anders erfahren, Verständnis entwickeln...

Die Handlungsfragen, wirklich als Fragen formuliert, haben bei unserem bisherigen Lernwerken noch wenig Gebrauch erfahren. Weiterführende Fragen an die Weiterbildung erreichen mich in der verdeckten Form von Stichpunkten. Die Fragen müssen aus den grob umrissenen Bereichen erst herausgeschält werden. Eine vorwärts weisende Frage zu stellen ist a) sehr schwierig und b) wie eingangs vermutet, vielleicht mit Vorurteilen verbunden. In der Gestalt von »*Mal sehen, was passiert, wenn ...*« oder »*Wir probieren es mal einfach aus ...*« steckt dagegen ein sich befreiendes Vorgehen, das Schranken und Vorurteile abbauen hilft. Der zur Handlung auffordernde Charakter bringt erst einmal die innere Bereitschaft für Nichtvorhersehbares, für Überraschungen und Zufälle. Vorhersagen und Vermutungen, die einer »wissenschaftlichen« Überprüfung zu unterziehen sind, bauen – so meine Vermutung – erst noch neue Lernbarrieren auf.

Die problemaufwerfende Frage

Die *Kannst-du-eine-Methode-finden,-um...* – *Frage* nach ELSTGEEST ist komplizierter. Die *Was-geschieht-wenn-Frage* ließ den Ausgang offen. Die problemaufwerfende dagegen lässt nach einer Lösung suchen in Bezug auf eine vorformulierte Vermutung, die zum Nachprüfen auffordert. Natürlich müssen wir diese Frage umgangssprachlich formulieren. *»Findest du einen Weg, um ...«* – *»Lass uns sehen, wie wir dahin kommen, dass ...«* – *»Lasst uns versuchen einen Weg (zur Lösung eines Problems) zu finden, um ...«* – *»Welche Möglichkeit(en) haben wir um (beispielsweise) herauszufinden, ob Kresse im Dunkeln wächst?«* Die Vermutung, dass sie auch im Dunkeln wachsen kann, fordert auf dies zu überprüfen. Dieser Fragetyp ist der anspruchsvollste und entspricht bereits wissenschaftlichem Denken und Handeln in einfacher Form.

Er lässt Kinder erkennen, dass es nicht zu jeder Frage eine vorgefertigte Antwort gibt, aber dass geeignete Methoden gefunden werden können um etwas herauszufinden. Ungeeignete Methoden bringen uns demnach bei Erkundungen auch voran. Dieser Typ setzt jedoch voraus, dass wir überhaupt mit Problemen umgehen wollen, sie sogar bewusst aufwerfen um an ihnen werken zu können.

Probleme auf den Tisch anstatt unter den Teppich!

Mir begegnen mehr »Problemvermeidungsstrategien« anstatt die viel zitierten »Problemlösungsstrategien«, die SchülerInnen nach dem Rahmenplan als eine entscheidende Kompetenz zu lernen haben. Das wirklich problemorientierte Arbeiten mit Kindern ist im Kindertagesstättenbereich noch seltener anzutreffen. Probleme und Konflikte haben insgesamt gesehen in unserer Gesellschaft etwas Anrüchiges. *»Probleme«*, so sagte mir mal eine Erzieherin, *»hatten wir in der DDR nicht zu haben, höchstens Schwierigkeiten«*. Es ist woanders nicht anders! Achten Sie mal darauf! Beginnen Sie ein Gespräch mit der Formulierung: *»Ich hab da mal ein Problem«* und setzen in Gedanken hörbar einen Doppelpunkt dahinter! Sie werden schnell feststellen, ob man Sie wie einen Kranken mit Ansteckungsgefahr behandelt oder ob man für Problemlösungen offen ist. Erinnern Sie sich an die bereits zitierte Werbung einer Bank: *»Leben Sie, wir kümmern uns um die Details!«* Details – die Verkleidung für Probleme! Wie werden sie in anderen Bereichen umschrieben? Fühlen wir dieser

Neigung zum Glattreden, Schönreden, Wegdiskutieren, Nicht-Wahrhaben-Wollen einmal gründlich auf den Zahn und verbreiten ganz allmählich den Geist einer *Problem-Lösungs-Lernwerkstatt*, die Spaß macht!

Um aus und mit Problemen lernen zu können bedarf es der uns alle und alles umschließenden Realität und nicht nur einer problemaufwerfenden Frage in Bezug auf ein Samenkorn. Wir müssen zunächst lernen Probleme anzunehmen, ihnen offen ins Gesicht zu sehen und sie stehen lassen zu können. Das ist eine Voraussetzung für die Lösungen. In jedem Problem sind bereits eine oder mehrere Lösungen angelegt, las ich einmal. Das ruft doch wieder die Hebamme zum lösungsschwangeren Problem, die mithilft, die Lösungen ans Licht der Welt zu bringen! Sie muss sie selbst nicht parat haben! Also gemach, eine detaillierte Problem*beschreibung* (nicht Erklärung!) ist der erste Schritt zur Lösungsfindung. So werden Probleme als produktiver Lerngegenstand genutzt, anstatt sie unter Aufwendung verschwenderischer Energien zu verdrängen oder unter den Teppich zu kehren.

Problembewusstsein als Projektthema

Probleme zum Thema machen, ein Bewusst-Sein dazu entwickeln – könnten Sie sich das als lernwerkstattintegriertes Beobachtungs- oder Projektthema vorstellen? Es könnte meiner Ansicht nach helfen:
- mit einem Tabuthema zu brechen,
- Probleme als überwindbar kennen zu lernen,
- Probleme als Lernchance zu betrachten,
- Ich- und Wir-Stärke zu entwickeln.

Dieses Thema wird von mir seit langem favorisiert, aber ich fand noch keine Mitstreiterinnen für eine pädagogische Aufarbeitung. Bislang versuchte ich der stark verbreiteten Resignation mit einer Sammlung von Beispielen positiver Lösungsformen zu begegnen, die sich gelegentlich in den Printmedien und Fachzeitschriften finden lassen. So arbeite ich vorläufig an einem Problemlösungsordner für Lernwerkstätten.

Können Fragetypen die Lernverhinderer verhindern?

Eine gewollt irritierende Frage! Fasse ich die bisherigen Verhinderer zusammen, so können
- die Fähigkeit Ideen zu entwickeln,
- Probleme als Lerngegenstand zu begreifen und
- Fragen offen im Raum stehen zu lassen

als miteinander eng verwandt erkannt werden. Alle drei werden gern gemieden oder lieber in die Hände anderer Leute gelegt. Mit den Fragen aber besitze ich ein Instrumentarium, mit dem ich produktiv weiter vorankomme. Der Aufbau der Fragetypen folgt einer inneren Logik, die sich nach meiner Erfahrung in der Praxis bestätigt. Sie findet sich, man muß jedoch nicht stufenweise danach vorgehen. Ausreichend andere Erfahrungen konnte ich noch nicht machen.

Persönlich möchte ich die Klarheit der Fragetypen inzwischen nicht mehr missen. Sie verkürzen und erleichtern bislang noch jeden Weg, mit komplizierten Sachverhalten aber auch komplexen Situationen umzugehen.

Das faszinierende ist, dass ich in ihrer Struktur auch Kriterien gefunden habe, die ich zur Einschätzung vieler anderer Bereiche einsetzen kann. Um nicht allzu weit abzuschweifen, nenne ich das Beispiel Raumgestaltung: Wenn ich nach Ideen zur Raumgestaltung gefragt werde, schlage ich vor den Raum erst mal nach seinen »Eigenschaften« hin zu befragen, die wir finden. Oder andersherum gefragt: Was bietet uns der Raum bereits an Möglichkeiten an? Liegt er nach Osten, Süden, Westen oder Norden? Hat er also Morgen- oder Nachmittagssonne? Wo sind Steckdosen, wo ist evtl. ein Wasseranschluss? Wo ist es dunkler als anderswo und deshalb ideal für ein »Dunkelwerken«? Welche Wandfläche ist für ein hohes Regal von 20 cm Tiefe mit mehr Böden als üblich mit freiem Zugang (nicht hinter der Tür) geeignet? Wo ist eine günstige Fläche um gelegentlich großflächig am Boden arbeiten zu können? Wo bietet sich Stauraum an? Welche gut sichtbare weiße Wandfläche gibt es als Projektionsfläche? Auch dem Raum selbst liegen gewissermaßen die Ideen bereits zu Grunde.

Ebenso lässt sich an Materialien neu herangehen, die auf ihre Eigenschaften hin erkundet werden.

Der Frage Gestalt geben

Die Fragetypen werden nach meinen Beobachtungen zögernd angenommen. Man muss sich für sie langsam erwärmen können. So versuche ich erst einmal zur Frage insgesamt zu motivieren. Ich stelle sie mit Gesten buchstäblich mitten in den Raum und ermutige dazu, den ihr gebührenden Raum und damit auch die Zeit zu lassen um an den Antworten zu arbeiten. Die Eröffnung von neuen Fragehorizonten und ihre Verteidigung gegenüber Ängsten, wie Nichtwissen oder notorische Schnell- und Besserwisserei, hat bei ersten Treffen manchmal noch Priorität.

In einer Lernwerkstatt könnte der Frage, und besonders der Einstiegsfrage, wortwörtlich und zum Darüberstolpern Gestalt gegeben werden. Ein Objekt aus Pappmaschee z. B. als ein »Denkmal an die Frage«, eine Zettelansammlung mit Fragen rund um eine Litfaßsäule, aufgehängt auf einer Wäscheleine, oder wie bei Gerd BINNIG [20] stufenweise an der Wand, ein gemalter (das Werkzeug symbolisierender) Schraubenschlüssel in Form eines Fragezeichens oder auch nur schnell ein großes, aus Zeitungspapier ausgerissenes Fragezeichen sind einige Visualisierungsmöglichkeiten von vielen, um optisch die Bedeutung der Frage ins Bewusstsein zu rücken.

Die folgende Sprachsammlung lässt sich neu zusammentragen, damit der Prozess selbst wieder belebend und frageneröffnend erlebt werden kann.

Fragen über Fragen

• die erste Frage • die Einstiegsfrage • Lehrerfragen • Schülerfrage • Kinderfragen • nichts als Fragen? • Anfragen • ein Berg von Fragen • schriftliche Fragen • mündliche Fragen • stumme Fragen • Tabufragen • Spontanfragen • Interviewfragen • Telefonfragen • Befragungen • die Gretchenfrage • die Kernfrage • die zentrale Frage • die Zukunftsfrage • eine Jahrhundertfrage • die Sinnfrage • die Frage aller Fragen • Fragen an die Welt • die Sterne befragen • Leitfragen • die W-Fragen • die Wissensfragen • Quizfragen • Vergleichsfragen • handlungsorientierte Fragen • problemaufwerfende Fragen • offene Fragen • aufdeckende Fragen • kritische Fragen • Fragehorizonte • Rückfragen • Suggestivfragen • einengende Fragen • Fragetypen • bewusste Fragen • Intuitivfragen • Intimfragen • flache Fragen • vertiefende Fragen • Untersuchungsfragen • hinterlistige Fragen • hintergründige Fragen • eine Frage in den Raum stellen • nachfragen • abfragen • ausfragen • erfragen • hinterfragen • den Fragen nachgehen • die Fragen vertiefen • die Frage bleibt offen • was schauen Sie mich so fragend an? • die Frage sitzt tief • versteckte Fragen • erschreckende Fragen • bedrückende Fragen • beängstigende Fragen • eine verunsichernde Frage • eine Frage stellen • Fragezeichen • Frage- und Antwortspiel • pädagogische Fragen • ein Loch in den Bauch fragen • frag nicht! • ich frag dich ja auch nicht • ich möchte mal was fragen • fraglos • eine gute Frage! • eine brauchbare Frage • Fragestunde • Fragekultur • die Frage stellt sich • noch irgendwelche Fragen? • keine Spur von einer Frage • eine abschließende Frage • diese ewige Fragerei! • wie war noch mal ihre Frage?

Wer fragt, lenkt • Viel fragen macht klug • Das Wichtigste ist mit dem Fragen nicht aufzuhören (Albert EINSTEIN) • Es ist mühsam eine gute Frage zu stellen um das zu finden, was man sucht • Man muss schon viel wissen um eine gute Frage zu stellen • Fragen sind Experimente (Joseph WEIZENBAUM) • Fragen sind es, wodurch das, was bleibt, entsteht (Johannes F. HARTKEMEYER) • Das Auge schläft, bis es der Geist mit einer Frage weckt (Reggio) • Eine gute Frage ist ein Problem, für das es eine Lösung gibt (Jos ELSTGEEST)

Prozess- oder produktorientiertes Lernen?

Experimente zum Thema Balance mit einfachen Materialien

»Jeder neue Anfang wird zum Wunder, wenn er gesehen und erfahren wird vom Standpunkt der Prozesse, die er notwendigerweise unterbricht.«

Dieses Zitat von Hannah ARENDT könnte Mut machen die erste Hürde zu nehmen: Reinspringen in den Prozess, an welchem Punkt auch immer man gerade steht und sich fragend auf den Weg machen. *»Loslassen, sich einlassen, etwas an sich ranlassen«* – so hat es eine Erzieherin mal treffend geschildert, ... und nicht wissen, was am Ende dabei herauskommt, war der Tonus der Abschlussrunde.

Das Beispiel mit dem Dia-Rahmen steht im Kleinen für diese Art von Prozess. Man weiß nie vorher, auf was man sich einlässt. Sobald nur eine Ameise zwischen den Gläschen zappelt, kann diese Situation eine Diskussion lostreten, die schlagartig die Schwierigkeiten prozessorientierten Arbeitens in den Kindertagesstätten erahnen lässt. Erziehungsstile kommen kontrovers zur Sprache und lassen erkennen, dass eher »kurzer Prozess« gemacht wird, als dass man an einer Erweiterung der Prozesse interessiert wäre.

»Der Weg ist das Ziel«, wird so häufig und selbstverständlich gesagt, wenn es um offene Arbeit, Projektarbeit oder entdeckendes Lernen geht. Aber was wird darunter verstanden? Sind wir nicht doch an festgesteckten Zielen orientiert, an Produkten, Erfolgen, Vorzeigbarem, an Programmen, an Glaubenssätzen, an den vermeintlich gültigen Theorien? An perfekt Sein, schnell Einschlafen, schnell Schulaufgaben machen, den Teller leer essen, an Leistung, Können, Wissen, Macht und Reichtum?

Und was verstehen wir unter dem Weg? Ist nicht unterschwellig doch der harmonische, der sichere, bequeme, geradlinige, kultivierte, ästhetisierte, Erfolg versprechende gemeint?

Oder ist es der bereits beschriebene abenteuerliche Lebensweg, der mit den unvorhersehbaren Gegensätzlichkeiten, wie Freude und Leid, Glück und Unglück, Geburt und Tod, Frieden und Krieg; der Weg mit den Grautönen, dem Auf und Ab, den Stolpersteinen, den Zweifeln und dem Dornengestrüpp am Rande?

An welche Definition knüpfe ich also die pädagogischen Intentionen, wie praktisches, lebensbezogenes Lernen, emotionale Kompetenz, reichhaltige Sinneserfahrungen, Erlebnisse voll Neugier, tiefergehende Erkenntnisse, miteinander leben lernen, individuelle Interessen und Bedürfnisse erkennen und wahrnehmen, soziale Erfahrungen, Selbständigkeit, Kreativität, Eigen- und Mitverantwortung, Toleranz und Solidarität, kurz eine lebendige Persönlichkeitsentwicklung?

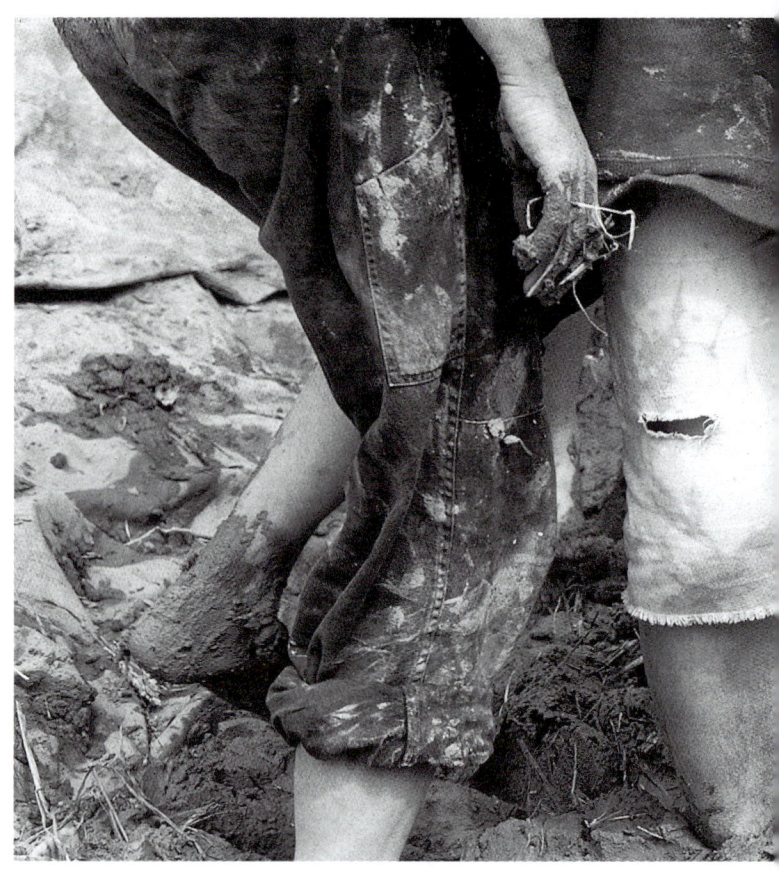

Widersprüche, Doppeldeutigkeiten, Missverständnisse tauchen auf und sind real. Wissen wir oder meinen zu wissen? Handeln wir nach dem, was wir vorgeben zu wissen? Und wie gehen wir mit der Kluft um, die sich öffnet? Können wir sie ehrlich akzeptieren, offen lassen oder neigen wir dazu das Reale mit Beschwichtigungen, Verharmlosungen und harmonischen Schmusedeckchen zu kaschieren und damit einer wirklichen Lösung zu entziehen?

»Dank der Theorie weiß ich, dank der Praxis fühle ich.«
Bei Janusz KORCZAK finde ich durch Zufall das ausgedrückt, was ich immer empfunden habe. Er gibt ungeschminkt Einblick in sein Erfahrungslernen, das ihn neu fühlen und neu wissen ließ. *»Der Weg, den ich zu meinem Ziel eingeschlagen habe, ist weder der kürzeste noch der bequemste; für mich jedoch ist er der beste, weil er mein eigener Weg ist. Nicht ohne Mühe und nicht ohne Schmerz habe ich ihn gefunden ...«* [21]

Schauen wir bei anderen Reformpädagogen nach, entstand ihre Theorie auch auf Grund »gefühlter« Praxis und auf langen, mühevollen Wegen. Wird diese Praxis aber versucht zu lehren, bleibt das eigenständige Erfühlen einer Theorie auf der Strecke. Wenn dagegen jeder auf seinem Weg an seiner eigenen Theorie – »von unten« her – stricken kann, ist es natürlich, dass *nicht* alle zur selben Zeit dasselbe fühlen. Die, die prozessorientiert arbeiten, kennen diese Tatsache. Aber rational denkende Menschen außerhalb der fließenden Prozesse, die zwar wissen, aber sich selbst nicht fühlend in praktische Arbeiten einlassen können oder wollen, können die Prozesse ernsthaft gefährden. Es sind die *Das-hätte-ich-dir-gleich-sagen-können-* und *Das-siehst-du-ganz-falsch*-Menschen und solche, die die Widersprüchlichkeiten von Prozessen nicht als allgemeine sehen, sondern als persönliche nachweisen wollen. Zum Prozess selbst aber gehören diese Schwierigkeiten als real vorhandene dazu und sind von daher ins Lernwerken zu integrieren.

Innerhalb der Gruppen kommt es oft zu ganz amüsanten Prozessen, in denen etwas neu probiert wird, was man eigentlich vom Kopf her weiß, zum Beispiel, dass Blau und Gelb zusammen Grün ergibt. Einmal entschieden sich drei Erzieherinnen für Experimente mit den Farbpigmenten um an diesem Material Fragen zu entwickeln. Als sie die trockenen Pigmente zuerst verrieben und dann mit Kleister flüssig gerührt hatten, kamen sie aufs Mischen. Sie experimentierten mit der Mischfarbe Grün und versuchten zur Grundfarbe Blau und Gelb zu kommen. Genau weiß ich den Weg nicht mehr. Zwei von ihnen waren so intensiv und voller Elan ins Ausprobieren vertieft, dass ihre Freude ansteckend war. Die dritte war Kunsterzieherin und versuchte die beiden mit ihrem besseren Wissen von deren Versuchen abzubringen. Diese pochten jedoch auf ihr Recht ausprobieren und »Fehler machen« zu dürfen, was zu lebhaften Auseinandersetzungen führte. Irgendwann stießen sie auf die Grundstruktur von Blau und Gelb, ernteten Grün und fuhren mit Farbnuancen etc. weiter fort. Später schilderten sie in der Großgruppe ihren Erfahrungsprozess voll neu gewonnenem Selbstbewusstsein und so amüsant, dass wir uns vor Lachen bogen.

Wenn das, was wir meinen theoretisch zu wissen, beim Tun durcheinander gerät und neu »entdeckt« werden darf, ohne, dass es bei anderen zu überheblichen Spötteleien oder gar zu Schadenfreude führt, ist bereits viel gewonnen. Die Erzieherinnen werden mutiger, den Kindern ihrerseits mehr Experimentierraum zuzugestehen und interessierter zu beobachten, wie die Kinder auf ihre Weise »fühlend« vorgehen.

In der Lernwerkstatt konnten die Erzieherinnen sich anschließend für Untersuchungen bei der Kinderarbeit Farbpigmente oder entsprechend anderes Material mitnehmen mit der Bitte ihre Beobachtungen und neuen Erfahrungen wieder in die Großgruppe zurückzubringen. Der Materialaufwand war jeweils gering (es handelte sich ja nicht um eine Gruppenbeschäftigung), dafür wuchs der Erfahrungsschatz in der Lernwerkstatt beträchtlich. Die Erzieherinnen blieben in der Rolle der Erproberinnen, erforschten selbstverantwortlich die folgenden Prozesse und kamen seltener in Versuchung das an sich selbst Erfahrene als Wissen zu vermitteln.

Dieser Rücklaufprozess an Erfahrungen löst immer wieder weitere Prozesse aus. Sie fließen zusammen mit wieder anderen und werden zu einem Strom an reichhaltigen Erfahrungen, der immer mehr anschwillt. Das entscheidende an diesem Rücklaufprozess ist, dass – egal auf welcher Ebene, in der Kindertagesstätte, im Team, in einer Lernwerkstatt-Arbeitsgruppe – der Prozess insgesamt immer wieder offen und lebendig gehalten wird und nicht nur er. Da Prozess Bewegung meint, bleiben wir selbst in Bewegung, wir bleiben *unter-*

wegs. Wenn wir das Bild mit dem Strom vorziehen, so bleiben wir *im Fluss* und schwimmen hin und wieder auch *gegen den Strom*.

Wir verändern uns! Wir sind fähig, unsere Meinung zu ändern, etwas aus einem anderen Blickwinkel neu zu sehen – beziehungsweise wir könnten es theoretisch!

Kinder ändern ihre Meinung noch viel ungezwungener. Ich denke an eine Szene aus den Kinderdialogen von Reggio. Nach vielen Untersuchungen mit Säulen und ihren Schatten, die Vier- bis Fünfjährige mit Kreide kennzeichneten um herauszufinden wer sich denn nun verschiebt, der Schatten oder die Säule, stellen sie zwei Stunden später fest: *»Die Säule steht immer noch fest, aber der Schatten hat sich verschoben«. – »Ja, weil die Sonne jetzt dort ist, vorher war sie hier.« – »Der Schatten hat sich verschoben, weil die Sonne sich verschoben hat und bei mir hat sich meine Meinung verschoben!«*[22]

Es sind Kinder mit einer vorgefassten Meinung, die sie im Verlaufe einer Untersuchung auf Grund ihrer Beobachtungen ganz selbstverständlich »verschieben« können, ohne ihre vorherige Meinung leugnen zu müssen.

Dieses Beispiel macht auch deutlich, dass ein prozessorientiertes Vorgehen Zeit braucht – unkalkulierbar viel Zeit! Wir können nicht schneller sein, als die Naturgesetze es zulassen. Die Abhängigkeitsfaktoren sind vielfältiger Art, sodass die Lernprozesse nicht an *einer* Situation, *einem* Versuch oder an *einer* Person festgemacht werden können. Häufig erzählten die Erzieherinnen, dass der »Aha-Effekt« erst beim Ausprobieren in der Kindergruppe sich eingestellt habe oder »der Knoten« erst durch ein Erlebnis außerhalb der dreitägigen Weiterbildung »geplatzt« sei. Wird auch den Erwachsenen in ihrem Lernen Zeit und Raum zugesprochen, entfällt der Druck etwas Bestimmtes in einer bestimmten Zeit erkannt haben zu müssen. Kann man innerlich loslassen und mit Gelassenheit reagieren, dann scheint vieles wie von selbst zu gehen. Die Ereignisse überstürzen sich. Es ist eine Erfahrung, die auch in der Hirn- und der neueren Kreativitätsforschung Bestätigung findet.

Prozess heißt demnach, *alles braucht seine Zeit*. Darin steckt Gelassenheit. Kommt Zeit, kommt Rat. Die Lösung hängt nicht von anderen Ratgebenden ab. Sie kommt aus mir selbst, aber ich muss mich nicht unter Druck setzen. Ich kann loslassen! Welch eine Entlastung!

Prozess heißt Verknüpfung. Ein Erfahrungswissen setzt sich aus vielen gedanklich miteinander verknüpften Teilerfahrungen zusammen, die zu unterschiedlichen Zeiten gemacht werden konnten. Das prozessorientierte Lernen wird durch Erfahrungsfelder erweitert, die miteinander in Beziehung stehen und Zusammenhänge erkennen lassen. Eine Zersplitterung in Teilkenntnisse und Teilfertigkeiten, wie beim fachspezifischen Lernen (hier Musik, da Sport, jetzt Malen, dann Töpfern usw.), wird dadurch verhindert.

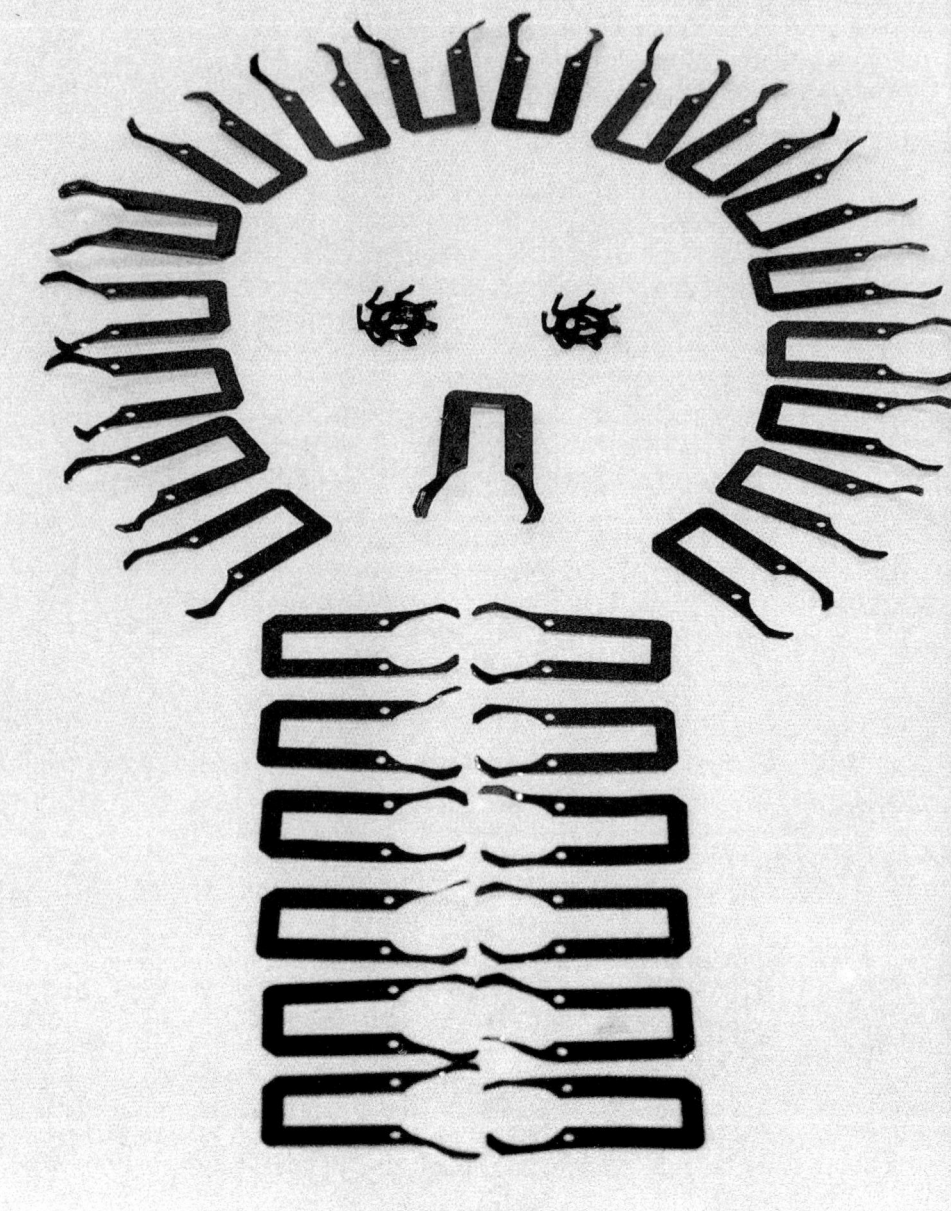

Die Versprachlichung der Prozesse

Teile aus der Auseinander-nehm-Werkstatt verleiten zum Gestalten

Die Vielschichtigkeit der Prozesse zu beschreiben, ist mit konventionellen Formen annähernd unmöglich. Da sind die ganz und gar nicht linearen oder glatten Wege, die Verzweigungen und Verknüpfungspunkte mit anderen Zeitebenen und Erfahrungsbereichen, ihre unterschiedliche Tiefe an Auslotung und Erkenntnisstand, die breite Gefühlspalette, die wir ohnehin nicht gewohnt sind mit Worten zu beschreiben oder zu lesen. Zu dem ergebnisorientiertem Denken gesellt sich konsequenterweise eine Erfolgssprache, der es leichter fällt das Gelungene, Geleistete, Fertige und Problemlose zu erwähnen, als die Schwierigkeiten von unterwegs zu benennen. Ergebnisprotokolle fallen uns leichter als Verlaufsprotokolle – nicht nur, weil sie kürzer sind. Die Zickzack-Wege, die Pannen und Missgeschicke, aus denen wir und andere vielmehr gelernt haben, lassen wir lieber unter den Tisch fallen, als sie der Wahrheit und Vollständigkeit zuliebe mit zu erwähnen. Werden sie dennoch zur Sprache gebracht, fühlen sich viele deswegen kritisiert, bloßgestellt oder »angezählt«. Selbstkritische und sich selbst in Zweifel ziehende Menschen werden in unserer Bildungskultur eher als schwache, denn als starke Menschen gesehen. Obwohl bereits ARISTOTELES sinngemäß gesagt hatte, dass nur der recht erkennen kann, der zuvor in rechter Weise gezweifelt hat! Und Erich FRIED meinte: *»Zweifle nicht an dem, der dir sagt, er hat Angst. Aber hab Angst vor dem, der dir sagt, er kennt keinen Zweifel.«*

Was hindert uns – auch auf die Gefahr hin sie gegen den Trend verteidigen zu müssen – Zweifel an unserem Tun zu haben und sie auch genauso selbstverständlich und dazugehörig zu äußern, wie sie tatsächlich vorhanden waren und sind?

Es kommt mir wie ein Geschenk vor, von Janusz KORCZAK gerade jetzt eine Aussage darüber zu finden, wie er über die Schreibweise der Erfahrung denkt: *»Schreiben, nachlässig, ungelernt, im Stil eines Fuhrknechts, nicht glätten, nicht verschönern. Dafür ist keine Zeit. Unsere Wahrheiten können keine Mandelkuchen sein, keine verzierte Pastete, im Übrigen schreiben wir nicht für vornehme Menschen, die beleidigt oder verletzt sein könnten. Unsere Pflicht ist es, in alle Schlupfwinkel der Seele hineinzuschauen, uns nicht zu ekeln vor eiternden Wunden, nicht schamhaft die Augen abzuwenden.«*[23] Er lehnt ein akademisches Bezugnehmen auf wissenschaftliche Größen ab (wie es jedoch in den Ausbildungen verlangt wird) und meint, diese Autoritäten zwängen uns zu einer *»vom Leben und der pädagogischen Praxis abgehobenen Schreibweise.«*[24] Und er geht bereits mit seinen Erziehern des Waisenhauses im Getto von Warschau den Weg über das selbsttätige Aufschreiben der erlebten »Kleinigkeiten« um zu einer Selbstbeobachtung zu gelangen, die besonders die Konflikterfahrung und die Lösungsversuche zum Inhalt hat.

Ich erlebe oft, dass Erzieherinnen ganz spannende und lebendige Dinge erzählen mit allen Kostbarkeiten im Detail, diese aber in der Schriftsprache die Trockenheit von Haus- oder Diplomarbeiten annehmen oder in einer Dokumentation als kunstvoll gestaltete Seite ein großes Lob verdienen. Janusz KORCZAK muss die Bemühungen gekannt haben, mit der sich gerade pädagogisch tätige Menschen der Dekorierung und Schmuckfassung von Erlebnissen widmen, sodass für die eigentlich konfliktreiche, inhaltliche Arbeit tatsächlich keine Zeit mehr bleibt.»... *nicht glätten, nicht verschönern. Dafür ist keine Zeit*«, betont er. Dafür geht es ihm um eine genaue Beobachtung der Situation, so nebensächlich sie auch zu sein scheint, und um eine im Arbeitsalltag praktikable Art und Weise diese festzuhalten.

So besteht vor einer adäquaten Sprachfindung, die Notwendigkeit an einer Form zu basteln, die wir als die *Kultivierung der Nachlässigkeit* und eine *Optimierung der Machbarkeit* bezeichnen könnten. Sie soll Schreibhemmungen gar nicht erst aufkommen lassen bzw. sie abbauen und eine allgemeine Entlastung im Schreiben bringen.

Vor Ort und sofort

Kritzeln in ein verknautschtes Schulheft, auf Kartons hinter Supermärkten, auf Packpapier als Wandzeitung, wo auch durchgestrichen und korrigiert wird, auf Asphalt mit Kreide oder einem Backsteinsplitter, mit Stöckchen auf Sandflächen und Parkwegen, im Abrisshaus auf Türen und Wänden, wo es sich gerade ergibt, ehrlich und ungeschminkt. Lernorte sind überall – so auch die Prozesse und die Notwendigkeit, Wichtiges festzuhalten. Wenn ich damit beginne, ist ein respektloser Schreibprozess eröffnet, der vor allem betonen soll, dass die Inhalte wichtiger sind als die Form.

Ich kritzle mit, ohne zu kommentieren, was in der Gruppe geäußert wird. Nehmen wir uns die Sammlung im Anschluss daran vor, entdecken wir darin eine Fülle verschiedenster Gedanken, angefangen von Staunen, Assoziationen, Vermutungen, Ideen, Aufforderungen, Mutmachen, witzigen Bemerkungen usw. Die Stärken und die sich gegenseitig beflügelnden Gedanken in der Gruppe werden sichtbar. Bei jedem folgendem Prozess in den diversen Arbeitsgruppen übernimmt meistens eine Erzieherin die schriftliche »Kritzel-Dokumentation«. Die Äußerungen wachsen wie zu einer Collage zusammen und werden später in der Runde vorgelesen. Zunächst sind sie eine Quelle der Heiterkeit und der Inspiration, voll augenzwinkernder Selbstironie, die uns alle auf angenehme Art und Weise auf dem Teppich bleiben lässt. Bei genauerer Betrachtung erschließen sich auch hier die Gedankenblitze und tieferreichenden Vermutungen, Fragen, Vergleichsheranziehungen und abschweifenden Gedanken, die bereits drinstecken. Sie lassen sich regelrecht unter Oberbegriffe ordnen.

Einmal hat eine junge Erzieherin ihre mitgeschriebene Sammlung so vorgetragen, als handle es sich um eine neue literarische Form. Es war, als wenn sie ein Fenster neuer Möglichkeiten aufgestoßen hätte. Ob es als ein Element einer sich neu verknüpfenden Kunstform entdeckt wird, ist noch offen. Entscheidend ist, dass die Erzieherinnen sich in dieser selbstverfassten Form als Gruppe wieder finden, ihre Stärke erkennen, sich ernst nehmen und dennoch über sich schmunzeln können.

Wenn zum Aufschreiben mal keine Hände frei sind, weil alle lieber werkeln, lassen sich die Phasen im Nachhinein auch von mehreren leicht wieder rekonstruieren. Aufschreiben lassen sie sich immer noch, wenn auch dann in Form einer Beschreibung. Die erstere, die augenblickliche Sammlung ist ein Rohstoff, mit dem exemplarisch weitergearbeitet werden kann. Im »Durcheinander« (KORCZAK) der Äußerungen wird der Weg erkennbar, der die »tastenden Versuche« (FREINET) begleitet. Nichts vermag den wechselseitig sich beeinflussenden Prozess zwischen dem Tun und den Gedanken aller so authentisch wiederzugeben – und aufzuwerten – wie eine schnelle Nebenbei-Aufzeichnung. Und nichts trägt die Übertragbarkeit bereits so überzeugend in sich, wie die selbst verfasste. Wer einmal gespürt hat, dass ein Mitschreiben ohne Perfektionsanspruch, mit dem Mut zu Lücken, im Stile eines »Fuhrknechts« machbar ist und Spaß macht und doch geeignet ist, darin Lernvorgänge nachzuweisen, wird leichter zum gelegentlichen Dokumentieren von Kinderäußerungen finden können.

Von den handschriftlichen Aufzeichnungen habe ich eine beispielgebend ausgewählt. Diese hat den sehr amüsanten Versuchsbau einer Murmelbahn an einem Baum inmitten einer Wiese der Begegnungs- und Bildungsstätte in Vallendar am Rhein begleitet.

Die Kugelbahn
ein Protokoll von Veronika STEINMETZ-MAY, Koblenz

Anfangsfragen:
    Was wollen wir rauskriegen?
    Wie unterschiedlich rollt eine Kugel?
    Warum läuft eine Kugel nie bergauf?
    Es wäre schön, zu sehen, wie die Kugel rollt.

Wir schneiden die Röhren auf
    a) mit Säge,

b) mit Teppichmesser.

Es ist sehr schwierig.

Wir einigen uns darauf, nur Lichtfenster zu schneiden.

Diskussion über Finden eines Schwerpunktes.

Wie fällt die Kugel?

Röhren werden mit Klebeband miteinander verbunden.

Es wird durch die Röhre gerufen – die Stimme verändert sich.

Wir wollen einen Platz finden, wo die Bahn aufgestellt und befestigt werden kann. Wir einigen uns auf einen Baum um die Kugelbahn einzuhängen und um Höhe zu schaffen.

Es wird in die Plastikröhre gepustet – es entstehen Töne.

Eine Bank wird geholt um auf den Baum zu steigen.

Die Bahn wird getestet und festgestellt, dass die Kugeln nicht ganz durch rollen.

Verbindungen werden gelöst, damit die Übergänge von einem zum anderen Material besser und Hindernisse beseitigt werden.

Wir wollen einen Trichter (oben) bauen, in dem die Kugel läuft. Aber die Kugel fliegt übers Ziel hinaus. Viel Gelächter.

Der Trichter wird als Megafon benutzt: *Sommerschlussverkauf bei C & A ab Montag.* Alles lacht.

Papptrichter werden ineinander gehängt.

Kann der Schirm als Auffangbecken genutzt werden? Wo fällt die Kugel hin?

Wir finden ein Tuch, das als Fallschutz dient.

Beim Ausprobieren verfängt sich die Kugel im Stoff und bleibt hängen.

Das Tuch wird wieder abgemacht – eine neue Lösung muss gefunden werden.

Der Schirm wird aufgespannt, an einen Ast gehängt und soll nun die Kugel auffangen.

Die Höhe der Aufhängung wird durch Ausprobieren bestimmt.

Es werden mehrere Löcher in den geöffneten Schirm geschnitten um verschiedene Möglichkeiten für die Kugel zu schaffen um durchzufallen.

Anschließend muss ein großer Trichter entstehen, der alle Löcher umfängt.

Die Gruppe hat eine ruhigere Phase: Eine befestigt, andere halten fest, gucken zu und geben Ratschläge:

– *Zieh mal höher!*

– *Lass mal runter!*

– *Ich krieg den Knoten nicht auf!*

– *Die rollt zu tief und wieder raus!*

– *Meinst du?*

– *Probier doch mal!*

– *Uhi, allez hopp!*

– *Probieren wir doch einfach mal!*

– *Mach es doch dicht um den Baum!*

– Wir brauchen eine Astgabel als Stütze!
– (Ein Stab wird eingeschlagen) Ich habe Angst, der hängt zu sehr durch!
– Eine Problemzone ist der Becher unter dem Schirm!
– Die kleinen Kugeln sind durchgerollt!
– Die Plastikröhren am Baum müssen neu verbunden werden!
– Man müsste noch Glöckchen einbauen, die schön klingen!
– Eine Dose zum Auffangen, die schön klingt – die Blechdose!

Es ist alles fertig. Der große Test beginnt.
Es werden wieder »Schwachpunkte« entdeckt.
Ein Wulst wird abgeschnitten.
Es geht dann besser.
Am Ende gibt es zwei Ausgänge.
Testergebnis: Die schweren Kugeln sausen durch, nur die langsameren Kugeln rollen durch den Nebenausgang.
Wir brauchen mehr Kugeln.
Viele Kugeln werden auf einmal eingeworfen.
Laute Aufschläge in der Dose am Ende.
Gelächter und Freude beim Durchlaufen.
Es kommt zum Stau, wenn zu viele Kugeln auf einmal durchlaufen.
Frage: Wie oder womit löse ich den Stau? Stöckchen? Finger?
– Vorsicht mein Finger!
– Was haben wir gelernt: wenn man zu viel reinwirft, gibt es Verstopfung, wie
  beim Essen!
Daraufhin folgen Überlegungen und Experimente mit Wasser anstatt Kugeln.

Die spätere Beschreibung von Prozessen ist weitaus schwieriger, aber nicht aus schreibtechnischen Gründen, sondern, weil viele Details und Anschluss-stellen sich rückwärts schauend schwer rekonstruieren lassen. Bei den Auf-bauphasen der Lernwerkstätten waren die Protokolle zwar empfohlen, aber freiwillig. Auch die Form war freigestellt. Es konnte die Briefform, eine Ge-schichte, ein anekdotischer Erfahrungsbericht oder ein ganz nüchterner Tatsa-chenbericht gewählt werden, das, wozu die größte Neigung bestand.

Herausgekommen sind zwei unkonventionelle Dokumentationen mit ver-schiedenartigen Protokollen von ein und derselben Situation. Die individuel-len Sichtweisen ergänzen oder widersprechen sich. Sie bringen die verschie-denen »Wahrheiten« zum Ausdruck, die prozesshafte Situationen immer be-gleiten. Kritische fehlten leider, obwohl sie ausdrücklich erwünscht waren. Mit der Verschiedenartigkeit der Stile und der Wahrnehmungen kommen sie den Lernwerk-Prozessen bereits recht nahe und fungieren noch heute als eine Art

Geschichtswerkstatt, eine in einen Ordner eingeordnerte Erinnerung, die die Leser anregt sich ein eigenes Bild von den Phasen zu machen.

Diese freiwilligen Protokolle – nicht als Amt an zwei delegiert, sondern von ca. 80 % als entscheidendes Element der Erfahrungsprozesse verstanden und angenommen – wurden in späteren Kursen mit Materialien, Zeitungsnotizen, Skizzen, Gedichten, Liedtexten und Bildern ergänzt, was in einer halbtägigen Redaktionsarbeit zusammengestellt werden konnte. Wie in einer Redaktion auch, teilten wir uns auf in Journalistinnen, Gestalterinnen, Bildredakteurinnen, Archivarinnen, Druckerinnen (am Kopierer) und Künstlerinnen (solche, die besonders gut zeichnen oder in Layout-Form schreiben konnten). Diese Form einer gemeinsamen Dokumentation begann am ersten Tag mit einem leeren Ordner in der Mitte der Gruppe und dieser füllte sich – oder auch nicht. Zur Motivation des Aufschreibens wurde empfohlen es zu versuchen. Ich selbst beteiligte mich an den Protokollen mit meiner Sichtweise. Ich habe selbst erst durch das Schreiben gelernt, wie stark diese vertieft werden können. Wer Tagebuch schreibt, wird das sicherlich kennen. Man holt sich am Abend in Gedanken die Situationen noch einmal vor das geistige Auge und beschreibt aus dem eigenen Blickwinkel heraus, ohne Anspruch auf Druckreife. Wie ein Film laufen viele Begebenheiten noch einmal vor einem ab. Doch dann entdeckt man eine Lücke – der Film ist gerissen. Wie war das doch noch mal? Bei der Suche nach den Verbindungsstücken wird nachempfunden, nachkonstruiert, ich lausche Gesagtem nach und hinein, merke, wo ich schief lag, etwas außer Acht ließ, verknüpfe Bemerkungen mit Gesten und Tonfall und sehe klarer. Doch ich hüte mich vor voreiligen Schlüssen, denn Fehlinterpretationen sind leicht möglich. Ich schreibe die Zweifel als Fragen mit hinein, will Beispiel sein, wie man selbst suchend und tastend den inneren Gedanken und der Erinnerung eine Sprache gibt, die nicht nur ausdrückt, sondern auch mitteilt, sich anderen verständlich macht. Es wird eine Mixtur aus Verlaufsschilderungen, Fragen, Vermutungen, kritischen Bemerkungen, Schlussfolgerungen, Feststellungen und dazu passenden Zitaten – Erkenntnisse, zu denen andere bereits gefunden haben.

Dieser Weg mag sich mühsam und beschwerlich anhören. Tatsächlich aber ist er es nur, wenn man ihn als Pflicht erlebt und sich nicht ganz ins Schreiben »hineinfallen« lassen kann. Da ich zur Schulzeit keine Begabung zum Schreiben zeigte und damalige Aufsätze immer mit Magenschmerzen begleitet waren, kann ich heute Erzieherinnen helfen, Schreiben zur Lust werden zu lassen. Ich habe überhaupt erst sehr spät dazu gefunden! Und ich kann deutlich werden lassen, wie viel an anderer Stelle an Zeit und Kraft gespart wird, wenn zuvor ins Schreiben Zeit investiert wird.

Der Schwerpunkt liegt also vor allem beim Machbaren, einer schnellen Handhabung, in der Organisationsform!

Manchmal schreibe ich einen Entwurf, den ich von der Gruppe am nächsten Tag korrigieren lasse. Dabei lassen sich die Filmrisse ergänzen, nachfragen, verändern und absegnen. Wenn ich um Hilfe gebeten habe, werde ich auch eher um Unterstützung gebeten. Oder manche drängt es geradezu sich abends im Schreiben noch Luft zu machen, aber am Morgen ist die Unsicherheit zu groß, *»ob man das so sagen kann«*. Häufig bekomme ich so viel erzählt, dass nur ein Tonband alles aufzeichnen könnte. Aber zu aufwändig wäre das Abtippen. So entsteht oft eine Art Schreibwerkstatt. Während die anderen in Kleingruppen tüfteln, setzen wir uns zu zweit oder zu dritt hin und formulieren gemeinsam.

Ich nenne es das Spiel mit der Sprache. Was ist gewesen? Nüchterne Beschreibung! Was will jemand ausdrücken, was erscheint wichtig? Wenn die Gedanken und die Absicht klar sind, wird die Sprache dazu entwickelt, hörbar in mehreren Versionen vor sich hin formuliert und nachgelauscht: *»Nein, das ist nicht gemeint ...«* – *»ja, das geht schon in die Richtung, aber das Verb ist noch falsch...«* – *»Wie sagt man doch gleich ...«* – *»Da gibt's doch ein Wort für ...?«* Die Adjektive werden überprüft: »beschreiben« oder »bewerten« sie? Das gemeinsam Erlebte lässt sich sogar gemeinsam schneller formulieren.

Bei dem Spiel mit der Sprache öffnen sich aus ihr heraus wieder neue Gedanken. Die Sprache selbst – indem wir handelnd mit ihr wie mit einem Material umgehen – gibt uns Anstöße neu zu denken, zu hinterfragen, Gegensätzliches zu sehen usw. In der Sprache können wir entdecken, dass sich menschliche Erfahrungen über Jahrhunderte hinweg in ihr verdichtet haben, keinesfalls in der akademischen, sondern gerade in der umgangssprachlichen Form. Und wie spannend, wenn in anderen Regionen noch die spezifische dazukommt. Dann heißt es oft: *»Ja, hier sagen wir dazu ...«* Es folgt eine volksmundartig treffende Bezeichnung, die nicht nur die Übersetzung in den jeweiligen Dialekt meint. Die Versprachlichung von Prozessen wird in der Situation wieder zu einem wechselseitigen, sich gegenseitig unterstützenden und bereichernden Prozess von neuer und anregender Qualität.

Danach kommt es häufig zu Dokumentationen der Praxis in den Einrichtungen, zu gemeinsamen Dokumentationen im Anschluss an die Weiterbildung und zu eigenen Artikeln in Fachzeitschriften, wo sie auch noch honoriert werden und nebenbei entdeckt werden kann, dass der Gegenwert für so viel Gedankenarbeit ein recht geringer ist.

Die Sprache der dokumentarischen Fotografie

Zum Dokumentieren von Prozessen eignet sich in vielen Fällen das Medium Fotografie – dann, wenn diese sich für eine Bildsprache eignen. Zum Beispiel beim Wachstum von Pflanzen, bei Veränderungen der Materie, aber auch bei der Wiedergabe von inneren Prozessen im Menschen, die sich in der Mimik und Gestik nach außen widerspiegeln. Die Technik lässt sich leicht erlernen und das Dokumentieren selbst lässt sich in die Arbeit mit Kindern integrieren. Der Grund: Die Objekte laufen nicht weg, können in Ruhe »ins Bild« gesetzt, die Schärfe kann richtig positioniert werden und der Bildablauf, z. B. bei Vorher-Nachher, lässt sich im Interesse einer konzentrierten Dokumentation voraussagen.

Sowohl die Erwachsenen als auch die Kinder wissen oft sehr genau, wann sie etwas ganz Bestimmtes im Bild festhalten wollen. Manche nehmen sich dann meine Spiegelreflexkamera, die ich für diese Zwecke für alle auf den Tisch gelegt habe, oder sie rufen mich schnell dazu. So kommt es nebenbei zu kurzen Workshop-Situationen. Am jeweiligen Beispiel fließen ein paar Grundüberlegungen mit ein: Wie wird am besten Tiefenschärfe erzielt, welche Verschlusszeit ist vorzuwählen, damit das Bild nicht verwackelt? Die technischen Aspekte werden so Mittel zum Zweck, nicht Ziel und Ergebnis wie bei einem traditionellem Fotokurs.

Die Schärfe ist nur eine Äußerlichkeit. Da ist auch die innere Schärfe, die verschärfte Wahrnehmung. Das Wissen um das, was man darstellen, ins rechte Licht und in den entsprechenden Winkel setzen will. Licht und Schatten sind für die Aussagekraft eines Bildes maßgeblich verantwortlich. Das erfahren wir im handelnden Umgang mit dem Fotoapparat oder mit einem Ausschnittsucher. Nicht immer müssen wir sofort den Auslöser betätigen. Auch zusammengekniffene Augen ermöglichen die Konturen besser zu erkennen. Es gibt Filme á zwölf Aufnahmen für eine DM inklusive Entwicklungskosten – an ihnen braucht nicht gespart zu werden. Wenn die Abzüge von einem auf den anderen Tag vorliegen (was in fast allen Städten möglich ist), können sie einer genauen Analyse unterzogen werden. Erinnern wir uns aber zuvor daran, dass es sich hier um Dokumentationsfotos handelt, nicht um persönliche Erinnerungsbilder. Emotionale Gesichtspunkte oder erschreckende Feststellungen über das eigene Aussehen können nüchternen Überlegungen weichen: z. B. den physikalischen Grundgesetzen von Licht und Schatten oder dem Aufnahmewinkel. Ist das, was dokumentiert werden sollte, entsprechend wiedergegeben? Das Medium Licht/Schatten (Fotografie), ob in Farbe oder in Schwarz/Weiß mit seinen vielen Zwischentönen, kann selbst als Phänomen zum entdeckenden Lernen genutzt werden. Der spielerische Umgang hilft auch hier weiter um die Angst vor dem Falschmachen oder das Ergriffensein in Anbetracht eigener Fotos zu neutralisieren. Der dokumentarische Umgang mit der Kamera ist ein handwerklicher Vorgang um Prozesse aufzuzeichnen. Er sollte nicht als künstlerische Aktivität gewertet werden, da sie es erschwert, sich dem Medium ganz unbedarft zu nähern. Fotografieren, um Prozesse zu dokumentieren, kann jeder Mensch lernen. Das erfordert keine besondere Begabung, sondern nur den Willen zu sehen, aufzuspüren, wahrzunehmen. Die notwendige Geduld kommt mit der Beobachtung.

Karl BLOßFELDT, der Pflanzenformen sechs- bis achtfach vergrößert, ganz sachlich fotografiert hat, tat dies um sie der Ausbildung im Schmiedekunsthandwerk zur Verfügung zu stellen. Heute faszinieren diese klaren und präzisen Aufnahmen gerade wegen ihrer Schnörkellosigkeit – als Sachaufnahmen *und* als Kunstwerke. Während er noch mit Plattenkamera, Glasplatten und schwarzem Tuch hantieren musste, sind die technischen Möglichkeiten heute so weit entwickelt, dass wir Formen und Strukturen in der Natur mit Kindern mit einer Kleinbildkamera aufspüren können.

Weil ich häufig angesprochen werde, was ich für eine Kamera anschaffen würde, hier eine Empfehlung aus langjähriger Erfahrung für eine Lernwerkstatt: ein gutes (das teurere) Makro-Objektiv und ein preiswertes Spiegelreflex-Gehäuse. Eine einmalige, aber größere Anschaffung bleibt es trotzdem. Je mechanischer und je weniger automatisch die Kamera einsetzbar ist, desto günstiger ist es vor allem für den Makrobereich. Damit können Sie sich auf die Spur eines Karl BLOßFELDT machen und die Natur nach interessanten Strukturen durchforschen. Das Tageslicht genügt, dazu eine einfarbige, ungemusterte Unterlage. Ein Atelier, ein Studio, Fotoleuchten? – Alles unnötig. Die Optik ist für die Qualität der Bilder mehr als alles andere ausschlaggebend. In einer Lernwerkstatt ist der Nahbereich unter 1 m bzw. 80 cm weitaus interessanter als ein Objektiv mit dem Sie Adlereier im Gebirge heranholen oder Landschaftsbilder in Afrika machen können. Sie möchten eine aufgeschnittene Bohne, eine keimende Kartoffel, das Innere einer Uhr, die Oberflächenstruktur einer Erdbeere oder Ananas, Vogelspuren im Schnee oder das briefmarkengroße Zusammenfließen zweier Farben mitten auf einem plakatgroßen Papier nicht nur festhalten, sondern herausholen? Sie schaffen sich Arbeits- und Ausgangsmaterialien, zu denen sie und die Kinder einen ganz eigenen Bezug gewinnen. Die Gegenstände können sich verändern und verformen, verwelken und vermodern und immer wieder als eine Phase fotografiert werden. So wird ein Prozess wirklich als Prozess dargestellt und ähnelt einer wissenschaftlichen Arbeit – ganz ohne den Anspruch, mit Hochglanzblütenbildern, romantischen Stimmungsaufnahmen oder dem Schnappschuss als »Bild des Jahres« konkurrieren zu müssen.

Das, was mit der technischen Errungenschaft Anfang des Zwanzigsten Jahrhunderts begann, etwas Kleines, aber mit bloßem Auge durchaus noch Sichtbares, stark vergrößert fotografisch wiederzugeben, setzt sich heute mit der Scannertechnik und dem Computer fort. Die Faszination, die von den vielen noch unerforschten Rätseln der Natur ausgeht, ist geblieben. Sie ist der Motor für weitergehende Forschungen in vielen Wissenschaftsbereichen, sei es die Statik eines Grashalms oder der Aufbau eines Schneckengehäuses. Grund genug, um diese Formen der Wirklichkeit durch die Kinder so früh wie möglich als Prozesse erleben und festhalten zu lassen und sich dabei nicht nur auf besonders schöne und ästhetische oder perfekte Gesichtspunkte zu konzentrieren.

Ob es einem tieferen Verständnis dient, eine Schnecke unbedingt mit Salzteig nachzuempfinden oder einen Schmetterling aus Papier, Glas, Leder, Wolle, auf Stoff, Seide, Linoleum usw. nachzugestalten, darf bezweifelt werden. Ich kann darin nicht erkennen, dass Kinder in ihrem Forscher- und Entdeckerdrang, den uns alle umgebenden Wundern dieser Erde näher zu kommen, wirklich ernst genommen werden. Etwas nachzuzeichnen, nachzuformen oder nachzugestalten entspringt bei Kindern einem anderen Bedürfnis und zu einem anderen Zeitpunkt als es üblicherweise als Bastelarbeit in vielen Kindertagesstätten angeboten wird. Realität wird hier zur Unrealität, zum kunstgewerblich verfälschten Ausdruck eines zuvor nicht erlebten Eindrucks. Die Lernwerkstätten könnten und sollten diesbezüglich einen entscheidenden Qualitätswandel bewirken helfen: die reale Welt um uns herum zu dokumentieren und dies mit allen zur Verfügung stehenden Mitteln, um sie zu bestaunen, zu studieren und sich ihr mit Fragen zu nähern. Das Medium Fotografie ist dabei genauso wie der Zeichenstift, die Farbspur, die Kreide oder der Grafitblock zum Abreiben flexibel einsetzbar und geeignet um Entwicklungen, Veränderungen oder Verfall in ihrem Ablauf zu dokumentieren.

Die Rolle der Prozessbegleitung

Über die Art und Weise, wie Lernprozesse beim *Werken* am Lernen anders begleitet werden als beim *Vermitteln* und *Beibringen* von etwas, ist bereits viel gesagt worden. Aber die pädagogische Rolle verändert sich so sehr, dass sich das Bild vom Menschen mit verändern muss, wenn ein reformiertes Lernen wirklich an den vorhandenen Fähigkeiten des Menschen, sei er nun ein Baby oder ein Erwachsener, ansetzen will. Dass Kinder mehrheitlich im Krankenhaus geboren werden, legt den Verdacht nahe, sie könnten nicht gesund sein. Das Neugeborene gilt in der Regel als hilflos und unfähig, das für alles befähigt werden muss. Dementsprechend glaubt man, ihm alles zeigen, vormachen, erklären, beibringen, sagen zu müssen. Viele Erzieherinnen haben als frühen Berufswunsch genau dies genannt: sie wollten anderen etwas »beibringen«. Das Bild des Kindes war vorgefertigt, genauso wie das des Jugendlichen und des Erwachsenen, wie es bzw. er später zu sein hat. Dazwischen findet Erziehung und Belehrung statt, die den Weg weist um jemanden auf den richtigen Weg zu bringen, der Gefahr läuft vom Weg abzukommen. Da über die Unterschiedlichkeit der Wege in unserer Bildungslandschaft viel zu wenig diskutiert und sich darüber auseinandergesetzt wird, bleiben die Erzieherinnen mit sich und einem oft verschwommenem Menschenbild allein.

Beobachten und begleiten

Mit der Zeit erkannte ich, dass es nicht ausreichte zu sagen: Die Kinder im Prozess begleiten und sie genau beobachten um herauszufinden, wie sie vorgehen und was sie brauchen. Eingreifen, sich einmischen und sogar die Hand führen bei Materialarbeiten wurden ja ebenfalls unter Begleitung verstanden. Und »beobachten« – lässt das nicht auch ein Verständnis von kontrollieren mit aufkommen?

Es wurde immer deutlicher: Die Interpretationen der Beobachtungen sind abhängig vom jeweiligen Bild des Menschen – auch des eigenen. Auf dieses Bewusstsein hinzuarbeiten gehört meines Erachtens ebenso zu den Möglichkeiten einer Lernwerkstatt wie die Erweiterung von anderen Erfahrungsbereichen.

»Schließlich habe ich jahrelange Erfahrungen mit Kindern«, war eine Abwehrformel, die eine Rollenveränderung nicht ohne weiteres in Betracht zu ziehen bereit war. Und da gibt es die weit verbreitete Ansicht, Kinder müssten

erst lernen sich unterzuordnen um sich dann entfalten zu können! *»Ich ›dutsche‹ manchmal die Vorlauten in der Gruppe, damit die Schüchternen besser zum Zuge kommen«*, erzählte eine erfahrene Erzieherin. Rollenspielähnlich probierte ich das »Dutschen« spaßeshalber in der Erzieherinnengruppe aus. Auch bei ihnen gab es Vorlaute und solche, die sich das gefallen ließen, in der Meinung, das gehöre ausschließlich zur Rolle der Lehrenden in die Kommunikationsstruktur einzugreifen. Wir spielten »dutschen und gedutscht werden«. Ob die Stilleren unter ihnen glaubten sich besser entfalten zu können? Im Gegenteil, sie fühlten sich ebenfalls »gedutscht«!

Bedingungen zur Möglichkeit des Lernens schaffen

Nach Hermann GIESECKE besteht die Lehre vor allem in der Aufgabe, *»Bedingungen zur Möglichkeit des Lernens«* zu schaffen. Diese findet im Vorfeld der eigentlichen Lernprozesse statt. Tatsächlich wird von Erzieherinnen schnell festgestellt, dass man beim Lernwerken innerhalb der Phasen Zeit hat. Was manche positiv verbuchen können, weil sie die organisatorischen Vorbereitungen sehen, verschafft anderen das Gefühl nicht mehr gebraucht zu werden und es kommt sogar zu Identitätskrisen. Oder es erweckt bei denen, die außerhalb der Prozesse stehen, den Eindruck, Erzieherinnen würden es sich nur leicht machen. Tatsächlich verschiebt sich die Rolle der Erzieherin, ebenso wie die aller anderen Pädagogen, aus dem Mittelpunkt heraus an den Rand des Geschehens. Die Zielgruppe rückt in den Mittelpunkt. Ihr dienen alle Überlegungen und Vorbereitungen, damit sie sich bestmöglichst entfalten, lernen und sich erproben kann.

Der Pädagoge, ein Dienstleister – warum nicht? Paolo FREIRE nannte ihn einen *»Politiker und Künstler in einem«*. Lässt man für einen kurzen Augenblick die Gedanken an Korruption, Selbstbereicherung und Selbstverwirlichung beiseite, so tragen diese beiden Rollen im Idealfall ein demokratisches Verständnis in sich, das allen Menschen nützlich sein will, an dem alle interessiert sind und an dem alle gemeinsam arbeiten.

Die Einsicht in ein anderes Rollenverhalten gewinnen die Erzieherinnen am überzeugendsten über die Kinder. Sie berichten in den Kursen oder Lernwerk-Gruppen davon, wie diese auf ihre Verhaltensveränderungen sehr direkt und unmittelbar reagieren, oft bevor sie sich dessen selbst bewusst sind. *»Kannst du da nicht noch länger hingehen?«* – *»Du bist so anders geworden.«* – *»Du verbietest viel weniger«*, waren sich wiederholende, typische Reaktionen, die die Erzieherinnen erzählten und annehmen konnten.

Außerdem führte das Ausprobieren in der Kindereinrichtung zu den Aha-Erlebnissen und Überraschungsmomenten, die ihnen den Beweis zu erbringen vermochten, dass in Kindern mehr steckt, als ihnen allgemein zugetraut wird und zwar an Fähigkeiten sowohl im Tun, im Denken als auch im sozialen Verhalten. Befürchtete chaotische Ausuferungen stellten sich bei den »Schwierigen« einer Gruppe seltsamerweise nicht ein. Unabhängig voneinander wurde immer wieder genau das Gegenteil berichtet. Die Kinder seien diszipliniert miteinander umgegangen, hätten sich um das wenige Werkzeug nicht gestritten, sondern sie hätten »plötzlich« abwarten und sich untereinander absprechen können und diese selbstständigen Absprachen ganz anders akzeptieren können. Die Erzieherinnen bemerkten, dass sie ihre Kinder nicht mehr wieder erkannt hätten. Manche von ihnen hatten vorher noch geschworen, dass sich Lernwerken genau wegen dieser »Schwierigen« gar nicht umsetzen ließe! In dieser wundersamen Selbstentdeckung liegt ein Potenzial, das sich verstärkt nutzen lässt. Man muss sich natürlich den Vorwurf verkneifen: *»Das hätte ich dir vorher auch schon sagen können.«* Stattdessen sollte man dazu ermuntern, gegen jegliche Vorhersagen einen neuen Versuch vorurteilsfrei zu wagen. Ich zog also für die Methodik in der Weiterbildung die Konsequenz, auf den Wirkungskreis über die Kinder bewusster zu setzen und diesen Weg stärker zu fördern.

Die drei Lernwerkstatt-Tage der Konzeption »aus dem Nichts« können zwar viel eröffnen, aber noch keine Ergebnisse bringen. Wenn wir uns dagegen nach ein paar Wochen oder Monaten für noch mal zwei Tage trafen, hatten die meisten die Gelegenheit genutzt, mit den Kindern neue Wege auszuprobieren. Wenn sie dann gegensätzliche Ziele erreicht, sprich unterschiedliche Erfahrungen auch über ihr eigenes Verhalten gesammelt haben, wird darin das Verbindende herausgeholt und zur Hypothese erhoben, die zur Überprüfung in weiteren Versuchen einladen soll. Manchmal gründet sich in der Zwischenzeit eine Arbeitsgruppe oder ein Nachtreffen findet statt, eine Dokumentation wird erstellt und dergleichen mehr. Fast immer bleibt ein loser Kontakt auch über Entfernungen hinweg erhalten, der einem Netzwerk ähnlich, Materialien und Infos austauschen und den Dialog nicht abreißen lässt. Dieser Weg ist ein organisatorischer. Die Erfahrungen werden gebündelt und im Austausch informell weitergereicht.

Auch dieser Weg soll für die Einrichtungen exemplarisch wirken, obgleich auf der Stufe der jeweiligen Altersmischung. Eine Kinderarbeitsgruppe, ein Kinderplenum oder Kinderkonferenz, wie z. B. bei FREINET, sollte unter der Regie der Erzieherin langsam und behutsam dazu führen, dass Kinder sich über ihr Tun, ihr Vorgehen, ihre Erfahrungen, Empfindungen und die aufgetauchten Probleme und ihre Lösungswege austauschen lernen. Wenn die Erzieherinnen dabei ebenso den gegenseitigen Respekt, das Sich-Zuhören, Sich-Ausreden-Lassen, das Interesse für die Wege der anderen besonders im Auge behalten,

lernen die Kinder Teamfähigkeit und Toleranz, anstatt Neid und Konkurrenz. Die Lernfähigkeit wird weniger behindert und blockiert und sie garantiert mehr Lebensqualität in der Gegenwart.

So laufen die Lernprozesse auf allen Ebenen parallel und dennoch eng verzahnt. Es ist wichtig in eine neue Rolle hineinwachsen zu dürfen, ohne einen Druck von außen. Die Veränderung verläuft gerade dann viel intensiver, nicht jemand anderem zuliebe, sondern in eigener Verantwortung für sich selbst.

Die Bedingungen zur *Möglichkeit* des Lernens bzw. die geeigneten Erfahrungsfelder zur Entfaltung der Sinne, des Denkens und der Reflexionen zu schaffen, versteht sich bei einer Lernwerkstatt von Unten bereits selbst als ein Erfahrungsfeld. An ihnen zu tüfteln, sie auszuprobieren und sich darüber auszutauschen, gehört zur Rolle der Pädagoginnen, die sich gemeinsam, aber durchaus arbeitsteilig, auf den Weg machen und sich daran orientieren, was die Kinder *wirklich* brauchen.

Aber zuvor will ich noch eine Sammlung einfügen, die das Beobachten und Begleiten in viele Einzelaspekte ausdifferenziert. Die Gegensätzlichkeit ist einer klaren Kontur wegen bewusst gewählt.

Was kann es heißen, einen Lernprozess zu begleiten?

- begleiten *anstatt* leiten, lenken, ziehen
- beobachten *anstatt* belehren
- Fragen entwickeln helfen *anstatt* Antworten geben
- sich selbst beobachten *anstatt* über andere herziehen
- Mut machen *anstatt* einschüchtern, verängstigen
- zuhören *anstatt* reden
- sich interessieren *anstatt* erklären
- neugierig bleiben *anstatt* genug haben, dicht machen
- loslassen *anstatt* fest im Griff halten
- sich einlassen *anstatt* sich abgrenzen, sich absichern, abwehren
- Zeit lassen *anstatt* drängeln, unter Zeitdruck setzen
- selbst entdecken lassen *anstatt* zeigen, demonstrieren
- ausprobieren lassen *anstatt* vormachen
- erkunden, erproben, erforschen lassen *anstatt* Schritt für Schritt an etwas heranführen
- sich öffnen *anstatt* sich verschließen
- sich zurücknehmen *anstatt* sich in den Mittelpunkt stellen, sich einmischen
- entfalten lassen *anstatt* eingrenzen, unterordnen
- prozessorientiert vorgehen *anstatt* produktorientiert, auf ein Ziel hinarbeiten
- Materialien wirken lassen *anstatt* mit Materialien zuschütten
- Situationen beschreiben *anstatt* Situationen bewerten

- Themen erweitern *anstatt* abschließen
- Erinnerungen wach halten *anstatt* vergessen, »Schwamm drüber« wischen
- Ideen aufgreifen *anstatt* eigene Ideen aufdrücken
- Konflikte aufgreifen *anstatt* beschwichtigen, sie verdrängen
- problemorientiert vorgehen *anstatt* beschönigen, harmonisieren
- tolerieren *anstatt* ausgrenzen
- selbst bestimmen lassen *anstatt* über jemanden fremd bestimmen
- Transparenz herstellen *anstatt* ins Zwielicht rücken, im Dunkeln lassen
- Meinungsvielfalt herstellen *anstatt* die eigene Meinung als die absolute hinstellen
- Lernbedingungen optimieren *anstatt* Gewohnheiten beibehalten
- sich austauschen *anstatt* sich verkriechen
- Interessen wahrnehmen *anstatt* Interessen voraussetzen
- Stärken und Fortschritte erkennen *anstatt* Schwächen und Fehler benennen
- Wertschätzung geben können *anstatt* tadeln
- seine Meinung ändern können *anstatt* auf seiner Meinung beharren
- Schlüsse ziehen *anstatt* alles beim alten lassen
- Entscheidungen herbeiführen *anstatt* hinausschieben
- sich selbst neuen Bedingungen anpassen *anstatt* andere an sich anpassen
- Dialoge protokollieren *anstatt* zu vorschnellen Interpretationen kommen
- Anregungen geben *anstatt* hinter dem Berg damit halten
- Impulse setzen *anstatt* laufen lassen
- querdenken *anstatt* linear denken
- hinterfragen *anstatt* glauben
- kritisch beleuchten *anstatt* hinters Licht führen
- verknüpfen, vernetzen *anstatt* eingleisig vorgehen
- Verbindungen herstellen *anstatt* eifersüchtig über den eigenen Einfluss wachen
- sammeln *anstatt* kaufen

Geeignete Erfahrungsfelder für das Werken am Lernen

*Isabelle erntet
die Kresse von
einem Spitzen-
schirmchen*

Als besonders nach einer Kindergartenmesse in Berlin in der Lernwerkstatt der Wunsch nach Techniken zunahm, die auf völlig künstlich fabrizierten Materialien, Spezialfarben und Spezialgerätschaften basierten, zeigte sich das Missverständnis um die Lernwerkstatt als konsumorientierten Angebotsladen. Es war eine teure Technik, die weder pädagogisch noch mit dem Nachholbedarf von bisher nicht Gekanntem zu rechtfertigen war.

Außerdem gab es sog. *Kreativ-Werkstätten* oder *Kreativ-Kurse* bereits im selben Bezirk für verschiedene Altersgruppen, bis hin zu Vorruheständlern und Senioren.

Wir waren – kurz zusammengefasst – dem »Milchtüten-Kuh-Problem« bisher zu wenig oder zu unklar auf den Grund gegangen. Auch bei der experimentellen Seidenmalerei hatte sich niemand für die Raupen als Produzenten des Seidenfadens interessieren wollen! Muss man das unbedingt, fragen viele? Natürlich nicht. Aber hier werden zwei Wege deutlich, die beide gegangen werden können, aber im Hinblick auf ein Lernwerken zu unterscheiden sind. Der eine Weg ist der, der üblicherweise ausschließlich gegangen wird: Man soll lernen ein Material oder eine Technik zu be*herrschen*. Wer sie be*herrscht*, gilt als begabt, als jemand, der geschickt mit den Händen umgeht.

Setzen wir in Gedanken vor den Weg des *Beherrschens* den anderen Weg der ausführlichen Material*erkundung*! Dieser Phase kommt im Interesse einer neuen Qualität von Beherrschung oder, umfassender ausgedrückt, von Bildung beim Werken am Lernen eine wesentliche Bedeutung zu.

In dieser Phase findet sich die breite Palette an Erfahrungsfeldern für das Lernen:

- Es kann sich um Materialerkundungen der verschiedensten Art handeln, Papier, Pappe, Steine, Samen, Erde, Ton und jede Art von Werkstoffen,
- um naturwissenschaftliche Phänomene (physikalische, chemische, biologische, geologische usw.),
- um Werkzeuge, Gerätschaften, Gebrauchsgegenstände,
- um wissenschaftliche Methoden (Beobachtung, Vergleich, Experiment, Beschreibung, Klassifikation, Messung, Zählung, Umfrage, Hypothese, Interpretation, Deutung, Ableitung)
- und ebenso um sozial- und geisteswissenschaftliche Bereiche.

Die Welt ist in ihren Erscheinungsformen so komplex und verwirrend, dass sie genügend Stoff bietet zum Erkunden und zum Lernen einer Orientierungs-

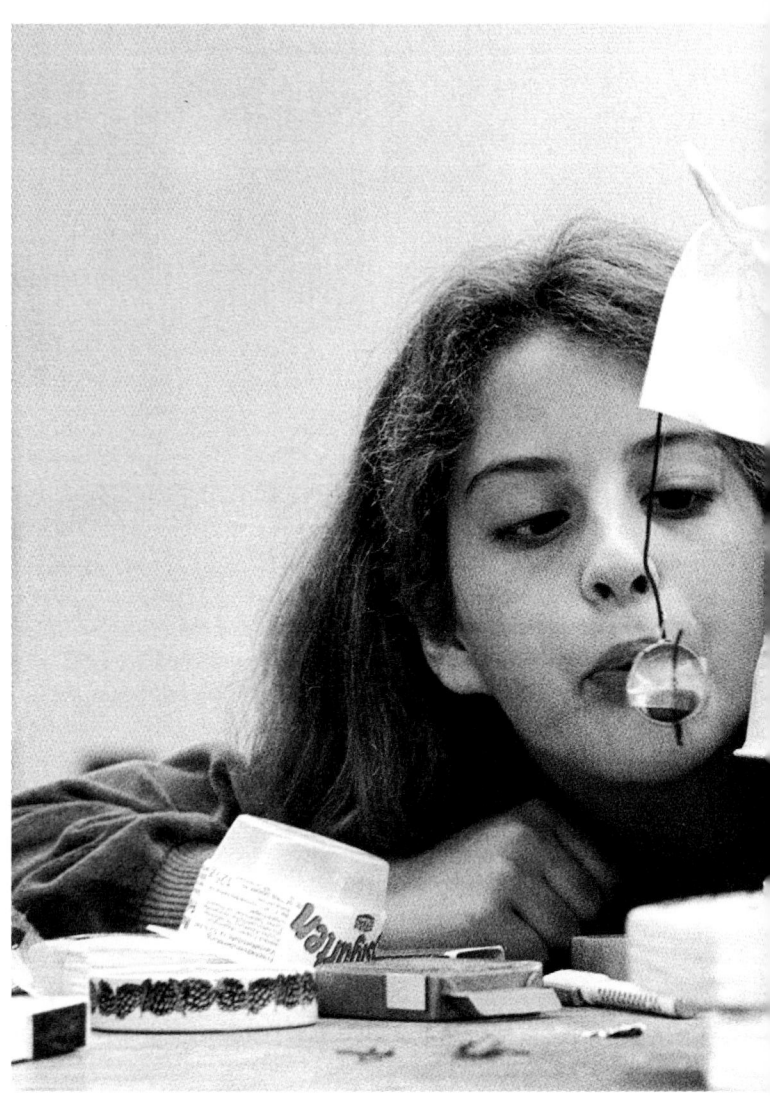

fähigkeit in Bezug auf das Leben. Wem nützen neue übersteigerte Techniken? Genügt heute noch die Begründung mit der Schulung der Feinmotorik? Ist das Verhältnis von Erfahrungswert und Kosten gerechtfertigt?

Um geeignete Erfahrungsräume zu finden, müssen wir selbst die Spreu vom Weizen trennen lernen, d. h. die Künstlichkeiten vom Natürlichen, das Übersteigerte vom Einfachen. Primärerfahrungen im aktiven Umgang mit Grundmaterialien, naturwissenschaftlichen Grundphänomenen und Situatio-

nen müssen wir verstärkt ermöglichen – für Pädagogen ebenso wie für die Kinder. Forscher und Wissenschaftler kehren am Anfang einer Arbeit zu den Grundlagen zurück um dann zu komplexeren Zusammenhängen aufbrechen zu können. Genauso müssen wir die Gelegenheit haben die Welt in ihren Wesenszügen aktiv neu erfahren zu dürfen. Reduktionen auf das Wesentliche, auf Ursache und Wirkung, auf Grundmuster, auf elementare Zusammenhänge werden für das Werken am Lernen wichtig.

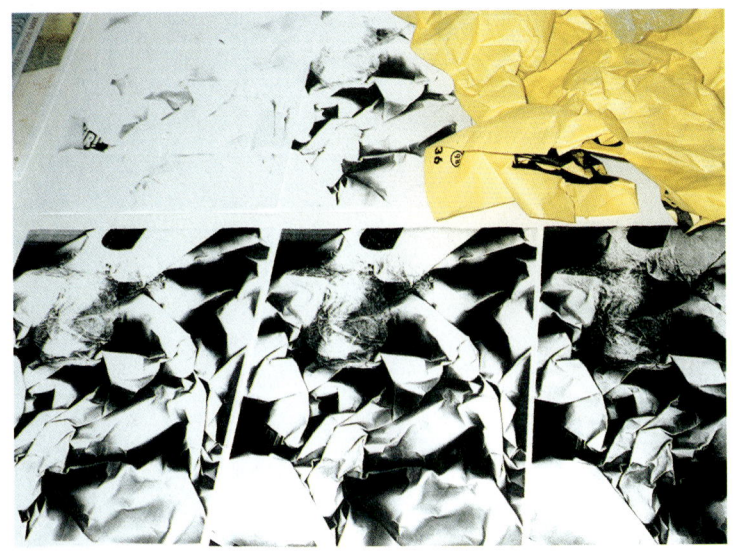

Gelbes Papier – aus dem Papierkorb gezogen – von hell bis dunkel kopiert und als Prozessentwicklung ausgelegt

Spielen ist experimentieren mit dem Zufall

Im Folgenden sollen einige Zusammenhänge zur besseren Veranschaulichung kurz dargestellt werden. Nichts davon ist neu und die Wege sind nicht fest vorhersagbar. Es sind Möglichkeiten, nichts weiter! Einige Erfahrungen werden genannt, die so gemacht wurden, aber genauso gut anders verlaufen können. Spielen ist experimentieren mit dem Zufall (NOVALIS). Das zu unterstützen und Grundzüge experimentellen Lernens in spielerischer Hinsicht herauszuarbeiten, ohne mit anderen bereits bekannten Themen zu kollidieren, ist mit dem Folgenden beabsichtigt.

Die Elemente Erde, Wasser, Luft und Feuer ermöglichen unzählige Versuche, die ständig variiert und erweitert werden können.[25] Was hierzu an Materialien, Geräten und Zubehör gebraucht wird, ist weniger als man denkt. Gefäße, Löffel, Messbecher, Töpfe, Schüsseln, vielleicht eine Waage. Geräusche mit Wasser ausprobieren, neue Töne erfinden oder mit den Ohren unter Wasser hören, wie sich Geräusche außerhalb oder innerhalb des Wassers anhören und sich darüber austauschen? Eine Lernwerkstatt für den Sommer im Garten! Erde und Wasser finden zusammen, man kann den Schlamm fließen lassen, die Richtungen verändern, stauen, fluten, überschwemmen, Dämme bauen, mit Bohnensamen Wurzelwerk wachsen lassen, Stöckchen, Hölzer, Steine ... Materialien werden zusammengebracht, weil es Sinn macht und der Lebensbezug gewollt ist.

Gibt es noch etwas, das sich einen Weg nach unten sucht? Eine Sandmurmel-
bahn im Freien, Kugelbahnen, weitere Murmelbahnen im Inneren, große, kleine, aus Rohren, Leisten, Schläuchen, Schienen mit und ohne Verzweigungen,
Papierbahnen von fortgeschrittenen Tüftlern – ein unerschöpfliches Thema!
Für Ein bis Zweijährige haben wir in der Lernwerkstatt ein einziges Stück Dach-
rinne tief an der Wand und leicht schräg angebracht, damit sie Klangkugel,
Tennisball, Stoffball o. Ä. in einen Korb rollen lassen können.

Bei Murmelbahnen ist es gut, wenn für die Verbindungsstellen Materialien
vorhanden sind, die verschiedene Lösungen ermöglichen: dicke Gummis,
Schnüre, Draht, Tesa-Krepp, Isolierbänder, Wäscheklammern, Klempnerschel-
len usw. Die Verbindungen der Materialien, die Art und Weise, wie sie ineinander gesteckt werden, damit die Kugel ins Rollen kommt, werden sich als
Knotenpunkte des Tüftelns erweisen. Die Schwerkraft steckt dahinter. Erwachsene wissen das, aber Kinder können tausende von Versuchen brauchen um
das immer wieder aufs Neue zu erleben. Sie selbst müssen von Geburt an
gegen die Schwerkraft ankämpfen, den Kopf heben, sich aufrichten, gehen.
Vorerfahrungen gibt es genug. Jetzt können sie auf anderer Ebene und mit anderen Dingen handelnd erfahren werden. Haben sich erst einmal Fragen »ent-
zündet«, entwickelt das Materialsammeln eine Eigendynamik.

Der Samen des Ahornbaumes tanzt kreiselnd ebenfalls der Schwerkraft folgend
nach unten. Er kann mit einer Feder zusammen vom Kletterturm losfliegen.
Aber was, wenn der Wind sie erst hochtreibt, so wie den Luftballon, den Samen

der Pusteblume und so weiter? Die Schwerkraft scheint außer Kraft gesetzt. Solange die Kinder nicht nach den Gründen fragen, ist ihre Fantasie gefragt: Die Dinge gehen vielleicht auf eine Reise. Was sehen die Dinge von oben, was erleben sie unterwegs, was ist ihr Ziel oder ihre Bestimmung – möglicherweise? Fantasie ist das Reich, das Kraft, Vorstellungen, Ideen und Mystisches ermöglicht. Logische Erklärungen lassen Kinder altklug erscheinen. Die Fantasie brauchen sie ein Leben lang und auch sie muss Raum und Nahrung finden um lebendig zu bleiben. Aber dann finden sich Feder und Samen doch auf dem Boden, nur viel weiter weg. Ältere Kinder wollen vielleicht den Samen nachkonstruieren, aus Papier oder ähnlich leichtem Material. Papierflugzeuge entstehen. Der Gesichtspunkt der Schwerkraft zweigt ab zum Thema Wind. Jetzt können die Dinge auf eine Wandzeitung in zwei Spalten geklebt oder gezeichnet werden. Was sucht sich schnell einen Weg nach unten und was fliegt weiter? Was ist ihnen gemeinsam, wodurch unterscheiden sie sich? Keine Schulstunde, aber interessiert Anteil nehmende Fragen in einer dialogischen Unterhaltung. Vermutungen, Hypothesen und später wieder neue Versuche können folgen, wenn die Kinder nicht schon bei neuen Fragen und Spielen sind.

Balance, Schweben, ein Thema, das fasziniert, für lange Zeit Stoff gibt und gar nicht aus der Luft gegriffen ist. Wo irgend möglich, sucht der Körper sich normalerweise schon früh die Balance. Bei Störungen wird das Ausbalancieren des Körpers gezielt gefördert. Für beide Gehirnhälften ist eine ausgewogene Balance der einseitigen Beanspruchung vorzuziehen. Der gute altmodische Schwebebalken ist in vielen Kindereinrichtungen vorhanden und lässt sich in das Thema mit integrieren. Was hilft einer Seiltänzerin beim Balancieren? Schirmchen oder Stange? Vermutungen werden geäußert. Es lässt sich vielleicht ausprobieren. Vergleiche mit allen möglichen Materialien schließen sich an ...

Bei den Weiterbildungen »aus dem Nichts« vertritt ein Zollstock das Thema Balance. In der Hälfte ist ein spitzes Küchenmesser in das Scharnier gesteckt, die Hälften sind in einem Winkel geklappt und der Messergriff steht auf irgendeiner Spitze, die der jeweilige Raum anbietet. Wenn er angetippt wird, sucht er sich wieder den Ruhepunkt, aber fällt nicht herunter. Dieser Zollstock hat bereits viel Verblüffung ausgelöst, von Zauberei war die Rede und vielfältige Versuche folgten. Warum er mal mehr waagrecht, mal mehr senkrecht steht, wurde akribisch mit Skizzen festgehalten. Aber warum er nicht herunterfällt, das Geheimnis hat er meistens bewahrt. Zum Vergleich schwebt daneben eine Libelle aus Papier. Ihr Schnabelende sitzt auf einer Stuhllehne oder einem Flaschenhals. Auch sie rutscht nicht ab. Unter ihren Flügeln kleben zwei metallische Plättchen. Sind sie bereits die Antwort? Sie findet sich, wenn handelnd mit Material und Gewichten umgegangen wird. Die Schmetterlingsfigur wird gern kopiert und in den Kindertagesstätten nachgebastelt. Der figürlich gestaltete Gegenstand hat den Nachteil, dass er vom eigentlichen Phänomen der Balance ablenkt. Er wird schnell zur Beschäftigung für alle genommen, noch bevor das Thema erforscht und übertragbar gemacht werden konnte. Dabei muss es nicht ein Schmetterling oder eine Libelle sein, sondern das Phänomen selbst kann mit vielen Grundmaterialien erfahren werden. Ein Stück Pappe und Klammern als Gewichte lassen mehr Handlungsspielraum zu. Jetzt muss der Punkt erst gefunden werden, auf dem die Pappe mittels der Gewichte sitzen kann. Und dieser Punkt ist abhängig von der Symmetrie der Gewichte. Bei diesem Beispiel ist noch alles herauszufinden, das Material ist offen und der Weg des Erkundens auch. Wer das herausgefunden hat, kommt später von selbst auf figürliche Objekte, lediglich zu einem späteren Zeitpunkt. Die Vielfalt eröffnet sich einem fast schlagartig, wenn man das Grundprinzip erst einmal handelnd durchlebt und gedanklich durchdrungen hat.

Manche haben zu Hause ihre Ehemänner bezüglich des Zollstocks gefragt und kamen gelegentlich mit Erklärungen aus der hohen Mathematik zurück. Doch wirklich schlauer wurden wir dadurch nicht. Eine Skizze dagegen macht es deutlich: Das Hauptgewicht (Klammern oder die Schenkel des Zollstocks) müssen unterhalb des Standpunkts liegen. Er liegt auf einer gestrichelten Standlinie. Das lässt sich im Physikbuch nachschlagen, aber lassen Sie sich dadurch nicht den Spaß verderben, es auf vielerlei Arten selbst aktiv herauszufinden und vor allem die Kinder herausfinden zu lassen.

Die Werkstatt der Balance hält für alle Altersstufen etwas bereit. Auch die innere Balance lässt sich hier wieder finden. Vielleicht locken dann weitere Kräftethemen, wie Windkraft, Wasserkraft, Körperkraft, Lichtkraft, Fliehkraft, Sprengkraft. Alle diese Kräfte sind bereits in den Kindereinrichtungen vorhanden, aber nicht bewusst. Sprengkraft können die Kichererbsen – im Gipsbild oder im ungebrannten Tongefäß eingeschlossen – zeigen, wenn sie durch Wasser aufquellen. Nicht zu vergessen, der Versuch in kalten Wintertagen, wenn eine Flasche oder ein Gefäß mit Wasser im Freien gefriert und das Eis es durch Ausdehnung sprengt. Auch die anderen Kraftbegriffe können mit kleinen und bescheidenen Versuchen ihre Abstraktion verlieren. Wie viel sie als Naturkräfte miteinander zu tun haben, werden die Prozesse zeigen und können anschaulich mit Skizzen und Zeichnungen der Kinder dargestellt und evtl. mit Abbildungen ergänzt werden.

Heiß und kalt, fest und flüssig, Veränderungen von Stoffen beim Kochen und Backen – Grunderfahrungen für die spätere Physik und Chemie, sie alle tauchen in früheren Kindheitsschilderungen noch auf, sind aber in den Räumlichkeiten der Einrichtungen mehrheitlich nicht mehr zu machen. Eine Lernwerkstatt braucht deshalb unbedingt eine Herdplatte, eine Backröhre (beides kann klein und tragbar sein) und die Möglichkeit zum gefrieren lassen.

Leicht und schwer – leichter und schwerer

*In der Lern-
werkstatt der
Kita Dornbrun-
ner Straße in
Berlin-Treptow*

Jedes Kind kennt diese Begriffe von klein auf, aber oft fehlen ihm ausreichende Handlungsmöglichkeiten mit unterschiedlichen Waagen um ein tieferes Verständnis für Gewichte zu »erfühlen«. Die Waagen sollten aus dem realen Alltag stammen und mit Zahlen versehen sein. Auch eine besonders feine Waage sollte darunter sein. Kinder können so die Bedeutung von Zahlen erfahren, ohne, dass sie diese auswendig runtersagen müssen. Die Kinder werden im Spiel langsam motiviert, Zahlen lesen zu lernen, nicht durch die Erwachsenen! Das Zahlenverständnis beim Größenmessen, bei der Temperatur, beim Telefonieren kann nach Bedarf mit berücksichtigt werden. Ein echtes, ausrangiertes Telefon ist deshalb jedem Spielzeugtelefon vorzuziehen.

Vom Färben zu Farben

Beim Karotten Putzen färben sich die Hände, aber haben Sie schon mal mit einer Blüte auf Papier gemalt oder mit einer angespitzten roten Rübe? Wie wäre es mit einer *Färberwerkstatt* als elementarer Baustein für Farben, ihre Entstehung und Verwendung? Blüten, Blätter und Kräuter, frisch gepflückt und gleich auf einem festen, nicht so glatten weißen Papier zerrieben, ergeben nicht nur herrliche Farbspuren, sondern entfalten auch noch ein Gemisch an Düften. Das Erdbeerblatt zeigt ein kräftiges Grün, der Lavendel enttäuscht, schickt aber dafür die kräftigste Duftwolke in die Nasen der Forscher. Je nach Jahreszeiten kann man sich so die Farbspuren aus dem Garten oder den Balkonkästen, die zum Nutzen und nicht zur Zierde angelegt wurden, für eine Weile ins Haus holen. Sonst muss sich die Forschergruppe in die nächste Kleingartensiedlung begeben mit einer festen Unterlage und ein paar Zeichenblättern. Je älter die Kinder, umso mehr lassen sich die Spuren in Kategorien aufteilen: auf ein Blatt die Baumblätter, auf eines die Blüten, auf eines nur die Kräuter. Oder bitte – welche Farben hinterlassen eine Hecke, eine Wiese oder verschiedene Gemüsesorten? Nicht immer ist die Farbe drin, die außen zu sehen ist. Das Johanniskraut beispielsweise, als Unkraut auf Brachgelände oder entlang von Zuggleisen wild wachsend, zeigt einen bräunlich bis ins Rötliche gehenden Ton. Als Heilmittel ist es wunderschön rot, obwohl es gelb blüht. Ob diese Farbspuren auch lichtbeständig sind? Nach Tagen sind manche spurlos verschwunden! Ein Vorverständnis für chemische Prozesse lässt sich so auf breiter Basis anlegen, lange, bevor stoffliche und molekulare Verbindungen zur Sprache kommen müssen.

Ein roter bröseliger Backstein – ein Fundstück vom Spaziergang – wird im Mörser zu Pulver zerrieben. Der Speckstein hat beim Bearbeiten viel kostbares

Talkpulver verloren, das im Glas aufbewahrt, jetzt als Pigment benutzt wird. Andere Erden – jemand sammelte mal allein auf dem Gelände einer Lernwerkstatt achtzehn verschiedene Erdtöne zusammen – und zerriebene Steine werden in kleine Schälchen mit etwas Tapetenkleister eingerührt. Manchmal gibt es Ockertöne als Pulver im Kilo im Baustoffhandel. Unnötig teuer sind die Farbpigmente dagegen in den kleinen Gläschen. Der Bezug zum realistischen Umweltmaterial geht außerdem verloren. Günstiger ist es, aus der näheren Umgebung nach verschiedenen Erdfarben zu suchen oder von den Urlaubsreisen Farbproben inklusive einer Aufnahme des Fundortes mitzubringen.

Die Erden führten einmal während eines Workshops zu einem ganz außergewöhnlichem Versuch! Nachdem eine Gruppe verschiedene Eimerchen mit verschiedenen Erden in der Umgebung gesammelt hatte, darunter auch etwas vom Belag eines Tennisplatzes, begannen die Teilnehmer zunächst mit der Gestaltung einer Landschaft. Auf ihre Untersuchungsfrage hin angesprochen, waren sie unsicher. Es hatte sich sofort der übliche Drang eingeschlichen zu formen und zu gestalten. Zum Glück fühlten sie sich nicht kritisiert, sondern angeregt den Weg des Forschens weiter zu verfolgen. Der nächste Tag brachte sowohl eisige wie heiße Überraschungen und verblüffende Untersuchungsergebnisse. Die gefrorenen »Erdpralinen« sahen äußerst schmackhaft aus und irritierten köstlich. Gleichviel unterschiedliche Erde in Glasschalen gefüllt und mit Terpentin durchtränkt, darunter auch die Kokoserde aus dem Gartenbedarfshandel, wurden angezündet. Welches Material brennt wie lange und welches speichert die Hitze am längsten, waren die Ausgangsfragen, die später zur anschaulicheren Reflexion noch einmal durchprobiert wurden. Der Tennisplatzbelag wurde am heißesten und ließ ein Spiegelei halb braten, während das Feuer der Kokoserde schnell ausging und nur handwarm wurde. Was bedeutete das? Der Kokosstrick fing ebenfalls kaum Feuer, sodass festgestellt werden konnte, dass das Naturmaterial Kokos schlecht brennt. Es geht von allein aus! Daraus könnte man schließen, dass Kokosläufer in Kindereinrichtungen brandschutzsichere Fußbodenmaterialien sind, die noch dazu gegen Fußbodenkälte isolieren!

Ein derartig spektakulärer Versuch mit unverhofft weit reichender Bedeutung kommt selten vor, aber er zeigt anschaulich den selbstständigen Weg einer Gruppe mit unkonventionellen Fragen, Versuchen und Antworten.

Aber zurück zu den farbigen Erden aus der Landschaft, aus denen früher bis zur Entwicklung der chemischen Industrie die Farbpigmente als Grundstoff für einige Farben gewonnen wurden.

Bei dem Stadterkundungsspiel wird z. B. von einer Gruppe immer ein Farbengeschäft angesteuert, das in großen Papiersäcken jede Menge Farbpigmente mitten im Raum bereithält und diese ab 500 g zum Verkauf abpackt.

Wie es zur sprachlichen Entwicklung von »Augenschmaus« gekommen sein muss, wird hier sinnlich begreifbar. Reingreifen nimmt einem niemand übel. Kleine Kinder tun das unwillkürlich fast immer, wird erzählt. Im Laden ist man sich der magischen Anziehungskraft der offen dargebotenen Farbpulver bewusst. Da findet sich ein Blau wie Samt, Grafitpulver schimmert silbern, Weiß kommt u. a. als pulverisierte Kreide vor und das Schwarz ist eigentlich nichts weiter als echte Braunkohle und nicht wirklich schwarz. Daneben gibt es Erd-

töne, echte farbige Erden und synthetisch hergestellte und natürlich viele verschiedene knallige Farben. Daneben ein raumhohes Regal wie in einer alten Drogerie mit herausgezogenen Schubladen. Der Blick kann direkt hineinfallen: körnige oder blättrige Materialien, die man gewiss noch nie gesehen hat, aber als Grundstoffe für Farbherstellung bekannt sind. Ein Paradies für Entdeckungen der grundsätzlichen Arten! [26]

Je ein Kilo von den drei Grundfarben, dazu noch eins von Weiß und Schwarz

Der Prozess des Wachstums einer Feuerbohne im Anfangsstadium

und jede Kindertagesstätte hätte für lange Zeit ausgesorgt. Aus diesen Pulvern lassen sich nicht nur alle weiteren Farbtöne mischen, sondern auch die Konsistenz von fingerdick bis wässrig dünn mittels Binder selbst bestimmen. Der preiswerteste Binder ist der Farben- oder Tapetenkleister. Öl, Eiweiß, Kasein sind andere Binder, mit denen die Pigmentkrümel gebunden werden. Da eine solche Versuchsreihe im Kunstunterricht der Schulen meistens nicht gemacht wird, ließe sich bei Interesse der Kinder und sofern die Mittel vorhanden sind, diese sich im Hort oder bereits in der Vorschulgruppe organisieren.

Färben und Farben herstellen ist in jeder Jahreszeit möglich und die Tätigkeiten, einschließlich der Vorbereitungen, lassen sich mit dem Fotoapparat dokumentieren und zu einem Farbspurenordner in allen Jahreszeiten zusammenstellen.

Ein Tropfen Tinte in eine hohe Glaskanne mit Wasser hat bereits viel Staunen und anschließende Versuche ausgelöst. Lila Malvenblüten, getrocknet aus einer Teemischung, haben sich sogar als noch farbintensiver erwiesen. Die Malve gibt ihre Farbsubstanz jedoch langsamer ans Wasser ab. Man braucht Geduld. Die Farbturbulenzen im Wasser scheinen nach bestimmten Gesetzmäßigkeiten zu laufen. Ihnen kann lange zugesehen werden und immer neue lassen sich erzeugen. Doch da locken andere Mittel, die hinzugesetzt sein wollen – was gerade greifbar ist und Sinn macht. Die Augen groß geweitet, kniend vor diversen Gläsern, kommt es zu regelrechten Versuchsanordnungen. Später erzählt eine Erzieherin, sie würde die Kinder verstehen, die beim Frühstück anfingen verschiedene Flüssigkeiten zusammenzukippen. Gab es da nicht kürzlich einen Titel: »Die Physik beginnt am Frühstückstisch«? Würde jedoch vorher von »physikalischen Versuchen« die Rede sein, käme niemand von ihnen zur Weiterbildung. Es wird bewusst, dass die Naturwissenschaften uns eigentlich den ganzen Tag umgeben und riesigen Spaß machen können, wenn wir ihren Phänomenen spielend und tüftelnd nachgehen können.

Vom Getreidesamen zum Kaugummi

Ob Hanf, Sonnenblumen, Sesam oder Leinsamen – sie sind preiswert und lassen sich auch ohne Erde erkunden. Sie können gekaut und geschmeckt werden. Sie können zwischen Steinen zerrieben werden und – wird der Mus auf Löschpapier gelegt – erkennt man am Fettfleck den Ölgehalt. Sie können zum Keimen gebracht, indem sie in etwas Wasser gelegt werden, das einmal pro Tag zu erneuern ist. Weizen- und Dinkelkörner sind – über Nacht in Wasser eingelegt – weich und können so lange gekaut werden, bis die Kleie wie ein Kaugummi im Mund bleibt. Welches Kind möchte nicht die Urform des Kaugummis erkunden und mit Pfefferminzöl oder anderen Geschmacksrichtungen einen Chemiker oder Geschmacksdesigner spielen? Bei den Erzieherinnen bin ich mir da nicht so sicher. Sie sind weniger mutig als z. B. die Hortkinder und der Begriff »Körnerfresser« klingt in vielen Ohren noch wie ein Schimpfwort. Dass Vögel und Papageien nur die hochwertigen, besonders keimfähigen Samen fressen, sollte uns zu denken geben. Sie wissen einfach, was gut tut, und da diese Samen in der Tier- oder Samenhandlung preiswerter als anderswo sind, kann man sich diese Kenntnis zu Nutze machen. Einen ganzen Beutel braucht keine Forschungsgruppe, deshalb kann nach der Idee der Lernwerkstatt von Unten alles für alle zugänglich gemacht werden. Wer damit in der Kindergruppe arbeiten will, kann sich davon etwas mitnehmen. Der Vorteil ist nach unserer Erfahrung: Die Samen werden nie ranzig. Mit einem Beutel lassen sich viele Gruppen versorgen und sehr bald fließen viele Erfahrungen aus den Gruppen zum Austausch in die Lernwerkstatt zurück, die alle bereichern und wieder andere motivieren.

Die Kressepampe

Den Kressesamen kann man auch lose im Kilo erhalten und ihn wie Material unter Zugabe von Wasser erkunden. Als ich bemerkte, wie schwer sich Kinderhände mit einem gleichmäßigen Ausstreuen auf Erde oder Wattelagen tun, kam ich darauf die Samenkörner einzuweichen. Die Kressepampe, die dann entsteht, fühlt sich wunderbar weich, geschmeidig und glitschig an für die, die dieses sinnlich-haptische Gefühl mögen und vertragen. Erzieherinnen haben berichtet, dass einige Kinder ganz lange vor der Glasschale standen und beobachteten, wie die Samen – angefeuchtet – sich langsam verwandelten, größer wurden und schleimig glänzten. Doch sie durften sie nicht berühren! Ich denke an den Jungen in einer Behinderteneinrichtung, der diese Pampe mit viel Hingabe und Lust in ein Erdbett mit der ganzen Hand hineinrieb und es »hineinstreicheln« nannte. Die gestreichelten Samen haben unter der Prozedur nicht gelitten, im Gegenteil – die Pflänzchen kamen dadurch sehr gleichmäßig verteilt zum Vorschein.

Kartoffel nach monatelangem Keimprozess mit bereits neu gebildeten Knollen

*Dem Licht
entgegen:
drei Feuerboh-
nen im Wind-
schatten einer
Schieferplatte*

Ungefähr zeitgleich zu dieser Beobachtung lief ein Dokumentarfilm über Nutz-
pflanzen, die senkrecht statt waagrecht mit frei hängenden Wurzeln, also ohne
Erde und Platz sparend, zur Ernte gelangen. Das öffnete mein Bewusstsein für
die vielen Möglichkeiten der Gestaltung. Mit Isabelle aus der Nachbarschaft,
damals fünf und immer gut für Versuche zu haben, wurde ein weißes Spit-
zenschirmchen, das ein Deko-Geschäft als defekt ausgemustert hatte, mit der
Pampe bedeckt und in einem Krug senkrecht aufgestellt, regelmäßig besprüht.
Die Wurzeln suchten sich die Öffnungen der Spitze und hingen nach vier
Tagen ca. 4 cm auf der Innenfläche gerade herunter. Isabelle spielte Model
und trug den schwer gewordenen Schirm leicht über der Schulter, bevor sie
die Kresse abschnitt und wir eine große Schüssel Salat essen konnten.

Die Klebrigkeit von aufgeweichter Kresse ist eine ihrer besonderen Eigenschaften. Der würzig-scharfe Geruch eine andere. Über die erstere lassen sich
noch viele weitere Gestaltungsideen entwickeln.

Vom Material zur Pflanze

Ist das Samenmaterial ausreichend genossen und getestet, sollten auf jeden
Fall wenigstens einige Pflänzchen weiterwachsen dürfen um zeigen zu können, dass sie nicht nur wie ein Wundertüten-Material auf Watte gediehen oder
dem Tonigel Stacheln bringen. Kresse ist – kaum bekannt – eine Pflanze, die
ca. 30 bis 50 cm hoch und schnell wächst, weiß blüht und im Gegenlicht sehr
anschaulich, weil durchscheinend, ihren Samenstand zeigt. Es gibt also keinen
Grund, sie nur 5 cm bis zur »Butterbroternte« oder für das Osternest zu ziehen. Gerade Kresse ist ausgezeichnet geeignet über ihren Materialwert als

Osterschmuck buchstäblich hinauszuwachsen, um auch als Pflanze mit neuen Samen Beachtung zu finden. Rausreißen, sezieren, untersuchen, pressen, trocknen, alles Tätigkeiten, wie sie für Botaniker unerlässlich sind und auch in uns den Forscherdrang wecken können.

Wer für das auswachsen Lassen keinen Platz oder keine Zeit hat, kann lediglich den Samen auf seine Bedürfnisse als Pflanze hin erforschen und die Zusammenhänge mit Licht, Luft, Wasser und Wärme erfahrbar werden lassen. Die Vergleichs- und Handlungsfragen erweisen sich dazu als nützlich und lernintensivierend.

Der Speckstein

Steine sind ein wichtiger Erfahrungsbereich für Kinder, obgleich dieser in Gegenden von Sandlandschaften, wie in Berlin und Umgebung, schwer und nur kostenaufwändig zu organisieren ist. Es ist ein sehr vielseitiges Thema, das uns auch zu den Wundern der Natur entführen kann. Wir haben in der Lernwerkstatt u. a. auch mit Schieferplatten experimentiert. Ein Kirchendach war gerade abgedeckt worden und bot ausreichend Material für die Materialbörse. Aber vor allem haben wir uns dem Speckstein zugewandt, der als Naturmaterial im Alltag zwar vielfach im Gebrauch ist, aber dennoch den meisten unbekannt war. Er hat sich als eine besondere Gesteinsart als ein Beispiel für materialorientiertes entdeckendes Lernen in der Lernwerkstatt besonders bewährt. Als weißer, rosa oder grün-schwärzlicher Brocken lag er in der Lernwerkstatt auf einem runden Tablett zusammen mit einem bearbeiteten Stück, das in Eiform warm aber schwer in der Hand lag, ein unbearbeitetes und ein bearbeitetes Stück also zum Vergleich. Mit warm und schwer sind bereits zwei Eigenschaften angesprochen. Dass er sehr weich ist, überrascht dann doch. Der Fingernagel lässt sich hineindrücken. Mit Feile, Säge und normalem Küchenwerkzeug kann er ausführlich erkundet werden.

Schwimmt er, brennt er, lässt er sich einfärben oder färbt er selbst ab? Viele Eigenschaften, Möglichkeiten und Beobachtungen werden herausgefunden. Exemplarisch lassen sich die Fragetypen anwenden. Viele Gruppen haben anhand dieses Materials die Arbeitsweise der Lernwerkstatt selbstständig herausgefunden. Interessant ist, dass der Gestaltungsdrang dabei immer im Rahmen der Eigenschaften blieb. Das geschmeidige, weiche und warme Fühlen wurde in der Art von »Schmeichelsteinen« verstärkt herausgearbeitet, wobei sich die Bearbeitung an den natürlichen Strukturen und Formen eines Brockens orientierte. Der befürchtete, Material vergewaltigende Aschenbecher blieb dadurch aus.

Der weitere Erprobungsweg lief dann wieder wie bewährt. Eine dicke Scheibe konnte abgesägt und in die Kindergruppe mitgenommen werden. Als Gegenleistung sollten nach Möglichkeit die Erfahrungen zurückfließen. Ein Kilo

Der Blick nach oben bringt neue Perspektiven

für DM 3.50 ergab viele Scheiben und viele Arbeitsgruppen à drei bis vier Kinder, Elterngruppen, Großelternnachmittage konnten davon profitieren, sodass gerade bei diesem Material ein enormer Multiplikationseffekt bei geringen Kosten zu erkennen war. Wo die Versuche gezündet haben, wurde das Material dann auf eigene Kosten besorgt. »*Ganz Karow ist im Specksteinfieber*«, erzählte einmal eine Erzieherin, die aus diesem Berliner Stadtteil den weiten Weg zur Lernwerkstatt nicht scheute. Über ihren Sohn war der Vorschlag in die Schule gedrungen, eine Kirchengemeinde hatte Wind bekommen und so weiter. So hat ein außerordentlich gesundes, hautfreundliches und Pflanzen düngendes Naturmaterial, das Talkpulver aus der Apotheke, die Schneiderkreide oder das Rutschpulver, eigendynamisch weitergestrahlt. Und liest man im Lexikon der Warenkunde nach, sind da noch viele Alltagszusammenhänge offen um entdeckt zu werden.

Die Ziegenhaut

Ein weiteres Material erkundendes Forschen bietet eine rund geschnittene Ziegenhaut aus dem Musikfachhandel. Sie ist unscheinbar und den meisten unbekannt. Fest, milchig, an manchen Stellen durchsichtiger, ungleichmäßig strukturiert. Ratlosigkeit! Was soll das, was ist das? Pergament?

Wie kann man dem Material auf die Spur kommen? Indem man es mit einem anderen Element konfrontiert? Versuchen wir es! Feuer schließt sich aus; sie war nicht teuer, aber auch nicht umsonst. Der Luft war das Material bereits ständig ausgesetzt und hat sich nicht verändert. In Erde würde es vermutlich nicht verrotten, wahrscheinlich würde in weiteren 2000 Jahren noch immer ein eingravierter Text zu erkennen sein. Eine Hypothese, die sich im Rahmen einer Weiterbildung an drei Tagen nicht zufrieden stellend überprüfen lässt. Bleibt das Element Wasser. In eine runde Schüssel wird die Haut eingetaucht. Verändert sich etwas? Nicht wesentlich. Vielleicht ist das Wasser zu kalt? Heißes Wasser wird besorgt und ein Prozess der Metamorphose vollzieht sich rasch. Man erinnert sich an Fensterleder, das ebenso hart wie trocken ist, weich und angenehm glitschig sich anfühlt, wenn es nass ist. Die Assoziation an Fensterputzen ist den Erzieherinnen nicht sehr förderlich. Kinder jedoch lieben das Gefühl. Sie brauchen ausreichend Zeit, die Verwandlung des Materials mit Fühlen, Knautschen, Streicheln im Geiste zu verarbeiten. Manchen kommt die Erinnerung an eine Trommel, die im Kindergarten vorhanden ist. Ein Kind erzählt vom Vater, der eine aus Afrika mitgebracht hat. Vorerfahrungen werden geweckt, an die angeknüpft werden kann. Dem schlapperigen Ding wird versucht ein Trommelgeräusch zu entlocken. Es misslingt. Was müssten wir eurer Meinung nach tun? Straff ziehen! Wir ziehen straff, jemand trommelt. Es klingt gar nicht gut. Es muss wieder fest werden. Aha, straffen und trocknen lassen? Worauf, worüber? Die Lernwerkstatt ist mit so grundlegenden Materialien wie Einweckgummis ausgestattet. Es findet sich eine dickwandige Papprolle. Der Blecheimer lässt sich jetzt schon eindellen. Er scheidet aus. Auf der Papprolle sitzen zwei Gummis genau richtig. Wie lange wird das Trocknen dauern? Mal sehen, ob es schon trommelig klingt. Es dauert ... Aber dann nach einer halben Stunde klingt die bezogene Rolle satt und voll.

Wie klingen andere Stoffe und Materialien? Die Frage könnte sich zur weiteren Erprobung anschließen, nicht aber Spiele zum Raten oder Bestimmungsbücher. Sie setzen Wissen und Können voraus und schließen Prozesse ab, anstatt sie an den möglicherweise aufgetauchten Fragen weiter zu entwickeln. Stegreifspiele mit wenigen Utensilien können sich aus dem Nichts entwickeln. Ein Rumhampeln von übermotorischen Kindern wird in einen Stampftanz übergeleitet. Ein Kind begleitet auf der Trommel. In Stegreifspielen werden häufig die Rollen getauscht. Ein Sich-hinein-fühlen-Lernen mit vielen Gelegenheiten ohne perfekte Vorführeffekte!

Rollen, Reifen, Räder

Alles dreht sich. Vom Lenkrad und vom Windrad wissen Kinder, dass sich etwas um eine Achse dreht und sie sind gewohnt, dass ihre Dreiräder funktionieren. Werden Autos nachgebaut, fehlt jedoch die funktionierende Mechanik. Hier können wir ansetzen zu einer länger andauernden Untersuchung: Warum dreht sich das Windrad eigentlich, eine Fahrradpedale, eine Felge, Rollen unter einem Brett? Wie funktioniert das Drehen genau? In Fahrradwerkstätten ist jede Menge ausgebauter Teile zu bekommen und wer einmal anfängt zu sammeln, findet das Interesse mancher Eltern und erhält weitere Teile. Zahnräder, Uhrenräder usw. Manches muss geöffnet werden um die Mechanik zu sehen, also aufmachen, hineinschauen – öffnen, damit sich auch die inneren Zusammenhänge erschließen.

Die Auseinandernehm-Werkstatt

Genau genommen war es Martin, der uns indirekt zur *Auseinandernehm-Werkstatt* brachte. Er wollte mehr »wissenschaftlich« arbeiten, bat er immer häufiger am Rande, konnte aber nicht sagen, was er darunter verstand und wie er sich das genau vorstellte. Sein Betteln verriet etwas von dem »*Hunger nach Leben und Aktivität*« eines Kindes, wie es FREINET beschrieben hat. Auf eine andere Einrichtung in der Nähe mit physikalischen und chemischen Labors für eine Nachmittags-Arbeitsgemeinschaft ließ er sich nicht verweisen. Alle anderen Möglichkeiten vom Glasschleifer, den Sprühbildern, dem Kopierer, den Magnetspielen, Wandprojektionen usw. hatten die Jungen selbstständig erprobt und ausgetestet und uns unbewusst geholfen auf andere Ideen und Spuren zu kommen. Das Stereoskop hatte Martin dagegen nicht besonders interessiert. Etwas »Wissenschaftlicheres« hatten wir nicht, außer den vielen Experimentierbüchern, die ihn auch nicht reizten. Da wir alle 14-tägig nach der jeweils anderen Arbeit aus freien Stücken in der Arbeitsgemeinschaft zusammenkamen, hatten wir vorrangig uns selbst im Kopf und weniger die Fortsetzung einer pädagogischen Begleitrolle. So kam ich lediglich auf Technisches, wofür ich bisher noch keine Erzieherin gewinnen konnte.

In einem Raum hatten wir seit einiger Zeit alte Wecker, Radios, Fernseher und andere Elektro- oder mechanische Teile gesammelt und demonstrativ Schraubenzieher daneben gestellt. Sofort hatten wir daraufhin auch von verschiedenen Seiten weitere interessante Teile erhalten. Aber niemand hatte Interesse gezeigt diese auseinander zu nehmen. Vielleicht gingen die Erzieherinnen insgeheim von einer Reparatur aus, da eine Modell-Kindertagesstätte auch mit einer »Reparaturwerkstatt« für Kinder begonnen hatte. Jedenfalls tat sich in diesem offenen Angebotsbereich lange nichts.

Meine Vorstellung von Erfindern, Wissenschaftlern und dem Auseinandernehmen von Geräten hatte ich aus einem dokumentarischen Filmbericht erhalten, der in eindrücklicher Weise den Entwicklungswegen der fünf weltweit innovativsten Computerforscher nachspürte, die sie in ihrer Kindheit bezüglich ihres späteren Forscherdranges genommen haben. Da tauchte der alte Wecker auf, der zuerst unter das Röntgengerät eines mit der Familie befreundeten Arztes gelegt und dann auseinander genommen werden durfte. In etwas hineinsehen zu können, das so perfekt funktioniert, aber nach außen hin nicht zu erkennen gibt, wie es funktioniert – diesem Geheimnis auf die Spur zu kommen, schilderte einer als die treibende Faszination, die ihn zeitlebens begleitet. Die tief greifenden Schlüsselerlebnisse der Kindheit waren ihnen nicht nur bewusst, sondern sie versuchten auch den eigenen Kindern ähnliche Grunderfahrungen zu ermöglichen. Vom Reparieren oder wieder Zusammenbauen war keine Rede.

Oder ich erinnerte mich an einen Bericht über Manfred VON ARDENNE, der als 12-Jähriger in der elterlichen Wohnung in Berlin-Kreuzberg das größte Zimmer zur Verfügung gestellt bekam, damit er seinen Tüfteleien besser nachgehen konnte, bis er als 16-Jähriger im Jahr 1923 in Berlin-Lichterfelde ein eigenes Versuchslaboratorium gründen und in der Funk- und Fernsehtechnik sowie der Elektronenoptik entscheidende Neuerungen entwickeln konnte.
Welche Möglichkeiten dieser Art gibt es in den institutionalisierten Kindheiten für spätere Erfindertätigkeiten, fragte ich mich unwillkürlich? Brauchen Kinder

nicht wenigstens das Angebot einer *Auseinandernehm-Werkstatt* als *einer* Möglichkeit?

Ich hatte selbst noch nie etwas auseinander geschraubt, sodass Martin und ich uns eines Tages über einen riesigen Fernseher hermachten. Wir brauchen geeigneteres Werkzeug, war die eine Erfahrung und die zweite: Man möchte am liebsten mit dem Hammer den verschweißten Plastikteilen zu Leibe rücken! Die Innenwelt nahm mich so gefangen, dass ich zu Hause andere Elektrogeräte aufschraubte, bevor ich sie entsorgte. Da tauchten in jedem Gerät Magneten auf, nach denen ich für die Lernwerkstatt in vielen Geschäften gesucht hatte, und die Kupferdrahtspulen sind so vielfältig, dass sie zur Sammelleidenschaft werden können.

Es war und blieb aber ein Alleingang in der Gruppe, von der die Lernwerkstatt-Gruppe erst Notiz nahm, als eine Erzieherin sich bereit erklärte ihrer Vorschulgruppe ein Gerät in die bereits aufgebaute kita-eigene Lernwerkstatt einfach hinzustellen und abzuwarten. Den Prozess hat Anne NGUYEN dann so detailliert beobachtet und aufgeschrieben, dass wir endlich Erfahrungen darüber hatten, ob der »didaktische Funke« vom Material auf die Kinder überspringt oder nicht. Als ich Tage später die Situation fotografieren kam, zeigten die Jungen ein enormes Selbstbewusstsein und so etwas wie ein inneres Leuchten. Zu diesem befriedigendem Erlebnis gesellte sich gleichzeitig ein anderes: Eine Mutter kam ihren Sohn abholen, hörte den Krach und bekam zufällig einige Hammerschläge mit, die auf ein Gerät – notwendigerweise – herabsausten und meinte entsetzt: »Kannst du das nicht liebevoll auseinandernehmen?« Von da an wussten wir, dass wir uns auf neue (alte) Argumente gegen das Auseinandernehmen von Geräten würden einstellen müssen.

Da gerade bei den Lernwerkstatt-Workshops »aus dem Nichts« inzwischen auch von vielen Erzieherinnen in verschiedenen Städten diese praktische Erfahrung mit großer Begeisterung gewählt wird, kam es zu vielen Beobachtungsmöglichkeiten und gemeinsamen Diskussionen. Ich möchte hier die Gemeinsamkeiten herausstellen um mögliche Bedenken in Bezug auf die Kinderarbeit eventuell ausräumen zu können:

Erzieherinnen machen sich oft zum ersten Mal daran ein technisches Gerät auseinander zu nehmen. Zu dritt, zu viert wird an Ort und Stelle fieberhaft der Weg nach innen gesucht. Es entwickelt sich eine Dynamik, die sie immer weiter treibt. Alles, was noch verdeckt bleibt, reizt zum Aufdecken. Manchmal sieht man vier Händepaare an einem Gerät gleichzeitig. Das Werkzeug dagegen bleibt spärlich, weil übersichtlich, und man muss sich untereinander arrangieren. Die Begeisterung teilt sich im Raum auch denen mit, die sich einem ruhigeren Tüfteln zugewandt haben. Meist wird der Vorschlag zum Mitschreiben aufgegriffen und abwechselnd die Äußerungen untereinander mitgeschrieben. Im Anschluss daran vorgelesen, vermögen sie der Gesamtgruppe sehr lebensecht den begleitenden assoziativen Denk- und Gefühlsprozess nahe zu bringen. Die Aufzeichnung vermag auch ein Nachweis dafür sein, wie lebensnahes Lernen stattfindet, das ohne dieselbe sich sofort der Erinnerung entzöge. Außerdem belegt sie einen Aspekt, der bei dieser gemeinschaftlichen Arbeit besonders hervorsticht. Es handelt sich um einen sehr kommunikativen Prozess. Bei Kindern ist neben dem kommunikativen auch der Sprachschatz erweiternde Gesichtspunkt interessant.

Meistens tauchen drei Fragen regelmäßig auf:
- Wie lässt sich mit dem Auseinandernehmen ein Lernen begründen?
- Lernen die Kinder nicht vielmehr ein Kaputtmachen?
- Was ist, wenn die Kinder zu Hause anschließend den Fernseher im Wohnzimmer auseinander nehmen?

Die Frage nach einer Verletzungsgefahr taucht dagegen nicht auf, lediglich die Frage nach giftigen Stoffen, die sich in manchen elektronischen Geräten befinden. Dies haben wir bei Gelegenheit im Fachhandel erfragt. Aber weniger komplizierte Geräte sind ohnehin geeigneter, z. B. Radio, Föhn, Lockenstab, Mixer, Kaffeemühle, Kassettenrekorder usw.

Die erste Frage beantworteten sie häufig damit, dass allein die Möglichkeit etwas aufschrauben zu dürfen, viel von einem Tabu wegnähme und befreiend wirke. Sie würden angeregt werden sich Gedanken zu machen, wozu was da ist und wie es möglicherweise funktioniert.

Die zweite Frage ergibt in etwa diese Meinung: Das Gerät ist bereits kaputt und Kinder realisieren sehr gut, was auseinander genommen werden darf und was nicht. Diejenigen, die selbst Hand angelegt haben, haben an sich und untereinander ganz andere Erfahrungen gemacht, als dass der Begriff »Kaputtmachen« darauf passen würde.

Die dritte Frage beantworte ich inzwischen mit einem augenzwinkernden Ja. Alle Erzieherinnen, die inzwischen die *Auseinandernehm-Werkstatt* in ihrer Einrichtung praktizieren, würden berichten, dass die Kinder schnurstracks zu Hause zum Entsetzen der Eltern alles auseinander nähmen. Zum Glück glaubt das dann niemand! Aber die Frage lässt einen interessanten Zusammenhang erkennen, dem man im Zuge der einseitig geführten Gewaltdiskussionen nachgehen könnte: Wird die Zunahme an Gewalt durch das Auseinandernehmen von Schrottteilen im Kindergarten noch gefördert oder eventuell sogar verhindert?

Das Zweite ist tatsächlich der Fall und verdient Erwähnung. Ich fasse hier die Berichte aus vielen Kindertagesstätten zusammen: Die Eltern werden über die Kinder aufmerksam auf das, was in der Kindertagesstätte passiert. Väter bleiben auffallend länger beim Bringen und man merkt ihnen an, wie es ihnen in den Fingern kribbelt. Sie bieten *von sich aus* weitere Teile an, spendieren altes Werkzeug usw. und nehmen insgesamt oftmals anders Anteil am Kindergartengeschehen. Wird dagegen *vorher* eine Sammelankündigung gestartet, führt das nicht zum gewünschten Erfolg. Das bedeutet für die Praxis: Nichts verlangen, nichts erwarten, einen kleinen Versuch mit den Kindern machen (indem man ein Gerät und zwei bis drei passende Werkzeuge in eine Ecke auf den Boden stellt) und abwarten und für Überraschungen jeder Art offen sein.

Sehr unterschiedlich erlebe ich die Phase *nach* dem Auseinandernehmen. Manchmal werden die Teile geordnet nach Art des Materials, einmal wurden sie zu einer schlangenartigen Spur gelegt, häufiger werden Teile sofort umfunktioniert und erleben eine Renaissance in einer Neudefinition als Schmuck, als geknüpftes Armband, als Kreisel oder Roboter. Die Rohstoffquelle für Kupferdraht und Magnete ist manchen schon bekannt oder wird als Information gestreut. Erschreckt stelle ich jedoch fest, dass beim leisesten Hinweis meinerseits: »*Wir müssen bald ans Aufräumen denken*«, alle Schätze in Windeseile komplett zum Müll wandern. Damit will ich auf die oft unbedachten Nuancen bei den Impulsen der Prozessbegleiterin hinweisen. So nebensächlich und indirekt sie auch erscheinen mögen, so sind sie doch an sensiblen Punkten entscheidend dafür verantwortlich, ob und wie Prozessverläufe sich weiter entwickeln, ob sie besiegelt oder kreativ erweitert werden.

Eine Förderung des Lernens liegt in der Phase der Klassifikation. Damit ist nicht ein moralisches Ordnung Schaffen gemeint, sondern das Sortieren nach Arten. Es ergibt sich, wenn mehrere Ordnungsbehältnisse zur Verfügung stehen, wie transparente Gläser, flache Pappdeckel oder weiße Suppenteller. Kinder im Vorschulalter sortieren von Natur aus gern nach Größe, nach Typ (Schrauben z. B.), nach Funktionen usw. »*1. Konkretes Material wird nach gemeinsamen Eigenschaften oder Funktionen zusammengefasst.*
2. Gegenstände werden bestimmten vorgegebenen Merkmalen zugeordnet.«

So steht es im Berliner Rahmenplan der Vorklassen unter den Aufgaben und Zielen beim mathematischen Handeln. Ich zitiere den Rahmenplan an dieser Stelle um zu zeigen, dass dies Kinder in dem Alter meist von sich aus tun. Das Zitat soll beruhigen, nicht verunsichern! Wenn Sie gegen den Vorwurf einer blinden Zerstörungswut argumentieren müssen, setzen Sie neben eine Präsentation der ausgebauten Innenteile den folgenden Text und darunter die o. g. zwei Punkte. Und vielleicht haben Sie auch noch einige Dialoge der Kinder in einigen Auszügen einfangen können, die Sie daneben setzen.
»Fähigkeit zur Begriffsbildung.
Begriffsbildung setzt die Analyse voraus. Durch Vergleichen der zu analysierenden Gegenstände werden gemeinsame Eigenschaften herausgestellt, so können die Gegenstände zu Klassen zusammengefasst und durch das Gemeinsame charakterisiert werden.«[28]
Bewusst nicht vorgegeben sind im Rahmenplan die Themen oder Materialien,

an denen die Fähigkeiten ausgebildet werden sollen. Das beschert einen großen Freiraum, der allen zur Verfügung steht um das an Erfahrungsbereichen zur Verfügung zu stellen, was in erster Linie Spaß macht und realitätsnah ist. Ein gestalterischer Herstellungsprozess von etwas Neuem kann dann nach einer intensiven Erkundung beginnen, sofern einige dazu Lust haben. Das Gestalten selbst kommt auch bei der Reggio-Pädagogik erst *nach* einer ausreichend langen, intensiven und vielfältigen Auseinandersetzungsperiode mit Material, Erscheinungen oder Situationen.

Beispiel eines Protokolls

Tanja HÜBNER aus Göttingen hat sowohl auseinander genommen, als auch nebenbei mitgeschrieben, was vier Erzieherinnen an einem Tisch, an dem zwei Telefone untersucht wurden, beim Tun so durch den Kopf ging:

> *»Müssen wir die anschließend wieder zusammenbauen?*
> *Das haben bestimmt Männer zusammengeschraubt!*
> *Wie baut man's überhaupt auseinander?*
> *Da, wo man hört, ist es dreckig!*
> *Da kann man nichts mehr rausnehmen!*
> *Doch da ist noch eine Schraube.*
> *Wenn ich mit dem Ding fertig bin, dann ist es fertig.*
> *Es darf kaputt gehen.*
> *Da haben bestimmt viele Taiwanesen lange dran gesessen um das zusammenzubauen.*
> *Das ist ja eklig, ich glaube ich muss mein Telefon auch mal aufschrauben und von innen säubern.*
> *Schön bunt!*
> *Das ist gefährlich, so scharfkantig!*
> *Guck mal, das ist magnetisch.*
> *Hey, das sieht ja scharf aus, das hast du nicht!*
> *Ich bin noch nicht so weit.*
> *Das ist eine einfachere Konstruktion als die da drüben.*
> *Huch, das schießt!*
> *Wie viel Meter Draht!*
> *Das ist durchgängig magnetisch.*
> *Ey, ich habe auch einen Magneten.*
> *Einen Taschenmagnet.*
> *Da ist ein Zeichen mit 'ner Hand drauf.*
> *Da steht bestimmt, man soll es nicht auseinander nehmen!*
> *Volt, Amperè.*

Das ist auch alles magnetisch.
Ih, ist das eklig!
Puzzle?
Da sind bestimmt 10 Meter drauf.
Mehr!
Warum ist das eine rot?
Das ist doch Kupfer!
Ja, ich muss gerade an meinen Physiklehrer denken!
Das reißt immer!
Au, das tut ja weh, jetzt hab ich da schon zwei Macken!
Arbeitsunfall!
Ich wollte eigentlich die Meter messen.
Das kann man nur grob schätzen.
24 Einzelteile hat der Hörer!
Das zählen wir aber jetzt nicht alles.
In meinem nächsten Leben werde ich Telefonbauerin ...«

Unter diesen Äußerungen finden sich: Ausdruck des Staunens, des Schmerzes, der Freude, der Abscheu, der Überraschung, Feststellungen, Sich-Korrigieren, Eigenschaften, Vermutungen, Interpretationen, Erinnerungen, Fragen an andere, innere Fragen, Mutmacher, Zahlen usw. Emotionale und rationale Äußerungen, Sachliches und Unernstes tauchen in ähnlicher Weise bei allen Protokollen auf. Sie könnten in einer zweiten Spalte stehen und die Dynamik des Tuns und des Denkens anschaulich werden lassen.

Der Besuch im Kopierladen

Um 9 Uhr sind wir beim Copy-Center am Uni-Parkplatz in Göttingen verabredet. Lernen als Abenteuer muss auch außerhalb des Gemeinderaums gesucht werden. Unvorherzusehendes, Nichtplanbares, das Improvisation und Flexibilität erforderlich macht, ist nur im wirklichen Leben zu finden. Hemmschwellen, Hürden, Hindernisse – wo sind sie probehalber leichter zu überwinden, als in einem Dienstleistungsbetrieb, der über den Gebrauch von Medien so viele Möglichkeiten eröffnet – praktisch wie persönlich? Am Tag zuvor waren alle Formalien genauestens vorbesprochen worden: Der Treffpunkt, die Uhrzeit und die Finanzierung. Das Ziel der Unternehmung war transparent gemacht worden. Jede kennt einen Kopierer und hat schon häufig Schriftstücke kopiert. Doch kennt sie ihn wirklich? Die Frage, die uns heranführen sollte, lautete so:
Welche gestalterischen Möglichkeiten bietet mir das Medium Kopierer?
Die wichtigsten Funktionen von Kopierern sollten unabhängig von der Vorlage

bzw. den aufgelegten Gegenständen zunächst spielerisch herausgefunden und angewendet werden, um das Gerät, seine Tastatur und sein Display kennen zu lernen und eventuelle Hemmungen abzubauen. Die Funktionen sind:

- hell – dunkel
- kleiner – größer

Jede Kopie kostete hier sieben Pfennig, jede Kopie brachte eine weitere Erfahrung, eine Erfahrung also für sieben Pfennig. Wenn jede Kopie eine Erfahrung bringt, gibt es keine Fehlkopien! Wir hatten uns von vornherein auf einen Einzelbeitrag geeinigt, den jede für diese Art praktischen Lernens in der Gruppe zur Verfügung stellen konnte und wollte. Wir kamen auf sieben DM. Damit hatten wir die größte Hemmung beim Experimentieren formal und demokratisch gelöst und selbst Experimente in Farbe wurden möglich.

Der sich selbstdynamisch steigernde Verlauf

Obwohl wir angemeldet und gerade Semesterferien sind, begegnet man unserem Erscheinen mit Vorbehalten. Zweiundzwanzig Frauen, die offensichtlich keine Studentinnen sind, nehmen mehrere Geräte in Beschlag, decken die Glasplatte zum Schutz mit Klarsichtfolien ab und beginnen zu kopieren.

Ein junger Student ist behilflich, erklärt, weist in den Gebrauch der Geräte ein. Was lässt sich entgegen unserer Absprachen im Sinne selbstentdeckenden Lernens beobachten? Die Gruppen stehen dicht gedrängt um ihn herum und ...? Sie lassen sich helfen, erklären, einweisen! Da ist es wieder aufgetaucht: das Moment der anfänglichen Unsicherheit, das Bedürfnis nach Rückversicherung, die Angst etwas falsch oder am Gerät etwas kaputt zu machen, die Selbstverleugnung, es ohne (männliche) Hilfe gar nicht schaffen zu können. Gerade eben noch waren einige auf dem Parkplatz stolz, den Treffpunkt mit dem Auto ohne Umwege gefunden zu haben und jetzt dies! Der junge Mann musste schnellstens gestoppt werden! Mit dem Hinweis auf einen Kreativitäts-Workshop, der selbstständiges Lösen von Problemen zum Ziel hat, bremse ich seinen Wunsch unser Bestes zu wollen, da wir dieses gerade selbst entdecken wollen!

Mit dem selbstbestimmten Vorgehen kann sich die Gruppendynamik untereinander frei entwickeln. Partnerschaftliches Vorgehen oder dominanter Führungsstil einer Einzelnen? Meistens findet jede ihre Rolle und die Rotation ergibt sich von selbst. Eine richtet die Materialien ein, eine deckt das Licht ab, eine kümmert sich um die Reihenfolge um den Prozess später nachvollziehbar werden zu lassen, eine macht vielleicht Notizen. Jemand drückt den Startknopf. Man sucht gemeinsam in den Handtaschen nach interessanten Objekten, jemand findet im Papierkorb nebenan eine interessante Vorlage. Einige haben Materialien von der *Auseinandernehm-Werkstatt* dabei. Schmuck und

Tücher werden abgenommen, Hände aufgelegt, die Schlüsselbunde und Geldscheine werden kopiert, »Tabubrecher«, wie Tampons und Kondome tauchen auf oder Papier wird einfach geknüllt und drauf gelegt. Der grafische Reiz verschiedener Materialien wird so getestet und evtl. weiter benutzt.

Irgendwann tritt an allen Geräten die bewusstere *Gestaltungsphase* ein und es wird zielgerichtet auf ein Ergebnis hin gearbeitet. Bildkompositionen entstehen. Dabei erfährt man, dass mehrere Proben nötig sind, genauso wie Zeichner, Grafiker, Karikaturisten und Maler oft dutzende von Skizzen anfertigen, bevor *das eine* Bild entsteht. Genauso verlaufen auch die Prozesse im Copy-Center. Wenn *ein* Ergebnis dann gefällt, verfällt die Gruppe in die »Produktionsphase«, d. h., das eine wird für jede vervielfältigt. Ein nahtloser Übergang vom Suchen, Probieren und Verändern hin zum mehrmaligen Kopieren ein- und desselben Bildes setzt ein.

Dieser entscheidende Phasenwechsel entzieht sich meistens im Eifer des Gestaltungsdranges der bewussten Wahrnehmung. Er löste einmal im Nachhinein durch eine höhere Summe unangenehme Geldgespräche aus, als ich diesen Phasenablauf in seiner Struktur noch nicht genügend studiert hatte. Aber eigentlich hat genau dieser Punkt im Prozessablauf eine andere Aufmerksamkeit verdient! Denken wir an Walter BENJAMINS berühmtes Suhrkamp-Bändchen: »Das Kunstwerk im Zeitalter seiner technischen Reproduzierbarkeit«, dann wird deutlich, dass weitere Kapitel hinzugefügt werden müssten. Nach der Fotografie hat nicht nur der Kopierer, sondern inzwischen auch der Computer, der mittels Scanner Bilder aufnehmen, neu gestalten und mehrfach ausdrucken kann, eine wahre Revolution ausgelöst. Die Aura, die nur der Einzigkeit eines Werkes anhaftet, die Frage nach der Kunst und die Frage nach der menschlichen Sinneswahrnehmung müssen im Zeitalter der Digitalisierung neu gestellt werden.

Intuitiv und in immer wieder überraschendem Einvernehmen nehmen die Erzieherinnen genau den Moment wahr, wo jede weitere Veränderung eine zu viel wäre, schalten in Sekundenschnelle auf die »technische Reproduktion« um und versorgen sich mit einer limitierten Auflage, die regelmäßig nur die Gruppenmitglieder berücksichtigt, die an diesem Gerät arbeiten und evtl. noch die vom Nachbargerät, sofern sich zwischen beiden eine Kooperation entwickelt hat. Womit ich sagen will, dass ich sehr selten eine der begehrten Arbeiten ergattern konnte um sie hier mit abzubilden.

Der kreative Kick und der Wunsch nach Steigerung

Die Sieben-Pfennig-Kopien erfüllen den anfänglichen Zweck die Geräte und Tasten kennen zu lernen, lassen sich aber technisch nicht verbessern, bleiben grau und gestreift und bringen bei den Bildcollagen nur frustrierende Ergebnisse. Die

Gruppen wechseln zu den besseren Kopierern für zwölf Pfennig, einige schwärmen zu den gegenüberliegenden Copy-Centern aus um preiswertere Farbkopieversuche zu machen. Eine hat den Dia-Rahmen mit der grünen Tinte und dem Backpulver dabei, das am Vortag noch dichte Schaumblasen verschiedener Größe aufwies und uns alle neugierig machte, ob eine Kopie möglich sein und wie diese wohl aussehen würde. Sie fand einen Kopierer mit dem entsprechenden Aufsatz in der Art eines Dia-Projektors, der eine Farblaserkopie direkt vom Dia auf das Format DIN A 4 bzw. auch auf DIN A 3 herstellen kann.

Insgesamt kamen so die Erfahrungen von drei verschiedenen Copy-Shops von den sieben in unmittelbarer Uni-Nähe liegenden zusammen. Die Erfahrungen betrafen nicht nur die Preise und die Möglichkeit des Herunterhandelns, sondern vor allem auch die Möglichkeit der selbstständigen Handhabung und der freundlich-kreativen Atmosphäre, die die Frauen wahrnahmen oder vermissten.

Im Gemeinderaum werden die Arbeitsergebnisse der Reihe nach ausgelegt um am Verlauf die Entwicklungen in den Gruppen nachvollziehen zu können. Es herrscht große Betriebsamkeit. War die Reihenfolge so richtig, brauchen wir wirklich alle Kopien, wo ist noch Platz, wie ist das entstanden, was ist das eigentlich? Und die sind ja toll! Schließlich beginnt eine Gruppe, anhand der schlichten Anfangsversuche ihren Prozess zu schildern. Wie sie zunächst Hemmungen hatten, wie sie sich an hell und dunkel, kleiner und größer festhielten, wie sie immer neue Gegenstände ausprobierten, wie sie feststellten, dass die Qualität des Kopierers keine Steigerung zuließ und sie zu einem anderen wechselten. Sie hatten keine fertigen Vorstellungen von zu Hause mitgebracht und sich von den anderen Kunden und anderen Materialien, die zufällig herumlagen, inspirieren lassen. Sie waren also dem Medium und der neuen Situation gegenüber völlig offen begegnet, hatten sich schnell eingearbeitet und gesteigert, so dass die jetzige Rückbesinnung schon fast einer anderen Zeit anzugehören schien. Sie waren zu wahren Profis geworden, hatten selbstständig sich fachlichen Rat eingeholt, wenn das Display unverständlich war und hatten sich untereinander ergänzt, bestärkt und angeregt. Die Zusammenarbeit hat viel Spaß gemacht. Die Reihung auf dem Boden zeigt deutlich den Entwicklungsverlauf. Im Vergleich mit anderen Gruppen werden typische Entwicklungen deutlich:

Erste tastende Versuche öffnen sich zu kühnen Materialschlachten, die – wieder reduziert auf weniges – zu den Beispielen führen, die schon mal als Kunstwerke oder einfach nur als tolle Bilder bestaunt werden.

Es wird festgestellt, dass die einfachen Anfangskopien und Zwischendurchkopien, die eindeutig dem Papierkorb (oder der Pappmaschee-Sammlung) zuzuordnen sind, eine wesentliche Funktion haben: Auf diesen Erfahrungen bauen die anderen Ergebnisse wie einem inneren Gesetz folgend auf. Ohne sie wären die späteren Arbeiten nicht möglich geworden! Bei diesen Verlaufsreihen wird

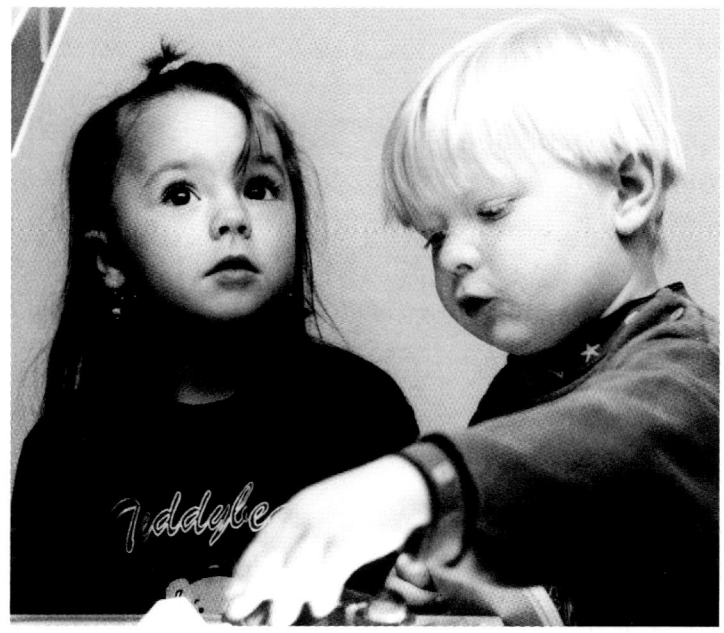

Viviane sucht den Regenbogen

– wie nirgendwo sonst – so komprimiert deutlich, was prozesshaftes Probieren, Erkennen und Lernen in offenen Strukturen heißen kann und dass »fehlerhafte« Kopien die ihnen angemessene Bedeutung erkennen lassen.

Bei der Besprechung der Erlebnisse im Copy-Center wird zweierlei herausgearbeitet:
Der Besuch im Copy-Center dient am Bespiel der spielerischen Aneignung technischer Möglichkeiten dazu individuelle und gruppenspezifische Lernvorgänge sich bewusst werden zu lassen. Er kann als Beispiel für den Beginn entdeckenden Lernens dienen! Dieses Beispiel kann – bei entsprechender Zurücknahme der Begleitperson – auf andere Zielgruppen übertragen werden.

Das Kopieren öffnet Ideen und Möglichkeiten der Gestaltung

Bei der Besprechung der Prozesse tauchen anhand einzelner Kopien auch Ideen für einen Verwendungszweck in der Kindertagesstätte, im Hort, bei Festen oder im privaten Bereich auf. Diese Ideen ergeben sich im Verlauf der Herstellung und des Umgangs mit der reichen Auswahl an entstandenen Fragmenten und Bildern. Gerade Bruchstückhaftes setzt mehr Fantasie frei als fertige Bilder. Diese Phase empfiehlt sich zu einem Ideenpool zusammenfließen zu lassen und sie produktiv zu verwerten.

Der Erfahrungsaustausch

Um das Lernen in der Lernwerkstatt von Unten in seiner Ganzheit verstehen zu können bedarf es noch einer intensiven Betrachtung des Erfahrungsaustausches. Aktion und Reflexion führen erst in enger Verbindung zu einem reichen und lebendigen Lernen. Oft bleiben wir aber aus Zeitmangel oder vielen anderen Gründen im Tun stecken. Erst mit zunehmender Erfahrung gelang es die Reflexionsquelle stärker für das Lernen verfügbar zu machen. Das in ihr ruhende Lernpotenzial musste zuvor als solches gesehen und erkannt werden.

Was passiert eigentlich bei einem Erfahrungsaustausch *genau*? Diese Frage stellte ich mir nach einer dreitägigen Weiterbildung in Göttingen, bei der unter fünf weiteren Erfahrungsbereichen die hier geschilderte »Schneeflocke« und der bereits beschriebene »Besuch im Kopierladen« vorkamen und diese große, breite Mischung das Wesentliche erkennen ließ. Unter dem Eindruck dieses sehr intensiven Austausches habe ich versucht diesen in seiner Allgemeinheit zu beschreiben, um den besonderen Wert des Erfahrungsaustauschs und seiner Bedingtheit ergründen und nennen zu können.

Alle kommen zusammen, wenn *es* so weit ist. Kein Klingelzeichen, kein Gong setzt ein autoritäres Ende. Eine gemeinsame Reflexion nach der Praxis war angekündigt worden, aber ohne einen Zeitpunkt zu nennen. Auch, wenn eine oder zwei Teilnehmerinnen noch Dringendes zu tun haben, kann sich die Gruppe schon einpendeln und überlegen, wer anfängt oder ob wir besser zu den Gegenständen vor Ort gehen. Niemand ist ganz auf sich allein gestellt, die Gruppe trägt zusammen, ergänzt sich untereinander. Das Bedürfnis nach Austausch ist spürbar. Das Erlebte und Herausgefundene will mitgeteilt sein und man möchte auch umgekehrt von den anderen Genaueres erfahren, was man am Rande nur flüchtig mitbekommen hat. Der Erfahrungsaustausch gestaltet sich somit primär interessenorientiert. Sieben verschiedene Gruppenerfahrungen stehen an, die nebeneinander gestellt werden. Sie sind jeweils sehr unterschiedlich. Sie lassen von vornherein eine vergleichende Bewertung gar nicht in den Sinn kommen. Von daher muss sich niemand mit den anderen messen, Konkurrenzverhalten schließt sich aus. Jede Teilnehmerin kann auf die anderen neugierig sein und wirkliches Interesse an deren Themen haben. Noch nicht einmal Geschmacksfragen und Äußerungen, wie »schöner«, »besser«, »gelungener« usw., müssen bei diesen Themen befürchtet werden. Erfahrungsspuren sind erlebte und gelebte Erfahrungen und nicht rückgängig zu machen. Alle mögen empfunden haben, dass es viele Möglichkeiten gab diesen oder jenen Weg zu gehen und es letztlich in diesem Rahmen nicht darauf ankommt, welcher gegangen wurde. So fehlen bei diesen Erfahrungsrunden auch die sonst in Gesprächen üblichen Kommunikationsformeln, wie z. B.: »*An deiner Stelle hätte ich ...*« – »*Wenn ihr das besser so versucht hättet ...*« und ähnliche.

Toleranz entsteht

Der Austausch von unterschiedlichen Erfahrungen lässt eine Atmosphäre der Toleranz von innen her wie von selbst aufkommen. Sie muss nicht eingefordert werden – eine Beobachtung, die sich immer wieder bestätigt!
Auf der nächst höheren Ebene lassen sich die unterschiedlichen Erfahrungen dann auf eine ganz andere Art und Weise vergleichen. Es kommt zu den Gemeinsamkeiten im Vergleich. Was verbindet uns in den Erfahrungen? Was ist ihnen gemeinsam?

Das Gemeinsame

Vieles war beispielsweise nicht vorhersehbar, Unerwartetes stellte sich ein, manches klappte nicht, wie man es sich vorgestellt hatte, Überraschungen tauchten auf, Neues wurde probiert. Es gab Umwege, aber es war trotzdem anregend weiterzumachen, man erinnerte sich an Erlebnisse aus der Kindheit. Andere Bilder von früher stiegen auf, man dachte an die Arbeit und was man mit den Kindern ähnlich machen könnte. Es wurde viel miteinander gelacht. Es wurde nicht als anstrengend empfunden. Obwohl wir viel erlebt und erfahren haben, lässt es sich schwer nach außen vermitteln.
Das Verbindende im übergeordneten Sinne herauszufinden, nicht das Trennende im Detail, das Verständnis für ein anderes Vorgehen und damit für ein anderes Lernen, ist das eigentliche Ziel des Zusammenkommens. Es soll hinführen zur Bedeutung und dem Wert des Prinzips Lernwerkstatt.

Das Gruppenerlebnis

Die Teilnehmerinnen nehmen sich gegenseitig sehr ernst, hören einander zu, können über sich selbst lachen, schildern im Detail und abstrahieren, beziehen sich gelegentlich aufeinander. Es wird nachgefragt, Erinnerungen kommen hoch, Assoziationen entstehen, Stichworte werden gegeben, neue Horizonte öffnen sich, Ideen bilden sich, Gedanken schweifen ab, werden mit der Nachbarin vertieft. Die Vielschichtigkeit ist gewollt. Trotz der vielen Menschen im großen Kreis entsteht eine sehr dichte Atmosphäre, voll kompakter Informationen, darunter auch Ergänzungen aus der Arbeit oder aus anderen Zusammenhängen. Es wird gewechselt vom konkreten Ausgangspunkt zur gedanklichen Übertragung in andere Bereiche. Die Gedanken finden Verknüpfungspunkte, Zusammenhänge werden nachvollziehbar, lebendiges Denken wird spürbar, es belebt und schafft eine innere Zufriedenheit, es macht Spaß. Die, die früher gehen müssen, bedauern es und die von allen runtergehandelte halbe Stunde scheint vergessen.

Nach diesen Runden konstatiere ich immer wieder die Unmöglichkeit, diese Situation konkret zu beschreiben. Mitschreiben ist unmöglich! Ein Aufzeichnungsgerät lässt wichtige Nuancen außer Acht. Dazu fehlen die entscheidende Gestik und Mimik, die sich mir als Fotografin oft lange ins Gedächtnis speichern.

Von den Erfahrungen vieler zum abstrahierenden Denken

Obwohl die Gruppen nacheinander von der konkreten Arbeit berichten, geht es nicht ausschließlich um die Vermittlung des neu gewonnenen Wissens. Es geht um das, was sich währenddessen in den Köpfen und den Gefühlen einstellt, aber nicht gleichzeitig benannt und reflektiert werden kann.

Eine Gruppe von zweiundzwanzig Frauen bringt unterschiedliche Erfahrungen bereits mit, diese werden u. U. durch die hier gemachten Erfahrungen angerührt, wieder geweckt, miteinander vermischt, neu belebt und jetzt gemeinsam auf einer Ebene neu diskutiert. D. h., sie werden evtl. anders beleuchtet, neu gewichtet, erhalten aus der Sicht oder durch den Tonfall einer Kollegin einen anderen Sinn. Zweiundzwanzig Frauen, ob sie schweigen, nicken, nachdenken, ihre Augen sich erhellen, weil ein Funke überspringt oder, ob philosophische Gedanken sich ins Unreine einen Weg bahnen, eines wird ganz offensichtlich: Die Stärke kommt aus der Gruppe und sie verstärkt sich in ihr! Eine allein könnte nie all diese Gedankenanregungen bekommen und diese Lebendigkeit erfahren, weder durch einen Vortrag, noch durch ein Buch, seien beide auch noch so gut. Die Qualität an unmittelbarem Erleben und die Bereicherung durch die Gruppe lassen sich durch nichts ersetzen! Die Bereicherung ist jedoch mehr als die Summe der Erfahrungen von allen zusammen. In der Vielfalt liegt der Drang zum abstrahierenden Denken. Dieses verallgemeinernde Denken führt weg vom rein gefühlsmäßig Erlebten, vom schwärmerischen Erzählen, das häufig auf seinen Abstraktionswert hin unreflektiert bleibt und führt stattdessen hin zu einem selbstständigen und selbstkritischen Denken. Bliebe man mit seinen Erfahrungen allein oder würde man sie lediglich erzählen, aber nicht wirklich austauschen, so bliebe man in der emotionalen Empfindung stecken. Auch das oft übertrieben betonte »Bauchgefühl« bedarf einer Integration im Gehirn, wenn der Lernprozess sinnvollerweise tief und langfristig verankert werden soll.

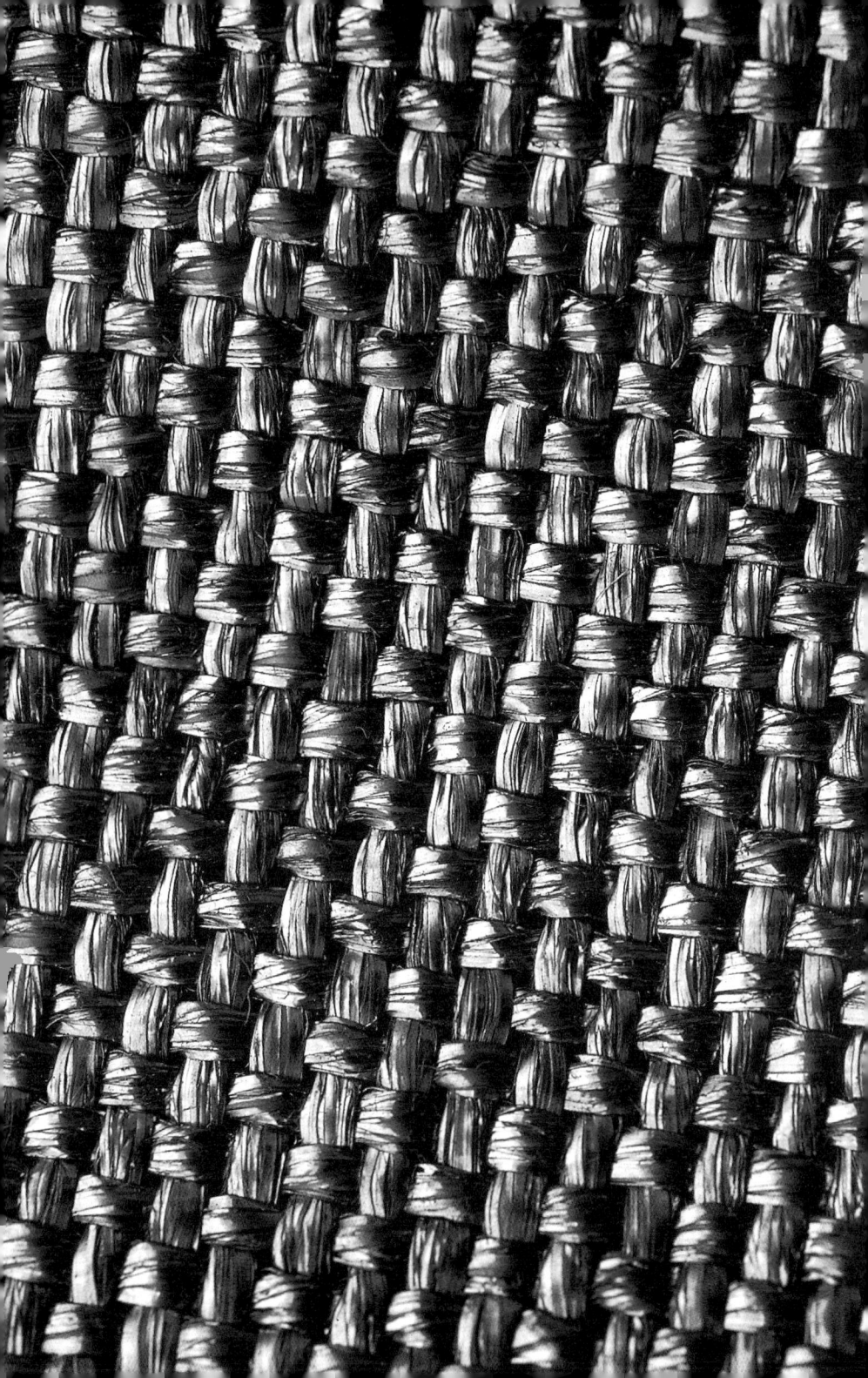

Zwei Beispiele für entdeckendes Lernen

Die Schneeflocke – ein Beispiel aus einer Weiterbildung

Draußen schneit es dicke Flocken. Der Gemeinderaum im ersten Stock mit seiner großen Fensterfront lässt trotz des dichten Schneefalls viel Licht herein. Man spürt unwillkürlich – jenseits der Fensterscheiben beginnt momentan eine ganz andere, fremdartige Welt, die in dieser Region sehr selten ist. Die Bäume des Parks, das Einkaufscenter, die uniformen Häuser der Plattenbausiedlung sind wie weggezaubert. Stattdessen weiß in weiß, ungewöhnlich große Gebilde, die vom Wind angepeitscht, mehr diagonal als senkrecht die Sicht eilig durchqueren.

Innen beginnt gerade die Entscheidungsphase für eine Fragestellung. Für zwei Teilnehmerinnen ist sofort klar, dass sie nach draußen gehen und auf die aktuelle Situation spontan reagieren werden. Ihr Wunsch war zunächst Schneeflocken einzusammeln und mit hereinzunehmen. In ihrem Bericht formulierten sie die Anfangsfrage dann so: Wie können wir die Schneeflocken am besten einsammeln? Materialien wie Zeitungspapier, Schreibpapier, Glasbehälter, eine Plastikfolie, eine Dose und eine achtfache Lupe werden mit herausgenommen und auf der Steinkante der Grünanlage in einer Reihe abgelegt.

Zuerst wird mit dem Schnee »gespielt«, das Gesicht dem dichten Schneeschauer entgegen gehalten. Unterschiedlich große Flocken in schrägen Strömen werden entdeckt, die Gefühle mit *»schön«, »weich«, »wattig«* und *»leicht wegschwebend«* beschrieben, auch als ein *»Frau-Holle-Gefühl«*. Im Nu sind die Haare voll Schnee und beide Figuren ganz eingehüllt. Aber so schnell wie das Schneetreiben begann, so schnell hört es wieder auf und hinterlässt eine weiße Decke und zauberhafte Gebilde auf den Ästen und Zweigen. Bei näherer Betrachtung werden mit bloßem Auge einzelne Kristalle an herunterhängenden Zweigen entdeckt, die aber sofort schmelzen. Unter der Lupe werden in den locker aneinander hängenden unterschiedlich geformten Teilchen Eisberge entdeckt und wie ein Gebirge empfunden. Sie beobachten, wie sich der Schnee auf den verschiedenen Untergründen verhält. Er haftet gut und ausdauernd auf den Papieren und der Folie, schmilzt dagegen schnell im Glasbehälter.

Die Frage taucht auf, ob sich das irgendwie auf dem Overhead-Projektor betrachten lässt. In Windeseile werden die tropfenden Materialien nach oben getragen und der Projektor schnell aufgebaut. Das Zeitungspapier ist danach völlig durchnässt, aber auf der festen, etwas stärkeren Folie (einer aufgeschnittenen, durchsichtigen Plastiktüte) befindet sich noch Schnee. Sie wird auf die Leuchtfläche gelegt.

Die ca. zwei mal zweieinhalb Meter große Projektion auf der Wand im dunklen Flur wirkt außerordentlich interessant und löst bei allen Teilnehmerinnen überraschte Reaktionen aus. Das »Bild« lässt sich schwer beschreiben und schon gar nicht mit Blitz fotografieren! Es erinnert an eine irreale Landschaft mit schwarzen Flecken und silbrig glänzenden, sehr plastisch wirkenden, unregelmäßig geformten Gebilden.

Die beiden »Schneeforscherinnen« untersuchen das Bild genauer. Wodurch werden die schwarzen Flecken an der Wand erzeugt und wodurch entstehen die silbrigen Stellen? Im Bild bewegt sich etwas! Schneeschmelze? Die Folie und ihr Abbild an der Wand reizen zum bewussten Eingreifen. Mit dem Finger wird der Wirkung nachgeholfen um die Ursache zu ergründen. Es sieht aus wie ein Zeichnen bzw. Malen mit den Fingern.

Folgende Erkenntnisse ergeben sich: Wo verhältnismäßig viel Schnee ist, zeigen sich die schwarzen Flecken in der Projektion. Mit einem zusätzlichen kleinen Schneeball wird das überprüft. Je verdichteter der Schnee, desto schwärzer die Projektion. In verflüssigter Form wird der Schnee transparent, aber nicht glasklar. Ob der Schnee oder die Folie Verunreinigungsspuren tragen, bleibt dahingestellt. Zu Wasser geschmolzen, lassen sich dann die silbrig erhabenen amorphen Formen ausmachen, die – im Ausnahmefall mal kreisrund – wie Perlen auf der Wand sitzen. Nachdem die Wasserlandschaft auf der Folie genügend untersucht ist, besteht bei beiden der Wunsch eine einzige Schneeflocke zu betrachten.

Vom Vortag sind noch einige Dia-Rahmen übrig geblieben, mit denen sie auf Schneeflocken-Fang gehen. Doch leichter gedacht als getan! Wie bekommt man *eine* Flocke in das Glasrähmchen? Dieses Schauspiel entzog sich leider der Aufmerksamkeit aller und kann hier deshalb auch nicht als fotografierter Schnappschuss wiedergegeben werden. Aber auf genaueres Nachfragen hin ergibt sich in etwa folgende Vorstellung von der Szene: Zwei Frauen, diesmal ohne wärmende Jacken, stehen vor dem Gemeindezentrum auf einem viel begangenen Fußgängerweg mit einem aufgeklappten Diarahmen. Sie schauen nach oben. Es schneit wieder, aber sehr viel weniger. Sie versuchen eine einzelne Flocke auszumachen und sie im Flug mit erhobenem Arm direkt einzufangen. Eine sicher seltene Situationskomik. Wer im Eifer des Forschungsprozesses jedoch ernsthaft bei der Sache bleibt, sind die beiden Teilnehmerinnen! Zwei Dias mit je einer Schneeflocke werden in den Projektor geschoben und mit Spannung die Projektion studiert. Tatsächlich zeichnet sich eine Schneeflocke als bizarrer Umriss hauchzart und leicht gräulich ab. Im Umfeld versprengt hängen silbrige, wie Perlen wirkende, kreisrunde Tropfen, die wieder sehr plastisch sind. Bereits beim Zusammendrücken der Rahmen wurde diese Versprengung beobachtet. Um die silbrig-grauen Wassermoleküle herum sind kreisrund wesentlich kleinere silbrig-grüne Kügelchen angeordnet. Daneben gibt es noch weiße Luftpunkte, die im weiteren Prozess einen schwarzen Punkt in der Mitte produzieren, der an ein magisches Auge oder eine befruchtete Eizelle denken lässt. Die größeren Tropfen verändern sich bald so, dass sie an Zellteilung erinnern. Die gesamte Projektion wird mit »Mond-Sonnen-System« beschrieben; die Kreise, umgeben von immer kleineren Kreisen, als Urform bezeichnet.

Die Projektion ist lebendig. Sie zeigt Bewegung, Veränderung, Vergehen. Manche Kreise platzen ins Nichts. Dann bleibt keine Spur zurück. Nichts bleibt beständig, keine Statik ist auszumachen, ruckartig verschieben sich Elemente auf der Wand ein Stück weiter nach oben. Trotzdem entsteht der Wunsch nach »Festhalten« des Bildes. Ein Foto ohne Blitz wird versucht. Ein Abzeichnen von der Wand überlegt. Doch mit welchem Papier? Pergament? Nein, eine Transparenz ist jetzt nicht nötig. Je weißer das Papier, desto deutlicher ist der Schattenriss zu erkennen. Ein großer Bogen wird gefunden, ein entsprechend großer Ausschnitt gesucht und auf die Wand geheftet. Mit einem Grafitblock werden die Konturen umrissen oder dunklere Stellen mit der Hand gleichmäßig flächig zu Grautönen verrieben. So entstehen unterschiedliche helle und graue Flächen. Die Projektionsspuren verrutschen während der Arbeit. In der Zeichnung lässt sich dies sichtbar machen.

So entstehen zwei Zeichnungen, die als Beschreibungsgrundlage bei der Vorstellung in der Gesamtgruppe dienen. Zum Glück stand der Projektor so zentral, dass zwischendurch fast alle anderen Teilnehmerinnen einen Eindruck gewinnen konnten. Das Unvorhersagbare und das mit Worten schwer Beschreibbare wäre vielleicht zu unglaubwürdig, zu irreal oder zu abstrakt erschienen. Durch die genaue Beobachtung und Beschreibung entstehen Fragen, der eine Teilnehmerin abends zu Hause anhand eines Physikbuches nachgeht. Unter »Kondensationswärme = Verdampfungswärme« findet sie Folgendes:

»Auch der Übergang zwischen dem flüssigen und dem gasförmigen Zustand lässt sich mit dem Teilchenmodell erklären: Im Innern einer Flüssigkeit können sich die Teilchen praktisch frei bewegen. Die Kräfte, die auf ein Teilchen von seinen Nachbarteilchen ausgeübt werden, heben sich dort gegenseitig auf. An der Flüssigkeitsoberfläche jedoch werden die Flüssigkeitsteilchen von den darunter liegenden Nachbarteilchen festgehalten; über ihnen befinden sich ja nur Luftteilchen, sodass sich die anziehenden Kräfte hier nicht aufheben. Deshalb bilden Flüssigkeiten eine Oberfläche.
Um die Flüssigkeit zu verlassen, muss ein Teilchen an der Oberfläche Arbeit verrichten; es muss die anziehenden Kräfte der Nachbarteilchen überwinden. Wenn die Flüssigkeit ihre Siedetemperatur erreicht hat, haben viele Teilchen die dafür nötige Bewegungsenergie. Aber die meisten Teilchen befinden sich nicht an der Oberfläche, sondern im Innern der Flüssigkeit. Dort bilden sie Gasblasen, die dann aufsteigen. ... Die zugeführte Verdampfungswärme ist nötig, damit sich die Teilchen voneinander entfernen können.«[29]
Geht in diesem Fall die Verdampfungswärme von der Lichtquelle aus? Ist die

Gasblase das magische Auge? Um volle Gewissheit zu bekommen, werden weitere fachliche Abklärungen nötig sein. Doch frühere Erfahrungen zeigen, dass auch Gespräche mit Physikern nicht sofort eindeutige Antworten bringen, sondern erneute Versuche erfordern würden.

Das Beispiel der Schneeflocke eignet sich m. E. besonders um wesentliche Merkmale des Werkens am Lernen innerhalb einer Weiterbildung als eine lebendige Verbindung von Kreativität und Lernen deutlich zu machen. Deshalb seien hier im Anschluss an die Prozess-Schilderung die Bezüge zum Thema hergestellt und zusammengefasst.

Die unmittelbaren Vorerfahrungen:
- Der Tag zuvor hatte Erfahrungen mit dem Dia-Rahmen als Ausgangsmaterial zusammen mit beliebigen Inhalten, u. a. auch Flüssigkeiten plus weiteren Zusatzstoffen, gebracht.
- Die überraschend auftretenden Bewegungsformen im projizierten Bild hatten Erstaunen ausgelöst und neugierig gemacht.
- Graue Flächen (beschlagenes Glas?) wurden versuchsweise interpretiert, da ihnen Flüssiges auswich. Faszinierende, aber nicht zu erklärende Erscheinungen hatten alle gesehen, einige bewusst bewirkt und manche damit weiter experimentiert.
- Die Schneesituation mit den dichten, schweren Flocken war bereits tagelang als Ausnahme-Naturerscheinung in den Kindertagesstätten ausführlich genossen worden und führte im gesamten Alpengebiet zu katastrophalen Lawinenabgängen. In den Medien waren bereits mehrere Forschungsberichte zum Thema Schnee gebracht worden. Sowohl physikalische als auch chemische Grundlagen wurden im Zusammenhang mit seiner unterschiedlichen Beschaffenheit von Schnee dargestellt und sein Verhalten von Temperaturen, Mengen, Aufschichtungen, Geschwindigkeiten, inneren Turbulenzen usw. abhängig gemacht. Die Fernsehsendungen hatten viele der Teilnehmerinnen gesehen, sodass davon ausgegangen werden kann, dass eine Sensibilisierung für Schnee als einen forschungswürdigen und nicht nur formwürdigen Stoff bereits vorhanden war.
- Die zwei Teilnehmerinnen reagieren spontan auf die Wettersituation und machen von der Möglichkeit Gebrauch sich eine eigene Frage zu suchen.
- Trotz des spontanen Entschlusses wird eine Schnellplanung erkennbar. Verschiedene Materialien für Vergleiche werden gleich mitgenommen und nicht erst später nachgeholt. Die Vorbereitung für eine Versuchsreihe wird auf der Steinkante erkennbar.
- Das genauer zu beleuchtende Material wird zuerst sinnlich wahrgenommen. Verwunderung, Staunen, Überraschtsein stellen sich ein.
- Fragen tauchen auf, die zu Versuchen führen, die anderen unlogisch erscheinen. Aber niemand bremst oder macht abwertende Bemerkungen.

Andererseits gibt auch niemand Tipps oder Hilfestellungen. Lediglich der Grafitblock wird gebracht, als zum Nachzeichnen ein passender Stift gesucht wird.

- Die Anfangsfrage wird im Prozess erweitert bzw. vertieft, ohne eine konkrete Ausformulierung.
- Die Teilnehmerinnen verfolgen einen Weg, der nicht zielgerichtet eine Vermutung belegen oder entkräften soll, sondern sie vertrauen auf »*irgendetwas Spannendes und Lebendiges*«, da es sich um einen »*Stoff aus der Natur*« handelt, wie sie später bemerken.
- Entsprechend offen reagieren sie auf das, was sie wahrnehmen und setzen kreativ die Medien und Techniken ein, die ihnen die Möglichkeit in Aussicht stellen weiterzukommen. Die Organisation der Medien übernehmen sie selbst.
- Im Physikbuch wird abends weitergeforscht, obwohl eine Teilnehmerin in der Schulzeit das Fach Physik nicht mochte.
- Von Anfang an liegt der Schwerpunkt auf dem physikalischen Aspekt, nicht auf dem gestalterischen. Denkbar wäre auch der Weg des Einfärbens, des Bildererzeugens, des Fabulierens gewesen etc.
- Assoziationen und Empfindungen sind immer im Bewusstsein. Sie werden von beiden untereinander, aber auch nachher in der Reflexion thematisiert, z. B. die Schwierigkeit des Loslassen-Könnens eines fertig untersuchten und interpretierten Bildes, das sich verändert und kein beständiges Ergebnis bleibt.

Viviane sucht den Regenbogen – ein Beispiel aus der Kinderstätte

Als ich Viviane das erste Mal sehe, sitzt sie zusammen mit anderen Kindern am Tisch und versucht Knete zu schneiden. Sie unterhalten sich angeregt und finden offenbar Gefallen daran. Die restlichen Kinder sind noch mit dem Wegräumen der Frühstücksreste beschäftigt. Ich sitze ihr am Tisch gegenüber und versuche aus blauen und gelben Briefumschlägen kleine Papiertheater zu fertigen, mit ausgeschnittenen Fenstern und Figuren auf Streifen, die zum Ziehen oder Schieben taugen. Die Kinder sind mit drei bis fünf Jahren zu klein um es selbst zu machen, sodass sie mich beauftragen, welche Figuren ich wie zeichnen soll. Anschließend wollen sie das Theaterhaus dann als das ihre mitnehmen.

Während ich noch mit den dünnen Umschlägen und dem unkalkulierbaren Strom an Kleber aus der Flasche hantiere, beginne ich zu zweifeln, ob mein

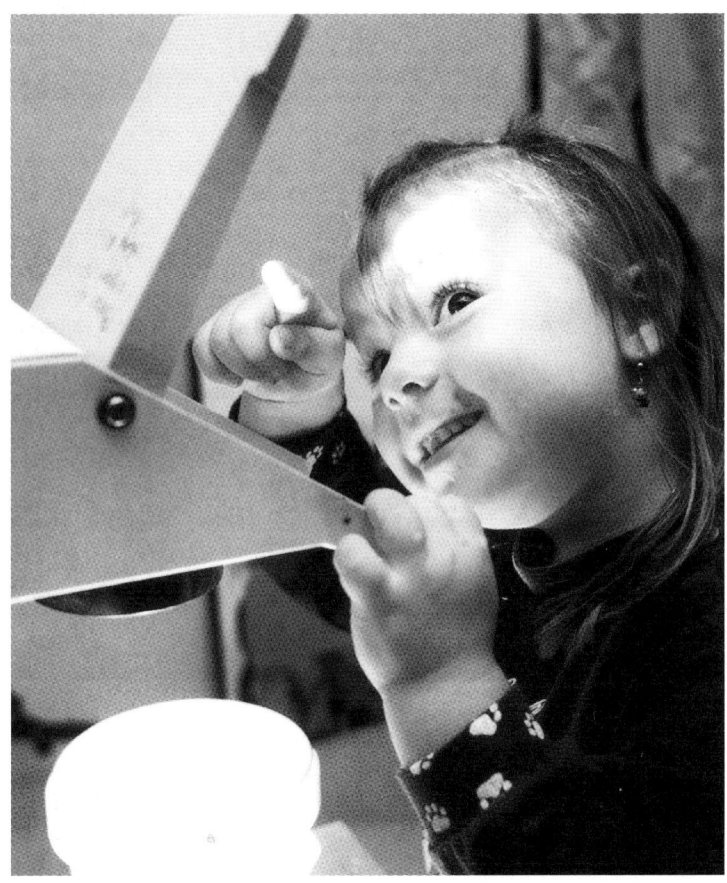

Tun in Richtung Lernwerkstatt hilfreich ist. Der Sack mit den Umschlägen ist zwar eine Fundgrube für fantasievolles Arbeiten quasi aus dem Nichts heraus und ein Grundstock für eine Materialbörse, die als Umschlagplatz von Material plus Ideen plus Erfahrungen für andere Gruppen und Kindertagesstätten dienen könnte. Jedoch lässt sich mit dieser Altersgruppe und diesem Vorhaben kein selbstständiges Arbeiten und die damit einhergehende Vielfalt entwickeln, sodass die Kinder mir bereits die Rolle der Basteltante zugeschrieben haben, als etwas Unvorhergesehenes geschieht.

Im Nebenraum wird ein Overhead-Projektor aufgestellt. Eine andere Gruppe hat ein kaputtes Fernglas auseinander geschraubt und neben einigen verschieden großen Linsen auch vier kostbare Glasprismen darin gefunden, die das Licht so wundervoll in seine Spektralfarben zerlegen können. Das Gerät und die optischen Materialien stehen nun zur Verfügung, der Raum ist dunkel genug um Projektionen an der Wand zu erkennen, und das eingeschaltete Gerät zieht die Kinder automatisch vom Tisch weg in den Nebenraum. Irgendwo an der Wand und an der Decke taucht ein regenbogenfarbener Lichtfleck auf.

Händewaschen im Licht

Das Gerät ist hell, sehr hell. Die Schreibfläche, unter der die Lichtquelle sitzt, reizt die Kinder offensichtlich genau rein zu gucken. Aber die Kinder versuchen bereits den nach oben gerichteten Lichtstrom zu begreifen. Alle versuchen, dicht gedrängt um das Gerät, ihre Hände zwischen Leuchtfläche und die obere Optik zu halten. Sie drehen und wenden sie langsam und ihre Augen sind fasziniert auf die wechselnde Be- und Durchleuchtung der Hände gerichtet. Sie wechseln sie ab, mal die linke, mal die rechte. Es sieht aus, als ob sie ihre Hände sanft im Licht waschen würden. Manche verweilen bei diesem Tun, einige entdecken die Schattenrisse an der Wand, unscharf und gespenstisch. Sie vermuten, dass die Wandschatten mit ihrem Handeln zusammenhängen könnten und ihre Blicke bleiben jetzt häufiger auf die Wand gerichtet, während sie blind agieren. Eine Erzieherin verstellt die Höhe der Optik und bewirkt damit eine bessere Schärfe der Schatten. Einige drängt es bereits, weiter danach zu suchen, wie die Schatten gezielt beeinflusst werden können. Es beginnt das Schattentheater. Zugleich wird die Klappe auf dem Kopf entdeckt, die auf der Innenseite verspiegelt ist und das Licht umlenkt. Je nach dem Neigungswinkel lässt sich die Projektion an der Wand verschieben, nach oben oder nach unten. Die Mechanik der Klappvorrichtung bringt an sich schon Anreize genug, sodass sie ausdauernd und mit Begeisterung bedient wird: Klappe auf – Klappe zu, auf – zu, ohne Ende wie es scheint. Die Hände sind selbst immer in Bewegung, ebenso wie die Öffnung und Schließung der Klappe, die die projizierten Schatten bewegt. Sie taugen also noch nicht zur Überprüfung der Frage: *Was bewirkt was und wie lässt es sich gezielt handhaben?*

Die Spinne an der Wand

Da taucht die Spinne auf – unverkennbar, groß und gespenstisch! Max hat das weiche Plastikvieh bereits den ganzen Morgen über in der Hand gehalten und es versuchshalber auf die Leuchtfläche gesetzt. Der Zufall hätte den jungen Forschern nichts Besseres in die Hände spielen können! Die markante und allen bekannte Gestalt eignet sich bestens um sie verschwinden und wieder auftauchen zu lassen – mittels der Klappe. Eine Phase unendlichen Vergnügens, die ausgekostet sein will, versteht sich!

Später wandert sie auf die Optik, die Klappe schließt sich. Zu heiß für die Spinne, sie könnte schmelzen und stinken, befindet eine Erzieherin und rät den Kindern die Klappe nicht ganz zu schließen. Jetzt bleibt die Klappe zwar immer wieder etwas offen, aber mit der Spinne auf der Optik tauchen gleich zwei Spinnen an der Decke auf. Allgemeines Staunen auch bei den Erwachsenen, die immer mal wieder durch die offene Tür hereinschauen oder den Prozess gebannt verfolgen. Inzwischen fragen sie sich schon, was für eine Phase sich als Nächstes im Prozess des entdeckenden Lernens aus dieser Situation ergeben wird? Wann werden die Versuche mit der Spinne genügend ausgereizt sein und ein anderer Gegenstand ausgewählt werden? Doch die »Spinnerei« – einfach und verdoppelt – geht weiter und die Erwachsenen halten sich mit Kommentaren jeglicher Art zurück.

Irgendwann taucht dann eine kleine Holzlokomotive auf und wird aufgelegt. Die Projektion scheint niemanden mehr zu begeistern. Der Schatten wirkt eher klumpig und er lässt sich nicht als Zug über die Wand fahren. Als hätten sie sich verabredet, verschwinden die größeren Kinder auf dem Fußboden, legen Holzschienen aus und spielen mit der Eisenbahn und den Bauklötzern. Bald wird um die entscheidenden Teile gestritten und sich gekloppt. Die Aufmerksamkeit der Kinder ist beim Spielzeug gelandet. Erst durch den Streit wird uns Erwachsenen bewusst, in welcher Eintracht sie zuvor probiert und experimentiert haben. Ihre Aufmerksamkeit war auf einen gemeinsamen Prozess gerichtet, der immer wieder durch Zufälligkeiten oder Beiläufiges neue Anstöße erhalten hat und fast von selbst – wie von innen her – vorwärts drängte.

Die Stunde von Viviane

Viviane, drei Jahre alt, eher klein und zierlich, hat bislang auf einem Stuhl an der Seite gesessen und mehr oder weniger passiv zusehen müssen. Ihr hat es der farbige Lichtfleck im Raum am meisten angetan. Für sie war es der Regenbogen, da bestand kein Zweifel. Doch warum er mal da war und mal nicht, scheint für sie zu einer Frage ursächlicher Bedeutung geworden zu sein. Als die Spinne nicht mehr von allgemeinem Interesse war, hat sie diese an sich nehmen können und jetzt dreht und wendet sie sie zwischen Projektor und Wand, Letzterer zugewandt, in Erwartung eines Schattens. Ausdauernd und zielstrebig macht sie sich erneut auf den Weg, die Zusammenhänge zu ergründen, auf *ihren* Weg. Sie verstellt die Höhe ihrer Hand, fährt zur Seite, geht vor- und rückwärts. Doch sie bleibt unterhalb der Lichtspur und es passiert nichts. Irgendwann greift sie hinter sich und setzt die Spinne auf den Projektor, ohne den Blick von der Wand zu lassen. Jetzt hat sie es! Der Schatten ist da und mit einem Freudenschrei drückt sie aus, dass sie Ursache und Wirkung in ihrem Kopf verknüpfen konnte. Energiegeladen ändert sie ihre Position, steigt auf den Tisch und kniet neben dem Gerät nieder. Die Leuchtfläche befindet sich jetzt direkt vor ihr und die Klappmechanik ist für sie leicht erreichbar. Zunächst gehen ihre Versuche in Richtung Überprüfung: Taucht die Spinne immer an der Wand auf, wenn ich sie auf die Platte setze? Und verschwindet sie wieder von der Wand, wenn ich sie von der Platte nehme? Zufällig steht der Spiegel im richtigen Winkel, sodass ihre Versuche erfolgreich verlaufen. Sie wiederholt sie im schnellen Wechsel: Spinne drauf – Blick zur Wand, Spinne weg – Blick zur Wand oder umgekehrt: Ihr Blick bleibt an der Wand hängen, während ihre Hand die Spinne wegnimmt und wieder zurücklegt. Ihre Augen, ja ihre ganze Mimik, verraten, dass sie »mit den Händen« denkt.

Probieren und studieren

Danach durchläuft auch sie noch einmal die Phase der Klappmechanik. Flink, konzentriert und fasziniert arbeitet sie am Auf- und Zuklappen, also dem Verschwinden- und Auftauchenlassen des Objekts an der Wand, ehe sie die Spinne zum Verdoppeln bringt. Es ist jetzt ganz allein *ihre* Entdeckung, ihr Erfolg und sie drückt dies wieder mit einem Freudenschrei aus. Als ihr die heiß gewordene Spinne in die Hand gelegt wird um ihr klarzumachen, dass diese unter der geschlossenen Klappe verschmurgeln würde, versteht sie sofort und lässt von dieser Spur ab.

Sie sucht nach weiteren Gegenständen, die sie systematisch einen nach dem anderen auf die Platte legt und auf der Wand überprüft, ob sie dort erschienen sind. Der Reflektor bleibt in dieser Phase fest in einer Position stehen. Als Gegenstände kommen hinzu: ein Holzklotz, ein Plastikdeckel, eine Lupe, eine Holzpinzette, eine Holzfigur. Dann beginnt der umgekehrte Prozess. Einen Gegenstand nach dem anderen nimmt sie wieder weg und wirft jedes Mal einen schnellen Blick an die Wand. Später, als Nadine hinzukommt und etwas wegnimmt, bemerkt sie dies sofort anhand der Schatten und ruft: *»Oh, wer hat meinen Bauklotz weggenommen?«*

Nadine, größer als Viviane, aber still und bescheiden, bleibt im wahrsten Sinne des Wortes im Schatten. Sie hat keine Chance, selbst handelnd aktiv zu werden. Viviane bestimmt den weiteren Prozess, während sie munter drauf los redet: vom Kino, von dem Film, der hier abläuft und immer wieder erwähnt sie den Regenbogen, der gleich rauskommen muss. Mal zeigt sie dabei auf die obere Optik, mal auf die Gegenstände auf der Platte. Es scheint, als ob es für sie nur eine Frage der Zeit ist, bis sie herausgefunden hat, wie der Regenbogen wieder herzustellen ist. Nadine zeigt andere Interessen und das stört sie: »*Hier nimm das und bring es in die Gruppe!*«, versucht Viviane sie wegzuschicken. Als Nadine einfach bleibt, droht sie ihr: »*Du bist nicht mehr mein Freund!*« und schlägt energisch die Klappe zu. Nichts läuft mehr. Sehr schnell erkennt sie jedoch, dass sie sich damit auch selbst blockiert und kriegt elegant die Kurve.

Als Jurek, ihr Freund aus einer anderen Gruppe, in der Tür erscheint und sie ihn aus der Lichtflut heraus entdeckt, strahlt sie über das ganze Gesicht und winkt ihn herbei. Auch ihn versucht sie in *ihre Lernspur* zu integrieren, indem sie ihm alles zeigt und erklärt: »*Der Regenbogen muss gleich herauskommen*«, meint sie geheimnisvoll. Jurek war dabei, als die Glasprismen ausmontiert wurden und er zeigt den fachmännischen, zusammengekniffenen Blick, als er sich ein Glasprisma nimmt und es sich direkt vors Auge hält. Doch Viviane braucht es in ihrer Objektsammlung und fordert es nachdrücklich zurück. Jurek legt es nach einer Weile zurück und Viviane schiebt nun das Glasdreieck auf der Platte hin und her und sucht die Wand ab. Da! Über den Garderobenhaken ist deutlich ein Lichtfleck in den Spektralfarben zu erkennen. Fast andächtig weist sie Jurek darauf hin: Da ist er, der Regenbogen! Ganz ohne triumphierende Gestik, ohne Freudenschrei kommt sie jetzt aus. Stattdessen begleitet sie ihr Erfolgserlebnis mit einem tiefen Seufzer, so als wolle sie sagen: »*Geschafft! Ich hab's doch gewusst, dass er wieder rauskommt!*« Sie richtet sich auf, ihr Körper spannt sich, die Arme streckt sie von sich und dreht sich pirouettenartig in unvergleichlicher Weise zu einer Pose der Selbstzufriedenheit und der inneren Freude.

Viviane ist ein Kind von drei Jahren, das den Regenbogen entdeckt, verloren und wieder gefunden hat und auf der Suche nach ihm keiner Anleitung und Erklärungen bedurfte. Fast hätte es niemand bemerkt!

Der Ablauf dieses Prozesses wurde im letzten Drittel mit einer Videokamera festgehalten und unmittelbar danach in Form eines Gedächtnisprotokolls von zwei sich ergänzenden wahrnehmenden Personen festgehalten. Erst beim Schreiben ins Reine erschloss sich die tieferliegende innere Suche von Viviane, die einen Anfang hatte und von ihr stringent zu einem (vorläufigen) Ende geführt werden wollte. Oberflächlich betrachtet war es nichts weiter als ein

Ein Stereoskop lässt Unsicht-bares sichtbar werden

Spiel, das jederzeit hätte abgebrochen werden können. Erst beim dritten Mal Hinschauen und genauem Analysieren wurde verständlich, dass sie auf einer Spur war, die sie nicht unterbrechen *konnte.* Dass sie andere Kinder nicht zum Zug kommen ließ, wird als mangelndes Sozialverhalten gewertet. Liebevoll wird sie manchmal als Hexe bezeichnet. Aber Eltern und Pädagogen wünschen sich konzentrierte, interessierte, motivierte und durchsetzungsfähige Kinder, die wissen, was sie wollen und etwas zu Ende bringen, was sie angefangen haben. Vivianes Entdeckungsweg dauerte knapp eine Stunde. Sie ging ihn voll Selbstvertrauen und der ihr innewohnenden Gewissheit. Sie hat niemand aus dem Feld geschlagen, sondern intuitiv ihre Chance erkannt und sie genutzt. Sie hat versucht, Nadine und Jurek mit in ihren Lernprozess zu integrieren. Dass diese Kinder jedoch wieder *ihren* eigenen Weg hätten finden können müssen, wurde ihr nicht bewusst. Aber wie viele Erwachsene verfügen schon über dieses Bewusstsein ...? Und darüber, dass wir viele, sehr viele, solcher »Hexen« in Zukunft brauchen werden?

Viviane, Nadine und Jurek besuchen die Kinderstätte HL. Kreuz auf der Folsterhöhe in Saarbrücken, die bereits seit Jahren Erfahrungen sammelt mit der Konzeption *sinn*-volles Spielerleben ohne »Zeugs« und mit dem entdeckenden Lernen begonnen hat.

Zusammenfassung

Der Lernwerkstattgedanke von Unten hat sich im Laufe der Zeit verändert und weiterentwickelt. Die Konzentration spitzt sich immer mehr auf das Wesentliche und Reale zu: dem Entdecken der uns umgebenden Welt. Sie umgibt uns und kann überall und jederzeit zum Forschungsgegenstand erhoben werden. Aktion und Reflexion brauchen nicht zwangsläufig ein Lernwerkstattdach über dem Kopf, führen aber in der Regel zur Schaffung entsprechend räumlicher Möglichkeiten. Ein Ort, in dem Ausgangsmaterialien und grundsätzliche Gerätschaften zusammen zu finden sind, ermöglichen einen schnellen Zugriff und unterstützen einen flexiblen und viel dimensionalen Lernprozess. Der Ort gewinnt darüber hinaus zunehmend an Bedeutung, weil er nicht nur die Utensilien an einer Stelle bündelt, sondern auch die Erfahrungen und verschiedenen Lernspuren, die hier konserviert werden können. Schließlich vermag ein Ort mit gewachsenen Strukturen auch eine identitätsstiftende Funktion erfüllen. Menschen finden sich selbst darin wieder, fühlen sich hier im Lernen zu Hause, gewinnen mehr und mehr Vertrauen, übernehmen mehr Selbstverantwortung und genießen die gedankenanregende Atmosphäre. Die »Seele des Hauses« sollen die Nutzer und Interessenten selbst sein. Eine »Leitung«, um die sich ein Personenkult entwickelt, lenkt mehr vom selbständigen und selbst bewusstem Lernen ab, als dass sie dazu hinführt. Wenn sich der Weg von Unten her entwickelt, geschieht das Lernen in basisdemokratischer Selbstverantwortung.

Der anfängliche Projektgedanke reduzierte sich auf das Werken am Lernen. Die Bedingungen für ein ganzes Projekt sind selten auszumachen. Dagegen sind Lernwerkstattphasen von einer Minute zur anderen für nur kurze Zeit herstellbar. Sie können mit anderen Spiel- und Beschäftigungsphasen problemlos abwechseln, wie es Kinder uns erkennbar vorleben. Damit soll den Fragen vorgebeugt werden, die manchmal gestellt werden: »Darf man jetzt gar nicht mehr ...« oder »Müssen wir jetzt nur noch...« Das Prinzip des selbstbestimmten Lernens beantwortet diese Frage von selbst.

Die bekannte Vorschullehrerin Nancy HOENISCH bezeichnet die Phase des Forschens mit ihren Schülern als »science-club«, Wissenschaftsklub. In Schulen wird diese Art Lernen gelegentlich mit Werkstatt-Unterricht betitelt. Eine Einigung auf einen Begriff ist für die Orientierung der Kinder, Eltern und Erzieherinnen jeder Einrichtung zu empfehlen, damit allen klar ist, ob statt Beschäftigung oder Freispiel gerade Lernwerkstatt, Klub der Wissenschaften oder Küchenexperimente »gespielt« wird.

Das Ausprobieren erstreckt sich inzwischen auch auf die Gedanken, die Ge-
fühle, die Selbstreflexion, die Versprachlichung und andere Ausdrucksweisen.
Das Lernen in Zusammenhängen ist ohne ein Lernen im Miteinander nicht
mehr denkbar. Wer die Kraft und die Lust des sich gegenseitigen Beflügelns,
Ergänzens und Bereicherns erfahren hat, wird ein konkurrierendes
Gegeneinander nicht weiter kultivieren wollen. Offenheit wird praktiziert,
Demokratie gelebt. Versuche beziehen sich nicht allein auf elementare natur-
wissenschaftliche Fragen, sondern auch auf die Naturgesetze menschlichen
Zusammenlebens und die zwischenmenschlichen Beziehungen.

Experimentelles Lernen steckt naturbedingt voller Risiken. Entsprechend muss
zu einer anderen Haltung gegenüber Problemen, Kritiken und Konflikten gefunden werden. Eine »Streitkultur« zur Klärung von Inhalten, leistet einer
Kreativitätsentwicklung einen größeren Dienst, als ein alles verdrängendes
Harmoniebedürfnis. Lernwerkstätten sind Orte, bzw. Situationen des Ausprobierens und der Auseinandersetzung mit Materiellem und Immateriellem, mit
der Kartoffel genauso wie mit geistigen Fragen. Emotionale Intelligenz steht
daher ebenso im Interesse, wie die Fähigkeit, einen Sachgegenstand zu untersuchen. Das Lernen, das gelernt und gelebt wird, erstreckt sich wie ein Bogen
über alle Bereiche des Lebens und der Natur. In der Konsequenz lässt sich
daher eine Erweiterung der Lernwerkstatt-Bereiche und eine Öffnung in das
jeweilige Umfeld hinein denken. Der Radius ließe sich erweitern – hin zu einer
Kulturwerkstatt, einer Bildungswerkstatt, eines internationalen Centers für
gemeinsame Fragen, gemeinsame Erfahrungen und ihren Austausch, oder,
oder ...

Wer sich einmal auf das Werken am Lernen eingelassen hat, wird es als eine
Bereicherung erfahren und - als den vornehmsten Geist demokratischen Lernens erkannt haben, gerade auch wegen der Höhen und Tiefen. Es lohnt sich
dranzubleiben!

Danke

Mein Dank geht an all diejenigen Erzieherinnen im Ostteil Berlins, die ausgetretene Pfade zu verlassen bereit waren, um aktiv an neuen Lernspuren zu arbeiten. Besonders danke ich Monika KOPIAK, die mit warmherzigem Humor und Klugheit dem Prinzip Lernwerkstatt von Unten von Anbeginn an entscheidend mit zum Durchbruch verhalf. Ihre Bereitschaft, ganz selbstverständlich konkrete Verantwortung zu übernehmen, bewirkte, dass unser aller ehrenamtliches Engagement zur Lust und nicht zur Last wurde. Jutta BERGEMANN, die trotz schwierigerer Bedingungen unermüdlich an der weiteren Akzeptanz der Lernwerkstatt in Lichtenberg arbeitete, ist zu verdanken, dass bis heute das »Von Unten« sich auch im Nachhinein nicht mehr in ein restriktives »Von Oben« verkehren konnte. Ulrike DONATH aus der Senatsverwaltung investierte weit mehr als ihre Arbeitszeit in die Zusammenarbeit bei der Planung und Durchführung einer überbezirklichen Arbeitsgruppe und so konnte sie – unter der Federführung von Robert SCHOCK – für die Lernwerkstatt-Bewegung in den Ostberliner Bezirken eine koordinierende und konstruktive Weichenstellung setzen. Beate IRSKENS sei Dank, dass sie im Deutschen Verein, Frankfurt am Main, diese neuen Erfahrungen aus dem Kindertagesstättenbereich mit den langjährigen aus dem Schul- und Hochschulbereich in einer Studientagung bündelte und zur Veröffentlichung brachte. Neue Impulse gelangten so an Fachschulen der Erzieherausbildung und in die Kindertagesstättenbereiche in verschiedenen Städten.

Besonders sei denen gedankt, die sich im weiteren Verlauf auf intensive Gespräche und einen langfristigen Erfahrungsaustausch einließen: Bei den »Pädagogischen Küchengesprächen«, durch Herstellen von Dokumentationen und Bildmaterialien aus der Praxis mit Kindern und besonders bei den produktiven, weil kontroversen Diskussionen vor, während und nach diversen Weiterbildungen. Barbara SCHAUERTE, Fachberaterin für evangelische Tageseinrichtungen in Göttingen, ist nicht nur zusammen mit Sonja WESTERBERGER für die Zusammenarbeit am »Forschungsbericht Schneeflocke« zu danken, sondern auch für ihr einmaliges Verständnis; Elisabeth MEURER, für ihre Wahrnehmung und die Zusammenarbeit an der Dokumentation von »Viviane sucht den Regenbogen«, Wilfried HEUSER, Saarbrücken, für das Viviane-Video und die Gespräche über Gott und die Welt, Renate ENGLER, Fachberaterin am Jugendamt Pforzheim, für die Erfahrung perspektivischer Weiterentwicklung im internationalen Bereich und ihre kontinuierliche und professionelle Unterstützung der Lernwerkstattidee, deren Umsetzung und Vernetzung, Theresa GARHAMMER für den Mut, das Thema Lernwerkstatt zur Grundlage ihrer Jahresarbeit an der Fachschule für Sozialpädagogik in Pforzheim zu machen und sie uns zukommen zu lassen.

Darüber hinaus begegnete ich bei einigen Firmen und Geschäften einem großen Interesse an der Arbeit, das selbstlos ein übliches Geschäftsinteresse überstieg. Mit der jahrelangen Zuverlässigkeit an gesammelten Materialien und einem intensiven Austausch kamen so auch neue Anregungen außerhalb des pädagogischen Bereichs dazu. Dafür danke ich: Familie IARUSSO in Zehlendorf für Hunderte von Dreiliter-Schraubgläser und das anregende Ambiente, Familie MUSCHTER vom CityLab, Fachlabor für Fotografie in Charlottenburg, für Tausende an runden Bausteinen; Thomas REETZ und Michael SCHÖNNAGEL vom Kopierservice in Steglitz; Farben Braune und Glas & Hobby in Schöneberg und pulse percussion in Neukölln.

Für das beteiligte Interesse vieler Kinder, ihren Ideen und ihrer Geduld mit uns Erwachsenen, besonders aber Martin BECKER für seine ermutigende Treue danke ich von ganzem Herzen.

Anmerkungen

[1] Vgl. ERNST, Karin: Von New York über Berlin nach Ludwigsfelde ... In: »Begegnung«. Dokumentation der 8. bundesweiten Fachtagung der Lernwerkstätten vom 25.9.-29.9.1995 in Ludwigsfelde Struveshof. Immen-Verlag Wolfsburg.

[2] Vgl. VESTER, Frederic: Denken, Lernen, Vergessen. Was geht in unserem Kopf vor, wie lernt das Gehirn, und wann lässt es uns im Stich? Deutscher Taschenbuch Verlag, 1978.

[3] Vgl. ERNST, Karin: ebd. Dokumentation. S. 28.

[4] Vgl. DREIER, Annette: Was tut der Wind, wenn er nicht weht? Begegnung mit der Kleinkindpädagogik in Reggio Emilia. Luchterhand Verlag.

[5] Vgl. BINNIG, Gerd: Aus dem Nichts. Über die Kreativität von Natur und Mensch. Serie Piper, 1989. (»Aus dem Nichts« beschreibt Bernd BINNIG, Physiker und Nobelpreisträger, als einen Prozess, der mit nichts weiter als der Suche (!) nach der Anfangsfrage beginnt. Die Einstiegsfrage fehlte also noch – am Ende stand der nicht geplante und angestrebte Nobelpreis!)

[6] Verhinderer meint kurz und knapp alles, was ein motiviertes Lernen eher verhindert als fördert: Ängste, Bürokratismus, negatives Lernklima, konventionelles Denken, Leistungsdruck usw., aber auch schlechte Schulbücher (Vgl. Frederic VESTER in: Denken, Lernen, Vergessen). Besonders bei Robert JUNGK (Zukunftswerkstatt) und Hartmut VON HENTIG (Kreativität) findet sich die Bezeichnung »Verhinderer«.

[7] Vgl. JUNGK, Robert; MÜLLER, Norbert R.: Zukunftswerkstätten. Mit Phantasie gegen Routine und Resignation. Wilhelm Heyne Verlag. München, 1989.

[8] Rudolf SEITZ bei einem Vortrag in Berlin: »Die Phantasie hab' ich im Kopf und den hab' ich immer dabei«.

[9] Ruth GREIBER in einem Vortrag bei: »Humane Schule«, Okt. 1997. Zitiert in: Praxis Schule 1/98. S. 65. Westermann Verlag.

[10] Vgl. Dr. Otto SEYDEL: Liebe Abiturienten, ... In: Deutsche Lehrerzeitung. Magazin für Schule und Gesellschaft. Heft 6/7, 1998. S. 6 – 9.

[11] Vgl. METKEN, Günter: Spurensicherung. Kunst als Anthropologie und Selbsterforschung. Fiktive Wissenschaften in der heutigen Kunst. DuMont Buchverlag Köln, 1977.

[12] Vgl. KREUSCH-JACOB, Dorothée: Das Musikbuch für Kinder. Ravensburger: Maier, 1992. S. 7.

[13] Vgl. Baby it's you. Eine Wall to Wall Production. Im Auftrag von Chanel 4. Discovery. Itel. ZDF 1994. In Zusammenarbeit mit ARTE.

[14] Vgl. KAHL, Reinhard: Schritte ins Leere wagen. In: die tageszeitung, Donnerstag, 31. Dez. 1998. 3. Spalte unten.

[15] Vgl. ELSTGEEST, Jos: Die richtige Frage zur richtigen Zeit. In: Die Lernwerkstatt. Eine lebendige Verbindung von Kreativität und Lernen. Zusammengestellt und bearbeitet von Beate IRSKENS. Materialien für die sozialpädagogische Praxis (MSP) 28. Hrsg.: Deutscher Verein für öffentliche und private Fürsorge. Am Stockborn 1 – 3, 60439 Frankfurt/Main. Vgl. Dokumentation der 8. bundesweiten Fachtagung der Lernwerkstätten vom 25.9. – 29.9.1995 in Ludwigsfelde Struveshof. Ebd.
Originaltext: Wynne HARLEN; David SYMINGTON: Helping Children to observe. – In: Primary Science ... taking the plunge. How to teach primary science more effectively. Ed. by Wynne HARLEN. London: Heinemann Educational 1985. S. 21 – 35.

[16] Viviane sucht den Regenbogen. Ein Beispiel entdeckenden Lernens aus dem Kindergarten. Siehe letztes Kapitel in diesem Buch. In: klein & groß. Heft 3, 1999. S. 24.

[17] Vgl. auch: FOSTER, John: Entdeckendes Lernen in der Grundschule. 2., veränderte und aktualisierte Auflage von Günter NEFF. Ehrenwirth/Veritas Verlag 1993. S. 81.

[18] Vgl. RODARI, Gianni: Grammatik der Phantasie. Die Kunst, Geschichten zu erfinden. Reclam-Bibliothek Band 1648. 2. Auflage, 1999.

[19] Vgl. Günter NEFF: Einführung zur deutschen Ausgabe von: FOSTER, John: Entdeckendes Lernen in der Grundschule. S. 7 – 26. Ebd.

[20] Vgl. BINNIG, Gerd: Aus dem Nichts. Serie Piper. 1486. S. 62.

[21] Vgl. Janusz KORCZAK, zitiert von Bruno SCHONIG: »Das Ganze fügt sich aus Kleinigkeiten zusammen« Zur Korczak-pädagogischen Fortbildung durch Schreibversuche und die Lektüre von Texten Janusz KORCZAKS (1.Teil). In: PÄD Forum, Heft 4, 1998. S. 352.

[22] Vgl. Hundert Sprachen hat das Kind. Übersetzung der Texte zur Ausstellung aus Reggio Emilia vom 29.5. – 21.8.1991 im FEZ Berlin (Freizeit- und Erholungszentrum Wuhlheide). Hrsg.: Senatsverwaltung für Jugend und Familie Berlin. S. 27.

[23] Vgl. PÄD Forum, Heft 4, 1998. S. 354.

[24] Vgl. ebd.

[25] Vgl. Die Elemente im Kindergartenalltag von Gisela WALTER in 4 Bänden. Herder Verlag Freiburg, 1991, 1992, 1993.

[26] Ferdinand Braune GmbH. Künstlerbedarf. Gegr. 1894. Grunewaldstraße 87, 10823 Berlin-Schöneberg, Fax: 78 70 37 75.

[27] Anne NGUYEN: In die Tiefe gehen, auf den Grund kommen ... Erfahrungen aus der Lernwerkstatt. klein & groß, Heft 7/8. 1997. Luchterhand Verlag. S. 24 – 26.

[28] Vgl. Vorläufiger Rahmenplan für Unterricht und Erziehung in der Berliner Schule. Vorklasse. Gültig ab Schuljahr 1993/94. Hrsg.: Senatsverwaltung für Schule, Berufsbildung und Sport Berlin.

[29] Vgl. Physik für Realschulen 7/8. CVK Cornelsen. Ausgabe Niedersachsen. S. 233.

Literatur

Karin ERNST, Hartmut WEDEKIND (Hrsg.): Lernwerkstätten in der Bundesrepublik Deutschland und Österreich. Eine Dokumentation. Arbeitskreis Grundschule – Der Grundschulverband – e.V. Frankfurt am Main. 1993.

Karin ERNST u.a. (Hrsg.): »Begegnung« – Dokumentation der 8. bundesweiten Fachtagung der Lernwerkstätten vom 25.09. – 29.09.1995. in Ludwigsfelde Struveshof. Immen-Verlag Eva Honig GbR, 38440 Wolfsburg, Sachsenring 24. 1996.

Westermann Verlag: Grundschule. Heft 6/1992. Lernwerkstatt für Kinder und Erwachsene.

Westermann Verlag: Praxis Schule 5-10. Heft 4/1992. Lernen, üben, bearbeiten – Lernwerkstätten stellen sich vor.

Christine ALBERT: Die Idee der Lernwerkstätten, ihre Vorbilder, ihr pädagogischer Anspruch. S. 128. Die AG-Lernwerkstatt Treptow: Erzieherinnen schaffen sich ihre Lernwerkstatt. S. 160. Monika KOPIAK: Gelebte Lernwerkstatt. S. 162. Spuren aus der Lernwerkstatt in die Kita. S. 163. Jutta BERGEMANN: ...auf den Prozess kommt es an. S. 165. Im: Kita Info 7/8, 1995. Kindertagesstätten als Schulen der Phantasie und Lernwerkstätten. Hrsg.: Senatsverwaltung für Jugend und Familie – Landesjugendamt Berlin, Referat Kindertagesstätten.

Die Lernwerkstatt – Eine lebendige Verbindung von Kreativität und Lernen. Zusammengestellt und bearbeitet von Beate IRSKENS. Materialien für die sozialpädagogische Praxis (MSP) 28. Hrsg.: Deutscher Verein für öffentliche und private Fürsorge, Am Stockborn 1-3, 60439 Frankfurt am Main. Eigenverlag. 1997.

Christine ALBERT: Baustein Lernwerkstatt. Erfahrungsspuren aus den »Lernwerkstätten von Unten«. Senatsverwaltung für Schule, Jugend und Sport. Projekt des Sozialfond. Unveröffentlichtes Manuskript. 1996.

Christine ALBERT: Das Lernen lernen. Lernwerkstätten – Orte und Prozesse. In: klein & groß. Lebensorte für Kinder. Heft 6, 1997. S. 6. Luchterhand Verlag Neuwied.

Die ganze Welt begreifen – Wie lernen Kinder? Dokumentation einer Tagung vom 11. – 12.9.1997, veranstaltet vom Amt für Kindertageseinrichtungen der EKiBB Berlin. Bearbeitet von Jutta DREISBACH-OLSEN, Regina FINKE. Erschienen: Januar 1998.

Weiterführende Literatur

Paolo FREIRE: Pädagogik der Unterdrückten. Bildung als Praxis der Freiheit. 1971.

Paolo FREIRE: Erziehung als Praxis der Freiheit. Beispiele zur Pädagogik der Unterdrückten. 1977.

Paolo FREIRE:. Der Lehrer ist Politiker und Künstler. Neue Texte zur befreienden Bildungsarbeit. 1981. Alle drei erschienen in der Sachbuchreihe Rowohlt Taschenbuch Verlag.

Frederic VESTER: Denken, Lernen, Vergessen. Was geht in unserem Kopf vor, wie lernt das Gehirn, und wann läßt es uns im Stich? Deutscher Taschenbuch Verlag. 1978.

GEO Wissen. Risiko, Chancen und Katastrophen. Gruner + Jahr. Hamburg.1992.

GEO Wissen. DENKEN; LERNEN; SCHULE. Gruner + Jahr. Hamburg. Heft 1/1999.

John FOSTER: Entdeckendes Lernen in der Grundschule. 1972. 2., veränderte und aktualisierte Auflage von Günter NEFF. München: Ehrenwirth; Linz: Veritas-Verl., 1993.
Lothar KLEIN, Herbert VOGT: Freinet-Pädagogik in Kindertageseinrichtungen. Entdeckendes Lernen oder »Vom Hunger nach Leben«. Konzeptbuch Kindergarten. Herder Verlag. 1998.

John HOLT: Kinder lernen selbständig oder gar nicht(s). Beltz Taschenbuch 9. 1970. Deutschsprachige Ausgabe 1999.

Robert JUNGK, Norbert R. MÜLLERT: Zukunftswerkstatt – Mit Phantasie gegen Routine und Resignation. Heyne Sachbuch Nr. 19/73. München. 1989.

Gottlieb GUNTERN: Sieben goldene Regeln der Kreativitätsförderung. Scalo Verlag AG. Zürich. 1994.

Gerd Binnig: Aus dem Nichts. Über die Kreativität von Natur und Mensch. Serie Piper. Band 1486. 1989.

Hugo Kükelhaus/Rudolf zur Lippe: Entfaltung der Sinne. Ein »Erfahrungsfeld« zur Bewegung und Besinnung. Fischer alternativ. Frankfurt am Main. 1982.

Gert Selle: Gebrauch der Sinne. Eine kunstpädagogische Praxis. Rowohlt Taschenbuch Verlag GmbH, Reinbek bei Hamburg, 1988.

Gianni Rodari: Grammatik der Phantasie. Die Kunst, Geschichten zu erfinden. Reclam Verlag Leipzig. 1992.

Reinhard Kahl: Input, Output, put put. In: Erziehung & Wissenschaft. Heft 6/98.

Reinhard Kahl: Empowerment. Zum Beispiel Bildung: ... In: die tageszeitung. Do, 22.Oktober 1998.

Reinhard Kahl: Treibhäuser der Zukunft. Deutschland verliert den bildungspolitischen Anschluß. In: die tageszeitung. Di, 8. Dezember 1998.

Reinhard Kahl: Schritte ins Leere wagen. In: die tageszeitung. Do, 31. Dezember 1998.

Reinhard Kahl: »Wir brauchen die Schule nicht mehr!« In: die tageszeitung. Di, 23. Februar 1999.

Reinhard Kahl: Vom Belehren zum Lernen. In: die tageszeitung. Do, 2. Dezember 1999.

Reinhard Kahl: Der Neugierologe. Ein Portrait. In: GEO Wissen. Heft 1/99.

Ulrich Schnabel, Andreas Sentker: Wie kommt die Welt in den Kopf? Reise durch die Werkstätten der Bewusstseinsforscher. Rowohlt Taschenbuch Verlag GmbH, Reinbek bei Hamburg. 1997.

William H. Calvin: Der Strom, der bergauf fließt. Eine Reise durch die Evolution. Deutscher Taschenbuch Verlag. 1997.

Die Autorin

Christine Albert

Abitur in München. Ausbildung zur Fotografin an der Bayerischen Staatslehranstalt für Fotografie. Als Fotografin tätig in Padua, Tübingen und Florenz. Lehrerstudium in Berlin (Wahlfächer Bildende Kunst, Theorie und Praxis der Grundschuldidaktik) mit 2. Staatsprüfung. Während und danach u.a. tätig als Horterzieherin, wissenschaftliche Mitarbeitern für offenen Kunstunterricht an der Hochschule der Künste und als Kunstpädagogin im Kindertagesstättenbereich. Freiberufliche Fotografin und/oder Autorin bei den pädagogischen Verlagen: Westermann, Friedrich, Velber, Kösel, Volk und Wissen, Luchterhand.

Dreijährige Serie »Erkennen und Gestalten« und andere Veröffentlichungen in klein & groß, Lebensorte für Kinder, Redaktion Berlin, Hermann Luchterhand Verlag.

Projekte mit Kindern und Jugendlichen. Fort- und Weiterbildungen mit Erzieherinnen und anderen im Kitabereich Tätigen in verschiedenen Bundesländern. Aufbau und Begleitung von Lernwerkstätten von Unten.

Derzeitiger Arbeitsschwerpunkt: Forschungs- und Entwicklungsarbeit des selbständigen Lernens und seine Effizienz im Bildungsbereich.

Kontakt für eine mögliche Kooperation:

Christine Albert
Sundgauer Str. 105 G
14169 Berlin
Tel./Fax: 030/811 86 41